백발백중 2025

추천도서
전국컴퓨터교육협의회

자동채점 프로그램과 무료 동영상 강의 제공

iTQ 엑셀 2016

KB206713

박윤정, IT연구회 지음

IT연구회

해당 분야의 IT 전문 컴퓨터학원과 전문가 선생님들이 최선의 책을 출간하고자 만든 집필/감수 전문연구회로서, 수년간의 강의 경험과 노하우를 수험생 여러분에게 전달하고자 최선을 다하고 있습니다. IT연구회에 참여를 원하시는 선생님이나 교육기관은 ccd770@hanmail.net으로 언제든지 연락주십시오. 좋은 교재를 만들기 위해 많은 선생님들의 참여를 부탁드립니다.

권경철_IT 전문강사	김경화_IT 전문강사	김선숙_IT 전문강사
김수현_IT 전문강사	김 숙_IT 전문강사	김시령_IT 전문강사
김현숙_IT 전문강사	남궁명주_IT 전문강사	노란주_IT 전문강사
류은순_IT 전문강사	민지희_IT 전문강사	문경순_IT 전문강사
박봉기_IT 전문강사	박상휘_IT 전문강사	박은주_IT 전문강사
문현철_IT 전문강사	백천식_IT 전문강사	변진숙_IT 전문강사
송기웅_IT 및 SW전문강사	송희원_IT 전문강사	신동수_IT 전문강사
신영진_신영진컴퓨터학원장	윤정아_IT 전문강사	이강용_IT 전문강사
이은미_IT 및 SW전문강사	이천직_IT 전문강사	임선자_IT 전문강사
장명희_IT 전문강사	장은경_ITQ 전문강사	장은주_IT 전문강사
전미정_IT 전문강사	조영식_IT 전문강사	조완희_IT 전문강사
조정례_IT 전문강사	차영란_IT 전문강사	최갑인_IT 전문강사
최은영_IT 전문강사	황선애_IT 전문강사	김건석_교육공학박사
김미애_강릉컴퓨터교육학원장	은일신_충주열린학교 IT 전문강사	양은숙_경남도립남해대학 IT 전문강사
엄영숙_권선구청 IT 전문강사	옥향미_인천여성의광장 IT 전문강사	이은직_인천대학교 IT 전문강사
조은숙_동안여성회관 IT 전문강사	최윤석_용인직업전문교육원장	홍효미_다산직업전문학교

BM (주)도서출판 성안당

■ 도서 A/S 안내

성안당에서 발행하는 모든 도서는 저자와 출판사, 그리고 독자가 함께 만들어 나갑니다.

좋은 책을 펴내기 위해 많은 노력을 기울이고 있습니다. 혹시라도 내용상의 오류나 오탈자 등이 발견되면 "좋은 책은 나라의 보배"로서 우리 모두가 함께 만들어 간다는 마음으로 연락주시기 바랍니다. 수정 보완하여 더 나은 책이 되도록 최선을 다하겠습니다.

성안당은 늘 독자 여러분들의 소중한 의견을 기다리고 있습니다. 좋은 의견을 보내주시는 분께는 성안당 쇼핑몰의 포인트(3,000포인트)를 적립해 드립니다.

잘못 만들어진 책이나 부록 등이 파손된 경우에는 교환해 드립니다.

저자 문의 e-mail : fivejung05@hanmail.net(박윤정)

본서 기획자 e-mail : coh@cyber.co.kr(최옥현)

홈페이지 : http://www.cyber.co.kr   전화 : 031) 950-6300

DOWN 다운로드 | 학습 자료 내려받기

1. 성안당 도서몰 사이트(www.cyber.co.kr)에서 로그인한 후 [자료실]을 클릭합니다.

2. 검색 란에 『ITQ』를 입력하고, 『2025 백발백중 ITQ 엑셀 2016』을 클릭합니다.

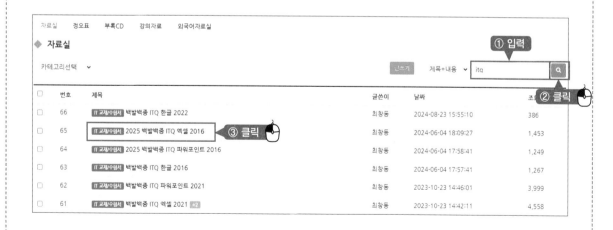

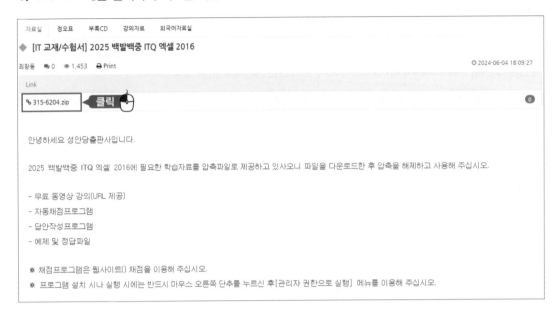

3. 『315-6204』을 클릭하여 자료를 다운로드한 후 반드시 압축 파일을 해제하고 사용합니다.

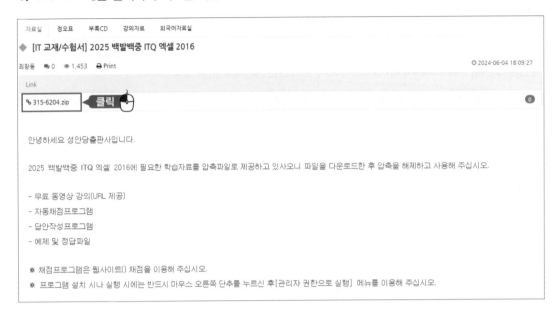

4. 자료파일 구조

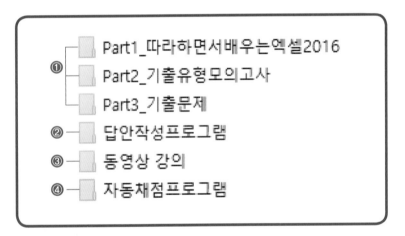

① 소스/정답 파일 : Part1~3까지의 소스/정답 파일을 제공합니다.

② [답안작성프로그램] 폴더 : 답안작성 프로그램 설치파일이 있습니다.

③ [동영상 강의] 폴더 : 무료 동영상 강의 파일을 제공합니다.

④ [자동채점프로그램] 폴더 : 자동채점 프로그램 설치파일이 있습니다.

※ ②번과 ④번 프로그램은 마우스 오른쪽 단추를 클릭하신 후 [관리자 권한 실행]을 클릭하여 설치하시기 바랍니다.

1 웹사이트 채점

1 'http://www.comlicense.kr/' 사이트에 접속한 후 ITQ 엑셀 2016 표지 아래의 [채점하기] 버튼을 클릭합니다.

인터넷 채점은 PC의 설치 환경이나 엑셀 프로그램의 정품 여부에 상관없이 채점이 가능하며, 다양한 학습 서비스가 제공됩니다.

※ PC 설치 버전에서는 운영체제나 다른 프로그램 및 엑셀 프로그램의 정품 여부에 따라 설치 및 실행 시 에러가 발생할 수 있습니다.

2 '회차선택'에서 문제를 선택한 후 [채점할 파일 선택]에서 작성한 정답 파일을 찾아 선택하고, [열기]를 선택한 후 [채점시작] 버튼을 클릭합니다.

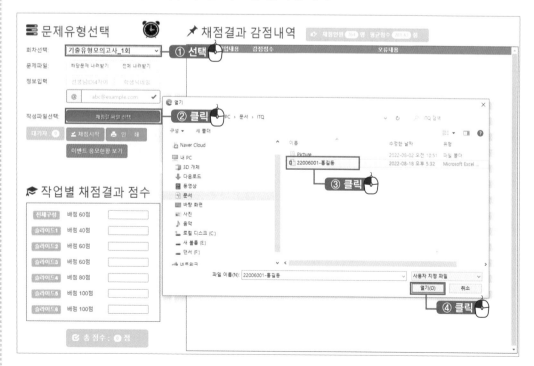

3 왼쪽의 '작업별 채점결과 점수'에서 문제별 점수를 확인할 수 있고, 오른쪽의 '채점결과 감점내역'에서 문제별 세부 오류 내용을 확인할 수 있습니다.

4 화면 하단의 [해당 회차의 점수별통계 보기]에서는 해당 문제를 채점한 전국의 독자들의 점수별 통계를 확인할 수 있고, [해당 회차의 동영상강좌보기]에서는 문제별 저자 직강 무료 동영상 강의를 학습할 수 있습니다. 특히, 화면 상단의 [도움말]에서는 학생들의 단체시험 점수 확인 방법 등 인터넷 채점의 모든 기능을 자세히 확인할수 있습니다.

2 자동채점 프로그램 설치(PC 버전, 사용 방법은 웹사이트 채점 참고)

1 ITQ_엑셀-파워포인트(2016).exe 파일을 마우스 오른쪽 단추를 클릭한 후 [관리자 권한으로 실행]을 클릭하여 설치합니다.

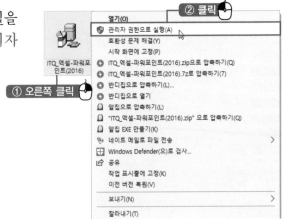

2 [성안당 ITQ 채점프로그램 설치] 대화상자에서 [다음]을 클릭합니다.

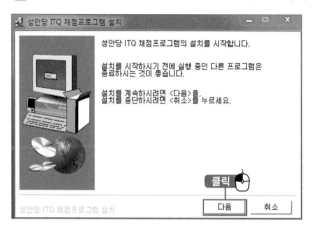

3 [성안당 ITQ 채점프로그램 설치] 대화상자에서 프로그램을 설치할 폴더를 확인한 후 [설치시작]을 클릭합니다.

4 설치가 완료되면 컴퓨터를 재시작하여 설치를 완료합니다.

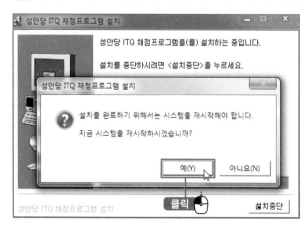

자동채점프로그램의 설치 및 실행 시 에러가 발생할 경우 [4.자동채점프로그램] 폴더에서 '자동채점 프로그램 에러 해결 참고사항' 파일을 참고하여 해결해 주시기 바랍니다.

단계 1 답안작성 프로그램 설치

1 [자료실]에서 다운로드 받은 'KOAS수험자용(성안당)'을 더블클릭한 후 그림과 같이 설치화면이 나오면 [다음] 단추를 클릭합니다.

2 프로그램 설치 폴더를 확인한 후 [설치시작] 단추를 클릭합니다.

3 설치가 끝나면 [확인] 단추를 클릭합니다.

4 바탕화면에 'ITQ 수험자용' 바로 가기 아이콘이 생성됩니다.

※ 기존 답안작성 프로그램을 삭제하지 않고 ITQ의 다른 과목(엑셀, 파워포인트)에 수록된 답안 작성 프로그램을 중복설치해 사용해도 됩니다.

단계 2 · 답안작성 프로그램 사용

1 바탕화면의 'KOAS 수험자용' 바로 가기 아이콘 ▦을 더블클릭하여 실행합니다.

2 [수험자 등록] 대화상자에 수험번호를 입력하고 [확인] 단추를 클릭합니다(문제지의 수험 번호를 입력합니다).

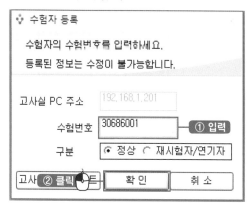

3 시험 버전을 선택하고 [확인] 단추를 클릭합니다.

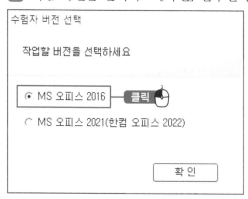

4 [수험자 정보] 창에서 수험번호, 성명, 수험과목, 좌석번호, 답안폴더를 확인하고 [확인] 단추를 클릭합니다.

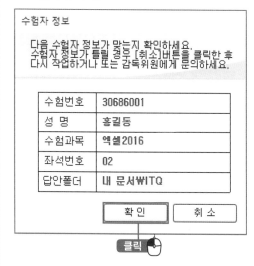

5 감독관의 지시하에 시험이 시작되면 키보드의 아무 키나 클릭하여 시험을 시작합니다. 바탕화면의 오른쪽 상단에 답안작성 프로그램이 나타납니다.

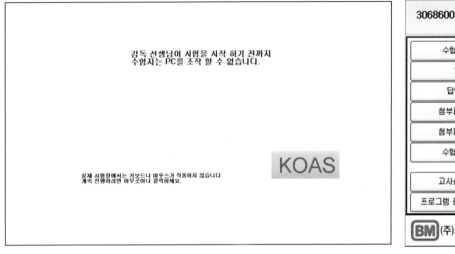

C heck P oint

답안작성 프로그램의 각 단추 설명

❷ 답안파일을 감독 PC로 전송합니다.

❸ 답안파일을 재전송해야 할 경우 기존에 작성한 답안 파일을 불러옵니다.

❶ 수험자 정보를 확인합니다.

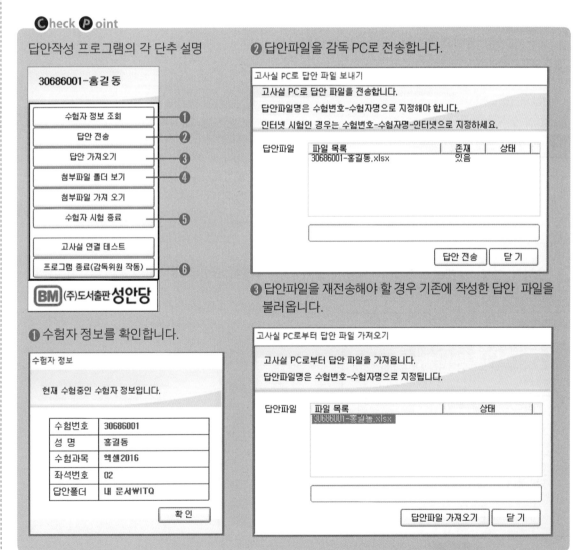

답안작성 프로그램 사용법

Check Point

④ 시험에 사용될 그림 파일을 확인합니다.
⑤ [수험자 시험 종료] 단추 : 답안 전송을 하고 시험을 종료하려면 수험자가 클릭합니다.

⑥ [프로그램 종료(감독위원 작동)] 단추 : 실제 시험장에서 감독 위원이 사용하는 단추이므로 수험자는 사용하지않습니다.

※ 답안작성 프로그램은 수험자의 이해를 돕기 위한 프로그램으로 네트워크 기능이 없습니다.

6 답안 작성은 한글을 실행한 후 답안을 작성하며, '내문서WITQ' 폴더에 저장합니다(수험번호–성명.확장자).

7 답안 작성이 끝났으면 답안작성 프로그램의 [답안 전송] 단추를 클릭한 후 파일을 확인하고 [답안 전송] 단추를 클릭합니다.

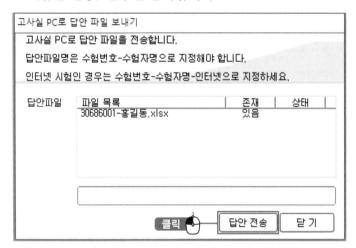

8 정답 파일이 정상적으로 감독 PC로 전송되면 상태에 '성공'이라고 표시됩니다. [닫기] 단추를 클릭합니다.

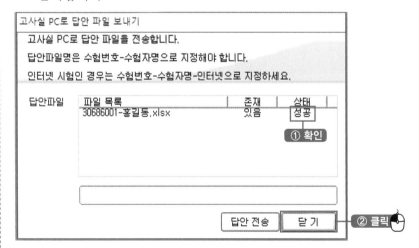

9 답안 전송이 끝났으면 [수험자 수험 종료] 단추를 클릭한 후 [ITQ 종료]와 [예]를 클릭하여 시험을 종료합니다.

[감점되기 쉬운 부분 정리]

제1작업

· 하나의 셀에 두줄을 입력해야 할 경우 Alt + Enter 키를 이용
· 날짜를 입력할 경우에는 반드시 '-' 또는 '/'로 구분기호를 넣어서 입력(예 2015-01-01 또는 2015/01/01)한 후 [홈] 탭의 [표시 형식] 그룹의 [자세히]를 클릭하여 날짜 형식을 출력 형태와 같이 지정
· 정의된 이름을 수정할 경우 [수식] 탭의 [정의된 이름] 그룹에서 [이름 관리자]를 클릭하여 편집

제3작업

· 피벗 테이블에서 출력 자료를 확인하여 불필요한 Alt + Enter 키 기호 삭제해야 함. [옵션]탭의 [활성 필드] 그룹에서 [필드 설정]을 클릭하여 [필드 설정] 대화상자에서 사용자 지정 이름 항목에서 수정

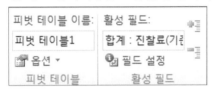 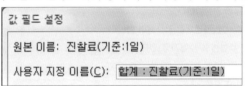

· 필드명이 순서가 다른 경우 [옵션] 탭의 [정렬 및 필터] 그룹에서 [정렬] 클릭

제4작업

· 보조 축 지정 : 해당 계열을 선택한 후 [레이아웃] 탭의 [현재 선택 영역] 그룹에서 [선택 영역 서식] 클릭 후 지정
· 눈금 단위, 눈금 서식을 《출력 형태》와 같이 지정
· 새로 생성한 제4작업 차트 시트는 제3작업 다음으로 이동

[공통사항]

1. KOAS 전송시 주의사항

※ 온라인 답안 작성 절차

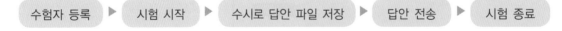

수험자 등록 ▶ 시험 시작 ▶ 수시로 답안 파일 저장 ▶ 답안 전송 ▶ 시험 종료

2. 모든 작업을 완성했는데 0점 처리되는 경우

대부분 최종 작업에서 저장하지 않고 KOAS로 전송했을 경우에 해당됩니다. 반드시 저장한 후 전송하세요.

[ITQ 엑셀 Q&A]

Q1 제1작업 작성 시 숫자 및 회계 서식 문구 관련

A1 이 조건사항은 문제지 처음의 출력형태가 나와 있는 부분의 작성방법입니다. 하지만 출력형태로 판단이 어려울 경우(셀의 열이 좁으면 가운데 정렬인지 오른쪽 정렬인지 불분명 할 수 있어) 숫자, 회계서식은 엑셀 문서 작성 시 오른쪽 정렬이 기본이기에 문구를 추가한 것입니다. 이 조건사항으로 숫자서식, 회계서식을 채점하지는 않으며, 단순히 출력형태 정렬의 참고사항입니다. 조건의 셀 서식 문제는 출력형태에 그대로 사용자 지정 셀 서식만 적용하시면 됩니다.

Q2 함수 문제의 정렬 및 셀 서식

A2 함수 문제는 정렬 및 셀 서식 채점을 하지 않으며 "예"가 있는 함수 문제의 경우만 예와 같은 형태로 작성하시면 됩니다.

Q3 제1작업에 함수를 못하면 실격인가요?

A3 아닙니다. 풀지 못한 해당 문제에 대해서만 감점이 되며 제2작업, 제3작업, 제4작업에 점수에도 영향을 미치지 않습니다.

Q4 VLOOKUP 함수 사용시 절대참조, 상대참조 중 어떤 것을 사용해야 하나요?

A4 경우에 따라 반드시 절대참조를 사용하여야만 결과값이 정확하게 나오는 경우가 있습니다. 이럴 경우는 반드시 절대참조를 해야 합니다. 그러나 결과값의 셀이 한 셀에 고정되어 있을 경우나 절대참조와 상대참조의 처리 결과값이 서로 일치하는 경우 절대참조, 상대참조 둘 중 어느 것을 사용하여도 정답 처리됩니다.

예) =VLOOKUP($I$14,$B$5:$H$12,7,FALSE)
   =VLOOKUP(I14,B5:H12,7,FALSE)

※ 주의 – VLOOKUP, HLOOKUP 함수의 마지막 인수는 정확히 일치하는 결과가 답으로 나와야 할 경우 FALSE 또는 '0'으로 처리하며, 구간의 값이거나 근접한 값이 답일 경우에는 TRUE 또는 '1'로 처리합니다.

Q5 모든 작업을 굴림, 11pt로 맞춰줘야 하나요?

A5 제1작업에서 굴림, 11pt로 맞추면 됩니다. 2작업, 3작업은 제1작업을 기초하여 사용하므로 글꼴, 폰트 크기가 동일하며 4작업 차트에서는 영역별 지시사항에 따라서 처리하면 됩니다.
※ 주의 : 피벗 테이블, 고급 필터의 조건 등은 디폴트 값 그대로 두셔도 감점되지 않습니다.

Q6 분명 지시사항대로 작성하였는데 차트에서 감점은 어디서 되나요?

A6 차트는 지시사항대로 작성한 후에 반드시 출력형태와 비교하여 세부항목을 맞춰줘야 감점되지 않습니다. 즉 지시사항에 없는 부분까지 출력형태를 꼼꼼히 비교하여 작성해야 합니다.

Q7 차트 삽입 도형 작성

A7 차트에 삽입되는 도형의 텍스트 글꼴 및 크기, 도형 선 색상은 채점대상이 아닙니다. 지시사항의 도형 삽입과 출력형태와 같이 오타 없이 작성하시면 됩니다.

[ITQ 엑셀2016 문제별 사용하는 메뉴 정리]

[제1작업]

도형 삽입	[삽입]-[일러스트레이션] 탭의 [도형]
그림자 스타일	[그리기 도구]-[서식]-[도형 스타일] 탭의 [도형 효과]-[그림자]
그림 복사(방법1)	복사할 영역을 범위 지정한 후 [홈]-[클립 보드] 탭의 [복사]-[그림으로 복사]를 클릭한 후 붙여넣을 위치에서 Ctrl+V키를 눌러 붙여넣기
그림 복사(방법2)	복사할 영역을 범위 지정한 후 Ctrl+C키를 눌러 복사한 후 [홈]-[클립 보드] 탭의 [붙여넣기]-[기타 붙여넣기 옵션]에서 '그림'을 클릭하여 붙여넣기
유효성 검사	[데이터]-[데이터 도구] 탭의 [데이터 유효성 검사]
셀 서식	Ctrl+1키를 눌러 [표시 형식] 탭의 '사용자 지정'
이름 정의	이름을 정의할 영역을 범위 지정한 후 '이름 상자'에 입력한 후 Enter키 ※이름을 삭제할 때에는 [수식]-[정의된 이름] 탭의 [이름 관리자]를 클릭하여 이름을 선택한 후 [삭제]를 클릭

[제2작업]

고급 필터	[데이터]-[정렬 및 필터] 탭의 [고급]
표 서식	[홈]-[스타일] 탭의 [표 서식]
목표값 찾기	[데이터]-[데이터 도구] 탭의 [가상 분석]-[목표값 찾기]

[제3작업]

피벗 테이블	[삽입]-[표] 탭의 [피벗 테이블]
셀 병합 및 가운데 맞춤 총합계 표시 여부, 빈 셀	[피벗 테이블 도구]-[옵션] 탭의 [피벗 테이블]-[옵션]
그룹화	[피벗 테이블 도구]-[옵션] 탭의 [그룹]-[그룹 필드] 또는 마우스 오른쪽 버튼을 클릭하여 [그룹]
정렬	[데이터]-[정렬 및 필터] 탭의 [정렬] 또는 [텍스트 오름차순 정렬], [텍스트 내림차순 정렬]
부분합	[데이터]-[윤곽선] 탭의 [부분합]
부분합(윤곽)	[데이터]-[윤곽선] 탭의 [그룹 해제]-[윤곽 지우기]

[제4작업]

차트 삽입(차트 종류)	[삽입]-[차트] 탭을 이용하여 차트 종류 선택
위치 변경	[차트 도구]-[디자인] 탭의 [위치]-[차트 이동] 또는 마우스 오른쪽 버튼을 클릭하여 [차트 이동]
레이아웃	[차트 도구]-[디자인] 탭의 [차트 레이아웃]
스타일	[차트 도구]-[디자인] 탭의 [차트 스타일]
레이블	[차트 도구]-[레이아웃] 탭의 [레이블]
눈금선	[차트 도구]-[레이아웃] 탭의 [축]-[눈금선] 또는 마우스 오른쪽 버튼을 클릭하여 [눈금선 서식]
범례명 변경	[차트 도구]-[디자인] 탭의 [데이터]-[데이터 선택] 또는 마우스 오른쪽 버튼을 클릭하여 [데이터 선택]
도형	[삽입]-[일러스트레이션] 탭의 [도형 삽입]

1. 시험 과목 및 검정 기준

시험과목	선택 프로그램	시험시간
한글엑셀/한셀	MS오피스 2021/2016, 한컴오피스 2020/2016(네오)	60분

※A등급 : 500점 ~ 400점, B등급 : 399점 ~ 300점, C등급 : 299점 ~ 200점

2. 시험 출제기준

검정과목	문항	배점	출제기준
한글엑셀/한셀	1. 표 작성	100점	※출력형태의 표를 작성하고 조건에 따른 서식 변환 및 함수 사용 능력 평가 ・데이터 입력 및 셀 편집　　・도형을 이용한 제목 작성 및 편집 ・카메라, 이름 정의, 유효성 검사 등
		140점	・함수(*함수 출제 범위 참조)를 이용한 수식 작성 ・조건부 서식
	2. 필터, 목표값찾기, 자동서식	80점	[유형1] 필터 및 서식 ※기본 데이터를 이용한 데이터 필터 능력과 서식 작성 능력 평가 ・고급 필터 : 정확한 조건과 추출 위치 지정 ・자동 서식(표스타일) : 서식 적용
			[유형2] 목표값 찾기 및 필터 ※원하는 결과값을 구하기 위해 변경되는 값을 구하는 능력과 서식 작성 능력 평가 ・목표값 찾기 : 정확한 목표값 산출 ・자동 서식(표 스타일) : 서식 적용
	3. 부분합 / 피벗 테이블	80점	※부분합 : 기본 데이터를 이용하여 특정 필드에 대한 합계, 평균 등을 구하는 능력을 평가 ・항목의 종류별 정렬/부분합 조건과 추출 결과
			※피벗 테이블 : 데이터 자료 중에서 필요한 필드를 추출하여 보기 쉬운 결과물을 만드는 능력을 평가 ・항목의 종류별 정렬/부분합 조건과 추출 결과
	4. 차트	100점	※기본 데이터를 이용하여 보기 쉽게 차트로 표현하는 능력을 평가 ・차트 종류　　・차트 위치 및 서식　　・차트 옵션 변경

※괄호( ) 내용은 한셀에서 사용하는 명칭임

함수 구분	함수 출제 범위
날짜/시간 함수	DATE, HOUR, MONTH, TODAY, WEEKDAY, YEAR, DAY, MINUTE, NOW, SECOND, TIME
수학/삼각 함수	INT, MOD, PRODUCT, ROUND, ROUNDDOWN, ROUNDUP, SUM, SUMPRODUCT, SUMIF, TRUNC, ABS, CEILNG, ODD, PI, POWER, SUBTOTAL, TRIMMEAN
통계 함수	AVERAGE, COUNT, COUNTA, COUNTIF, LARGE, MAX, MEDIAN, MIN, RANK.EQ, COUNTBLANK, MODE, SMALL
찾기/참조 함수	CHOOSE, HLOOKUP, VLOOKUP, INDEX, MATCH, ADDRESS, OFFSET, TRANSPOSE
데이터베이스 함수	DAVERAGE, DCOUNT, DGET, DMAX, DMIN, DSUM, DCOUNTA, DVAR, DPRODUCT, DSTDEV
텍스트 함수	CONCATENATE, LEFT, MID, REPLACE, RIGHT, LEN, LOWER, PROPER, VALUE, WON, REPT
정보 함수	ISERROR
논리값 함수	AND, IF, OR, NOT, TRUE, FALSE

목 차

Part 01 (무료 동영상) 따라하면서 배우는 엑셀

Part 02 (무료 동영상) 기출유형 모의고사

Part 03 (무료 동영상) 기출문제

[자료 파일]
- 예제 및 정답 파일
- 무료 동영상 강의
- 자동채점 프로그램 및 답안작성 프로그램

※[자료실]에서 다운로드하여 사용하세요(1-3쪽 참조).

PART 1

따라하면서 배우는 엑셀

기출문제를 따라해 보면서 시험의 시작부터 마무리까지
진행 절차와 필요 기능을 학습합니다.
※정답 파일과 동영상 강의는 [자료실]에서 다운로드하세요.

수험자 유의사항 및 답안 작성 요령

무료 동영상

실격에 유의하여 수험자 유의사항 및 답안 작성 요령 사항을 꼼꼼히 확인해야 합니다.

수험자 유의사항

- 파일명은 본인의 "수험번호 – 성명"으로 입력하여 답안폴더(내 PC\문서\ITQ)에 하나의 파일로 저장해야 하며, 답안문서 파일명이 "수험번호 – 성명"과 일치하지 않거나, 답안파일을 전송하지 않아 미제출로 처리될 경우 실격입니다.
  (예 : 내 PC\문서\ITQ\12345678 – 홍길동.xlsx)

답안 작성 요령

- 문제는 총 4단계, 즉 제1작업부터 제4작업까지 구성되어 있으며 반드시 제1작업부터 순서대로 작성하고 조건대로 작업하시오.

- 모든 작업시트의 A열은 열 너비 '1'로, 나머지 열은 적당하게 조절하시오.

- 답안 시트 이름은 "제1작업", "제2작업", "제3작업", "제4작업"이어야 하며 답안 시트 이외의 것은 감점 처리됩니다.

- 각 시트를 파일로 나누어 작업해서 저장할 경우 실격 처리됩니다.

핵심 체크

① 저장 단축키인 Ctrl + S 키를 이용하여 지정한 위치에 '수험번호 – 성명.xls' 파일을 저장합니다.
② 열 머리글에서 바로 가기 메뉴를 이용하여 열 너비를 조절합니다.
③ 시트 탭 위에서 더블클릭을 이용하여 시트이름 바꾸기를 실행합니다.

※ 제4작업 시트의 경우는 차트의 생성으로 주어지는 새로운 시트이므로 제1작업, 제2작업, 제3작업의 시트 이름만 변경해 놓습니다.

1 [시작]-[E]-[Excel 2016]을 클릭합니다.

2 [새 통합 문서]를 클릭합니다.

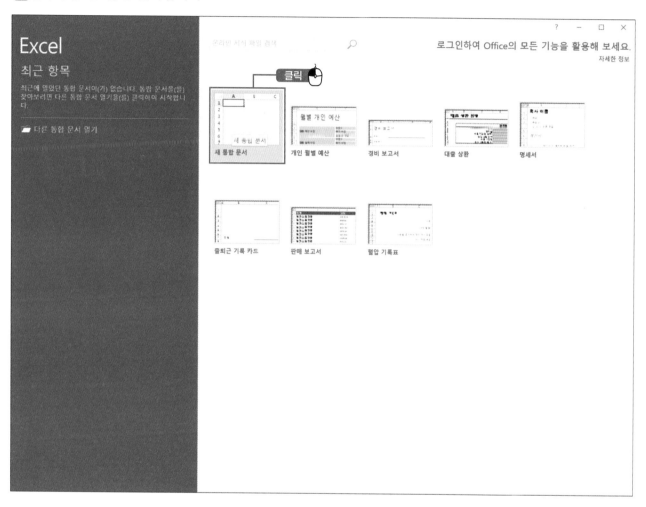

3 바로 가기 키 [Ctrl]+[S] 키 또는 빠른 실행 도구 모음의 [저장 💾]을 클릭합니다.

4 [다른 이름으로 저장] 메뉴에서 [찾아보기]를 클릭하여 저장 위치를 '내 PC₩문서₩ITQ₩'로 지정합니다.

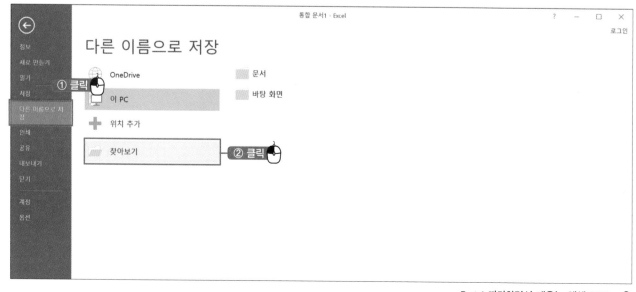

⑤ [다른 이름으로 저장] 대화상자에서 파일 이름을 '수험번호－성명'으로 입력한 후 [저장] 단추를 클릭합니다.

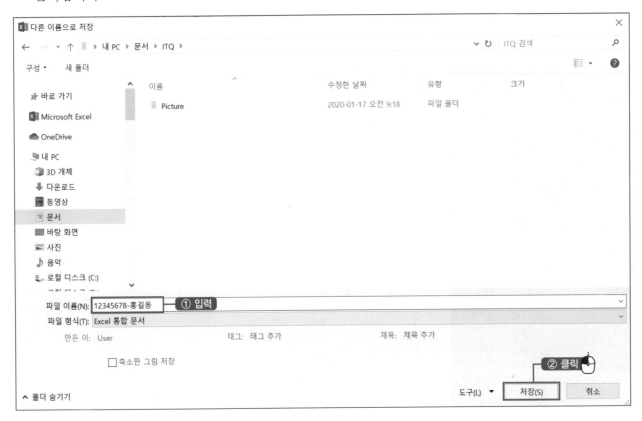

⑥ 제목 표시줄에 '수험번호－성명'으로 표시됩니다. 시험을 볼 때는 수시로(10분 단위 또는 각 작업 완료 후) Ctrl + S 또는 [저장 🖫]을 클릭하여 저장합니다. 파일명 입력은 처음에만 입력하고 수시로 저장하면 처음 지정한 파일명에 저장됩니다.

단계 2 ┃ 시트 추가와 시트 이름 변경

① 시트 탭에서 [⊕ 새 시트]를 클릭하여 시트를 추가합니다. 총 2개를 추가하여 'Sheet1', 'Sheet2', 'Sheet3'으로 시트를 준비합니다.

② 'Sheet1' 시트 탭을 더블클릭합니다.

③ 시트명이 역상으로 바뀌면 「제1작업」으로 입력한 후 Enter 키를 누릅니다.

4 '제2작업', '제3작업'도 위와 같은 방법으로 시트 이름을 변경합니다.

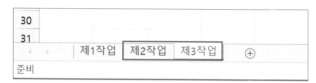

열 너비 조절

1 시트 탭 위에서 마우스 오른쪽 버튼을 클릭하여 [모든 시트 선택] 메뉴를 클릭합니다. 또는 '제1작업'을 선택한 후 Shift 키를 누른 채 '제3작업'을 클릭하여 세 개의 시트를 모두 선택할 수 있습니다.

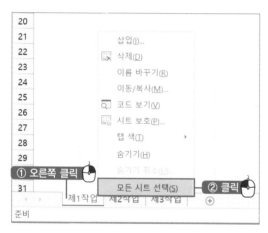

2 [A] 열 머리글에서 마우스 오른쪽 버튼을 클릭하여 [열 너비] 메뉴를 클릭합니다.

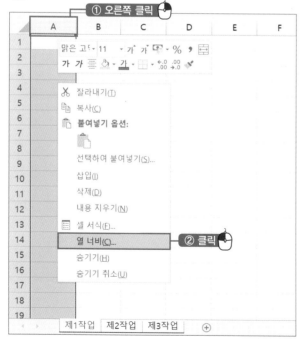

3 [열 너비] 대화상자에서 「1」을 입력한 후 [확인] 단추를 클릭합니다.

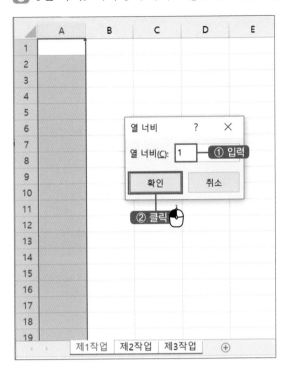

4 '제2작업' 또는 '제3작업'을 선택하여 시트 그룹을 해제합니다.

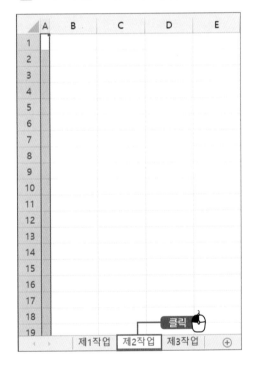

실력 향상을 위한 실전 연습문제

● 정답 파일은 [자료실]에서 다운로드 받으세요.

●정답 파일 : 12345678-김사랑.xlsx

01 다음 조건에 따라 엑셀 파일을 작성하시오.

(1) 모든 시트의 'A' 열 너비를 '1'로 조절하시오.

(2) 시트 이름을 '제1작업', '제2작업', '제3작업'으로 변경하시오.

(3) '내 PC₩문서₩ITQ' 폴더에 '12345678 – 김사랑'으로 저장하시오.

출력형태

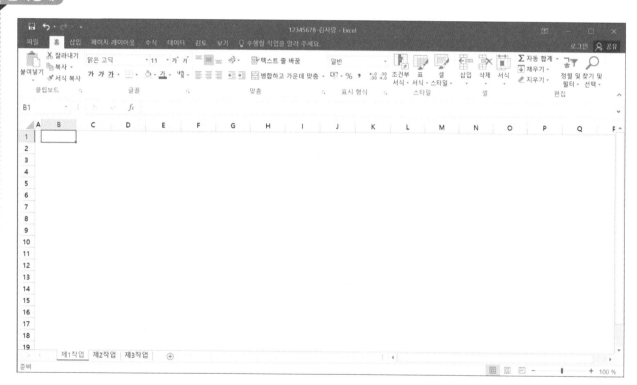

실력 향상을 위한 실전 연습문제

● 정답 파일은 [자료실]에서 다운로드 받으세요.

●정답 파일 : 12345678-김행복.xlsx

02 다음 조건에 따라 엑셀 파일을 작성하시오.

(1) 모든 시트의 'A' 열 너비를 '1'로 조절하시오.

(2) 시트 이름을 '제1작업', '제2작업', '제3작업'으로 변경하시오.

(3) '내 PC\문서\ITQ' 폴더에 '12345678 – 김행복'으로 저장하시오.

출력형태

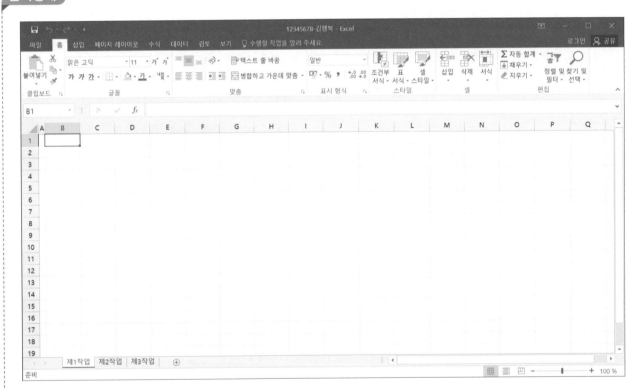

[제1작업] 표 서식 작성 및 값 계산 –데이터 입력 및 제목 작성

무료 동영상

주어진 데이터를 데이터 형식에 맞게 정확히 입력한 후 테두리 서식과 열 너비를 조절하고 도형을 이용하여 제목을 작성하고 서식을 지정합니다.

[제 1 작업] 표 서식 작성 및 값 계산 (240섬 중 100점)　　　　　　　　　●정답 파일 : 데이터 입력(정답).xlsx

☞ 다음은 '성안여행 마일리지 투어 상품'에 대한 자료이다. 자료를 입력하고 조건에 맞도록 작업하시오.

≪조건≫

○ 모든 데이터의 서식에는 글꼴(굴림, 11pt), 정렬은 숫자 및 회계 서식은 오른쪽 정렬, 나머지 서식은 가운데 정렬로 작성하며 예외적인 것은 ≪출력형태≫를 참조하시오.

○ 제 목 ⇒ 한쪽 모서리가 잘린 사각형 도형과 바깥쪽 그림자 스타일(오프셋 오른쪽)을 이용하여 작성하고 "성안여행 마일리지 투어 상품"을 입력한 후 다음 서식을 적용하시오(글꼴-굴림, 24pt, 검정, 굵게, 채우기-노랑).

○ 임의의 셀에 결재란을 작성하여 그림으로 복사 기능을 이용하여 붙이기 하시오(단, 원본 삭제).

○ 「B4:J4, G14, I14」 영역은 '주황'으로 채우기 하시오.

○ 유효성 검사를 이용하여 「H14」 셀에 여행지(「D5:D12」영역)가 선택 표시되도록 하시오.

○ 셀 서식 ⇒ 「G5:G12」 영역에 셀 서식을 이용하여 숫자 뒤에 '명'을 표시하시오(예 : 17명).

○ 「E5:E12」 영역에 대해 '항공사'로 이름정의를 하시오.

≪출력형태≫

	상품코드	지역	여행지	항공사	일정 (일)	출발인원	공제 마일리지	순위	비고
성안여행 마일리지 투어 상품									
	K-85074	유럽	이탈리아	하나항공	7	17	169,000		
	H-35035	동남아	보라카이	블루항공	5	26	80,000		
	F-51166	미주	뉴욕	하나항공	8	32	155,000		
	H-34122	동남아	방콕	그린항공	6	12	70,000		
	P-76117	동남아	보홀	하나항공	4	9	115,000		
	F-06048	미주	보스턴	그린항공	5	27	125,000		
	H-94122	유럽	파리	블루항공	7	10	190,000		
	L-62021	동남아	빈탄	블루항공	3	21	90,000		
	그린항공의 공제 마일리지 합계					최대 공제 마일리지			
	유럽 지역의 출발인원 평균				여행지		출발인원		

핵심 체크

① 데이터 입력 : 글꼴 서식을 지정하고 내용 입력, 테두리 서식
② 제목 작성 : 도형 작성 및 글꼴 서식 지정

> **조건** 모든 데이터의 서식에는 글꼴(굴림, 11pt), 정렬은 숫자 및 회계 서식은 오른쪽 정렬, 나머지 서식은 가운데 정렬로
> 작성하며 예외적인 것은 ≪출력형태≫를 참조하시오.

1 바로 가기 키 Ctrl + A 또는 전체 셀 선택 ◢을 클릭합니다.

2 [홈] 탭의 [글꼴] 그룹에서 '글꼴 – 굴림', '글꼴 크기 – 11'을 지정합니다.

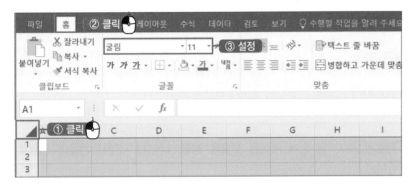

3 [홈] 탭의 [맞춤] 그룹에서 [가운데 맞춤 ▤] 도구를 클릭합니다.

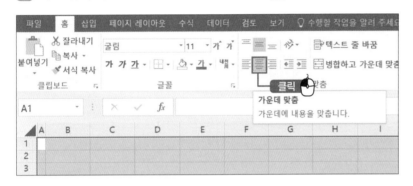

Check **P**oint

① 한 개의 셀 선택 : 한 개의 셀을 마우스로 클릭하거나 키보드 방향키(→, ←, ↑, ↓)를 이용하여 셀 선택

② 연속적인 여러 셀 선택 : 마우스로 드래그, Shift +방향키(→, ←, ↑, ↓), 첫 셀을 클릭한 후 마지막 셀을 Shift 키를
    누른 상태에서 클릭하여 선택

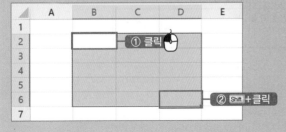

③ 비연속적인 여러 셀 선택 : 첫 번째 영역을 선택한 후 두 번째 영역부터는 Ctrl 키를 누른 상태에서 선택

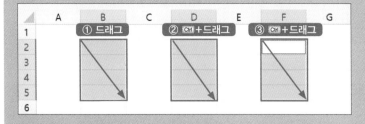

④ 행/열 단위로 범위 지정 : 행 머리글 또는 열 머리글을 클릭하여 선택

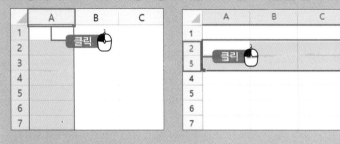

⑤ 워크시트 모든 셀 선택 : 전체 셀 선택 ◢ 을 클릭하거나, Ctrl + A 키를 눌러 모든 셀 선택

단계 2 **내용 입력**

1️⃣ 출력형태를 보면서 정확한 셀 주소에 주어진 데이터를 입력합니다. 단, 함수를 이용하여 답을 작성하는
문제 번호((1)~(6))는 입력하지 않습니다.

	A	B	C	D	E	F	G	H	I	J	K
1											
2											
3											
4		상품코드	지역	여행지	항공사		출발인원			순위	비고
5		K-85074	유럽	이탈리아	하나항공	7	17	169000			
6		H-35035	동남아	보라카이	블루항공	5	26	80000			
7		F-51166	미주	뉴욕	하나항공	8	32	155000			
8		H-34122	동남아	방콕	그린항공	6	12	70000			
9		P-76117	동남아	보홀	하나항공	4	9	115000			
10		F-06048	미주	보스턴	그린항공	5	27	125000			
11		H-94122	유럽	파리	블루항공	7	10	190000			
12		L-62021	동남아	빈탄	블루항공	3	21	90000			
13											

- 날짜 입력 : 하이픈(−)을 이용하여 입력합니다. 예) 5−15 → 5월 15일, 2022−10−10 → 2022−10−10
- 시간 입력 : 콜론(:)을 이용하여 입력합니다. 예) 3:30 → 3:30, 3:30 a → 3:30 AM
- 백분율(10%, 15.3%, ...) : 키보드의 '%'를 직접 입력하며, 소수 자릿점은 [홈] 탭의 [표시 형식] 그룹에서 [자릿수 늘림 ⁺⁰₀₀]과 [자릿수 줄임 ₀₀⁺⁰]을 이용합니다.
- 소수점(5.8, 10.12, ...) : 키보드의 점(.)을 이용하여 입력합니다.

	A	B	C	D
1	날짜	05월 10일	2022-10-10	
2	시간	3:30	3:30 AM	
3	백분율	10%	15.3%	
4	소수점	5.8	10.12	
5				

2 [F4] 셀은 한 셀에 두 줄 이상 입력하기 위해서 「일정」을 입력한 후 Alt + Enter 키를 누른 후에 「(일)」을 입력하고 Enter 로 확정합니다. (같은 방법으로 [H4] 셀의 '공제마일리지'를 입력합니다.)

	A	B	C	D	E	F	G	H	I	J	K
1											
2											
3											
4		상품코드	지역	여행지	항공사	일정 (일)	출발인원	공제 마일리지	순위	비고	

3 [B13:D13], [B14:D14], [F13:F14], [G13:I13] 영역을 Ctrl 키를 이용하여 범위 지정한 후 [홈] 탭의 [맞춤] 그룹에서 [병합하고 가운데 맞춤 ⊞] 도구를 클릭하고 데이터를 입력합니다. 단, [H14] 셀은 데이터 유효성 검사를 통해 작성하는 셀은 입력하지 않습니다.

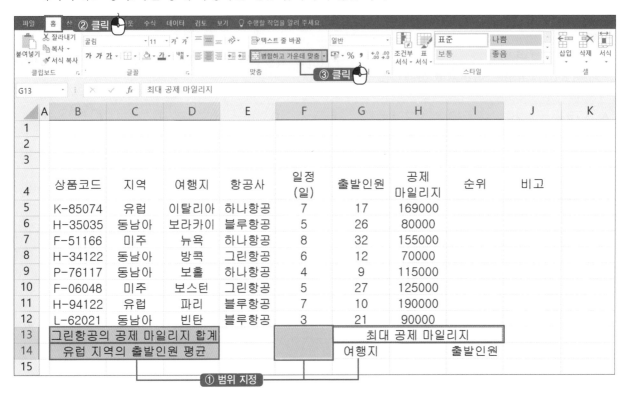

4️⃣ [F5:H12] 영역을 범위 지정한 후 [홈] 탭의 [표시 형식] 그룹에서 [옵션]을 클릭합니다.

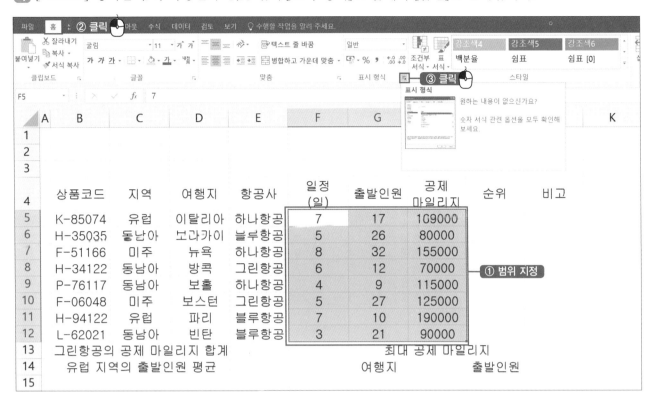

5️⃣ [셀 서식] 대화상자의 [표시 형식] 탭에서 '숫자'를 선택하고 '1000 단위 구분 기호(,) 사용'을 체크한 후 [확인] 단추를 클릭합니다.

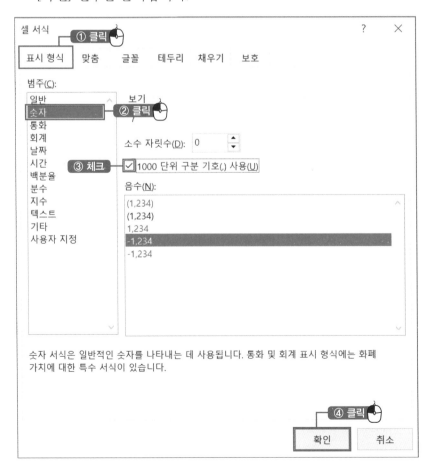

6 [F5:H12] 영역이 범위 지정된 상태에서 [홈] 탭의 [맞춤] 그룹에서 [오른쪽 맞춤 ▤] 도구를 클릭합니다.

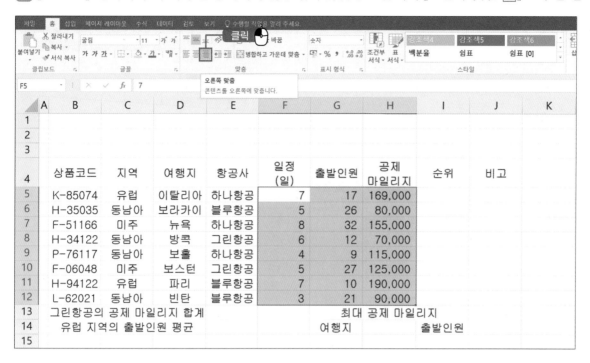

단계 3 행 높이와 열 너비 조절

1 행 머리글(1행~3행)을 범위 지정한 후 마우스 오른쪽 버튼을 클릭하여 [행 높이]를 클릭합니다.

2 행 높이에 「24」를 입력하고 [확인] 단추를 클릭합니다.

3 행 머리글 4행의 행 높이를 「30」, 행 머리글(5행~14행)의 행 높이를 「22」로 지정합니다.

   * 행 높이 값은 문제에서 제시된 값은 아닙니다. 사용자가 임의로 지정해도 됩니다.

4 [B] 열의 열 너비를 조절할 때에는 열 머리글 [B] 열과 [C] 열 머리글 사이에 마우스 포인터를 두고 더블클릭하거나 드래그하여 열너비를 조절합니다. 입력된 데이터가 다 보이지 않는 경우 적당하게 제시된 그림을 참조하여 열 너비를 조절합니다.

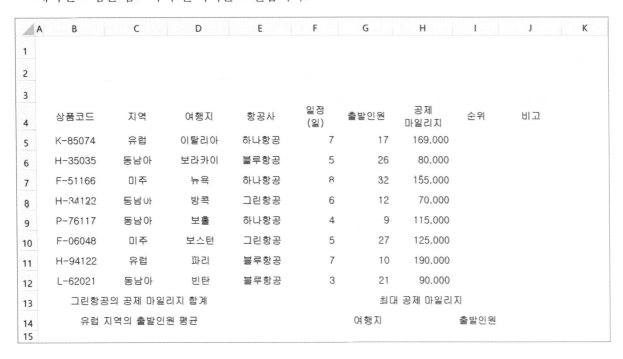

단계 4 테두리 지정

1 [B4:J14] 영역을 범위 지정한 후 [홈] 탭의 [글꼴] 그룹에서 [테두리 ⊞] 도구를 클릭하여 [모든 테두리]를 클릭합니다.

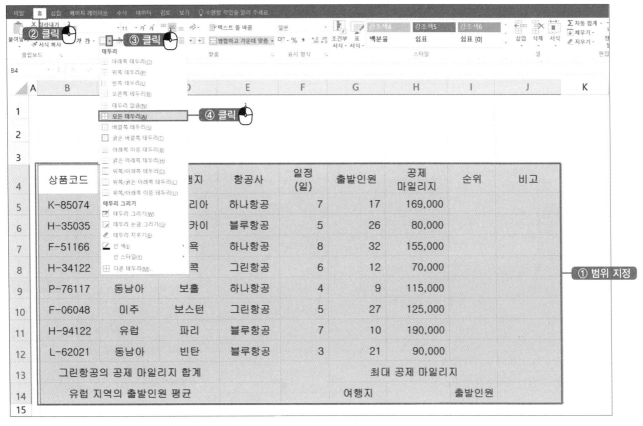

2 [B4:J14] 영역이 범위 지정된 상태에서 다시 [홈] 탭의 [글꼴] 그룹에서 [테두리 ⊞] 도구를 클릭하여 [굵은 바깥쪽 테두리]를 클릭합니다.

3 새롭게 [B5:J12] 영역을 범위 지정한 후 [홈] 탭의 [글꼴] 그룹에서 [테두리 ⊞] 도구를 클릭하여 [굵은 바깥쪽 테두리]를 클릭합니다.

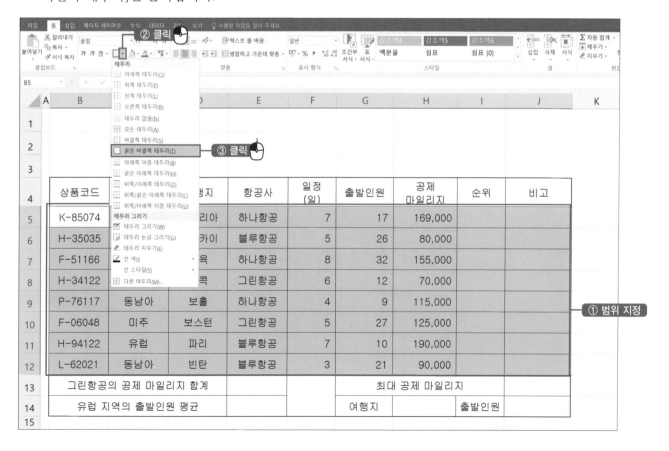

4️⃣ [F13] 셀을 선택한 후 [홈] 탭의 [글꼴] 그룹에서 [테두리 ⊞] 도구를 클릭하고 [다른 테두리]를 클릭합니다. [셀 서식] 대화상자의 [테두리] 탭에서 선 스타일은 실선, 테두리는 대각선(◸, ◺)을 각각 클릭한 후 [확인] 단추를 클릭합니다. ([F13] 셀에서 마우스 오른쪽 버튼을 클릭하여 [셀 서식] 메뉴 또는 Ctrl+1 키를 눌러 [셀 서식] 대화상자를 표시할 수 있습니다.)

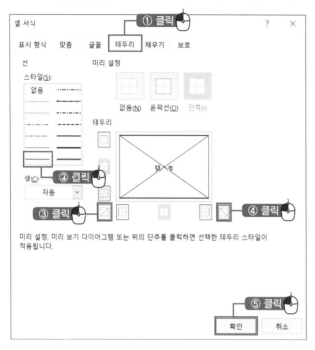

단계 5 제목 편집

조건 제목 ⇒ 한쪽 모서리가 잘린 사각형 도형과 바깥쪽 그림자 스타일(오프셋 오른쪽)을 이용하여 작성하고 "성안여행 마일리지 투어 상품"을 입력한 후 다음 서식을 적용하시오(글꼴-굴림, 24pt, 검정, 굵게, 채우기-노랑).

1️⃣ [삽입] 탭의 [일러스트레이션] 그룹에서 [도형]을 클릭하여 [사각형]의 '한쪽 모서리가 잘린 사각형'을 클릭합니다.

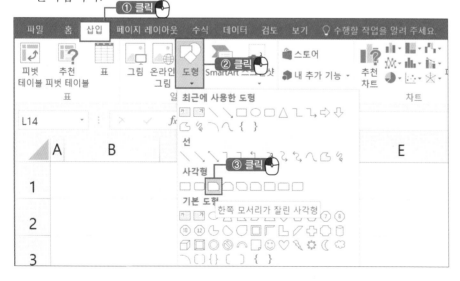

2 [B1:G3] 영역에 드래그하여 그린 후에「성안여행 마일리지 투어 상품」을 입력합니다.

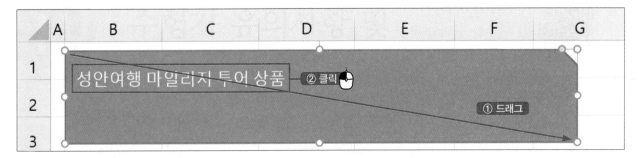

3 도형의 경계라인을 클릭한 후 [그리기 도구] – [서식] 탭의 [도형 스타일] 그룹에서 [도형 효과] – [그림자]에 '바깥쪽 – 오프셋 오른쪽'을 선택합니다.

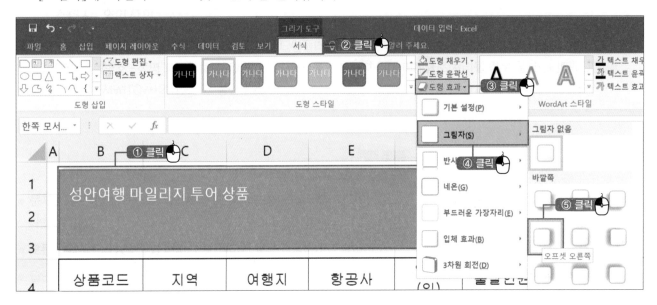

4 [홈] 탭의 [글꼴] 그룹에서 '글꼴 – 굴림', '글꼴 크기 – 24', '굵게' 지정하고, [맞춤] 그룹에서 세로 [가운데 맞춤 ≡] 도구, 가로 [가운데 맞춤 ≣] 도구를 클릭합니다.

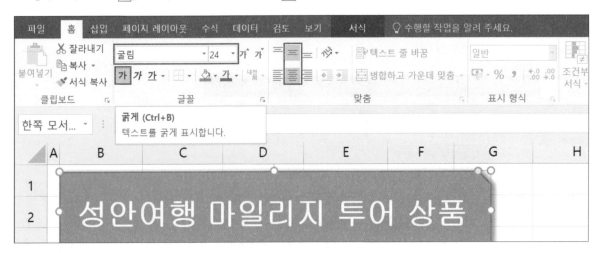

5 [홈] 탭의 [글꼴] 그룹에서 [채우기 색 ☜] 도구를 클릭하여 '노랑'을 선택합니다.

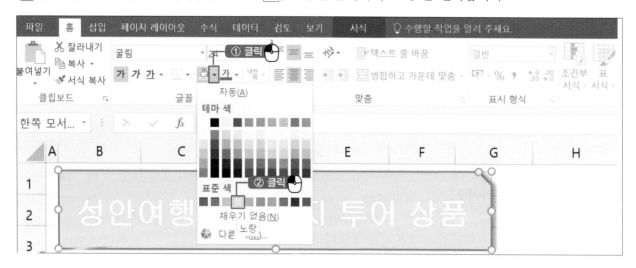

6 [홈] 탭의 [글꼴] 그룹에서 [글꼴 색 ᆴ] 도구를 클릭하여 '검정'을 선택합니다.

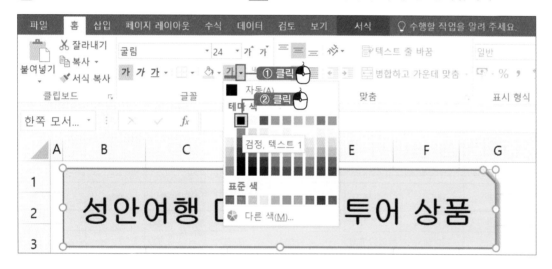

7 [파일] − [저장] 또는 빠른 실행 도구 모음의 [저장 🖫] 도구를 클릭하여 저장합니다.

● 정답 파일은 [자료실]에서 다운로드 받으세요.

●정답 파일 : 실전3(정답).xlsx

03 다음 조건에 따라 엑셀 파일을 작성하시오.

○ 시트 이름은 "제1작업", "제2작업", "제3작업"으로 하고, 모든 작업 시트의 A열은 열 너비 '1'로, 나머지 열은 적당하게 조절하시오.

○ 모든 데이터의 서식에는 글꼴(굴림, 11pt), 정렬은 숫자 및 회계 서식은 오른쪽 정렬, 나머지 서식은 가운데 정렬로 작성하며 예외적인 것은 ≪출력형태≫를 참조하시오.

○ 제목 ⇒ 오각형 도형과 바깥쪽 그림자 스타일(오프셋 오른쪽)을 이용하여 작성하고 "일반의약품 판매가격 현황"을 입력한 후 다음 서식을 적용하시오(글꼴 – 굴림, 24pt, 검정, 굵게, 채우기 – 노랑).

출력형태

일반의약품 판매가격 현황

코드	제품명	제조사	구분	규격 (ml/캅셀/g)	평균가격 (원)	최저가격	순위	제품이력
DH1897	위생천	광동제약	소화제	75	580	500		
HY1955	챔프	동아제약	해열진통제	10	2,000	1,600		
DA1956	판피린큐	동아제약	해열진통제	20	400	350		
DG1985	애시논액	동아제약	소화제	10	4,800	4,150		
GY1958	포타디연고	삼일제약	외용연고제	75	500	400		
SE1987	부루펜시럽	삼일제약	해열진통제	90	4,300	3,900		
HD1957	생록천	광동제약	소화제	75	500	420		
DH1980	후시딘	동화약품	외용연고제	10	5,200	4,500		
광동제약 제품 평균가격(원)의 평균				╳		최저가격의 중간값		
소화제 최저가격의 평균					제품명		최저가격	

실력 향상을 위한 실전 연습문제

● 정답 파일은 [자료실]에서 다운로드 받으세요.

●정답 파일 : 실전4(정답).xlsx

04 다음 조건에 따라 엑셀 파일을 작성하시오.

○ 시트 이름은 "제1작업", "제2작업", "제3작업"으로 하고, 모든 작업 시트의 A열은 열 너비 '1'로, 나머지
열은 적당하게 조절하시오.

○ 모든 데이터의 서식에는 글꼴(굴림, 11pt), 정렬은 숫자 및 회계 서식은 오른쪽 정렬, 나머지 서식은 가
운데 정렬로 작성하며 예외적인 것은 《출력형태》를 참조하시오.

○ 제목 ⇒ 육각형 도형과 바깥쪽 그림자 스타일(오프셋 오른쪽)을 이용하여 작성하고 "장난감 대여 관리
현황"을 입력한 후 다음 서식을 적용하시오(글꼴 – 굴림, 24pt, 검정, 굵게, 채우기 – 노랑).

출력형태

장난감 대여 관리 현황

대여코드	제품명	분류	대여기간	판매가격 (단위:원)	4주 대여가격 (단위:원)	대여수량	배송지	비고
GW-03	페달트랙터	자동차	15	125,000	33,000	17		
CE-13	레이싱카	자동차	5	65,000	28,000	19		
DC-12	워크어라운드	쏘서	6	95,000	33,000	6		
PK-01	물놀이세트	놀이세트	12	17,000	33,000	15		
DW-01	디보쏘서	쏘서	10	105,000	26,000	12		
CQ-02	미니카	자동차	6	78,000	28,000	20		
WB-12	구름빵 놀이터	놀이세트	8	42,000	23,000	14		
PX-02	스포츠센터	놀이세트	10	56,000	30,000	7		
놀이세트 제품 대여수량 합계					4주 대여가격(단위:원)의 최저값			
자동차 제품 평균 대여기간					제품명		대여수량	

[제1작업] 표 서식 작성 및 값 계산 – 결제란 및 셀 서식

그림 복사를 이용하여 결재란을 작성하고, 셀 서식을 이용하여 서식 지정, 이름 정의, 유효성 검사 규칙을 작성합니다.

[제 1 작업] 표 서식 작성 및 값 계산 (240점 중 100점)　　●예제 파일 : 서식.xlsx　　정답 파일 : 서식(정답).xlsx

☞ 다음은 '성안여행 마일리지 투어 상품'에 대한 자료이다. 자료를 입력하고 조건에 맞도록 작업하시오.

≪출력형태≫

	A	B	C	D	E	F	G	H	I	J	K
1		성안여행 마일리지 투어 상품						확인	사원	팀장	센터장
2											
3											
4		상품코드	지역	여행지	항공사	일정(일)	출발인원	공제마일리지	순위	비고	
5		K-85074	유럽	이탈리아	하나항공	7	17	169,000	(1)	(2)	
6		H-35035	동남아	보라카이	블루항공	5	26	80,000	(1)	(2)	
7		F-51166	미주	뉴욕	하나항공	8	32	155,000	(1)	(2)	
8		H-34122	동남아	방콕	그린항공	6	12	70,000	(1)	(2)	
9		P-76117	동남아	보홀	하나항공	4	9	115,000	(1)	(2)	
10		F-06048	미주	보스턴	그린항공	5	27	125,000	(1)	(2)	
11		H-94122	유럽	파리	블루항공	7	10	190,000	(1)	(2)	
12		L-62021	동남아	빈탄	블루항공	3	21	90,000	(1)	(2)	
13		그린항공의 공제 마일리지 합계			(3)		최대 공제 마일리지			(5)	
14		유럽 지역의 출발인원 평균			(4)		여행지	이탈리아	출발인원	(6)	
15											

≪조건≫

○ 모든 데이터의 서식에는 글꼴(굴림, 11pt), 정렬은 숫자 및 회계 서식은 오른쪽 정렬, 나머지 서식은 가운데 정렬로 작성하며 예외적인 것은 ≪출력형태≫를 참조하시오.

○ 제 목 ⇒ 한쪽 모서리가 잘린 사각형 도형과 바깥쪽 그림자 스타일(오프셋 오른쪽)을 이용하여 작성하고 "성안여행 마일리지 투어 상품"을 입력한 후 다음 서식을 적용하시오(글꼴-굴림, 24pt, 검정, 굵게, 채우기-노랑).

○ 임의의 셀에 결재란을 작성하여 그림으로 복사 기능을 이용하여 붙이기 하시오(단, 원본 삭제).

○ 「B4:J4, G14, I14」 영역은 '주황'으로 채우기 하시오.

○ 유효성 검사를 이용하여 「H14」 셀에 여행지(「D5:D12」영역)가 선택 표시되도록 하시오.

○ 셀 서식 ⇒ 「G5:G12」 영역에 셀 서식을 이용하여 숫자 뒤에 '명'을 표시하시오(예 : 17명).

○ 「E5:E12」 영역에 대해 '항공사'로 이름정의를 하시오.

핵심 체크

① 유효성 검사 : [데이터] 탭에서 [데이터 도구]의 [데이터 유효성 검사]

② 이름정의 : 범위 지정 후 '이름상자'를 이용하여 정의

> **조건** 임의의 셀에 결재란을 작성하여 그림으로 복사 기능을 이용하여 붙이기 하시오(단, 원본 삭제).

1 '서식.xlsx' 파일 '제1작업' 시트에서 본문[B4:J12] 내용에 영향을 주지 않은 임의의 셀[L16:O16]에 결재란 내용을 입력합니다.

2 [L16:L17] 영역을 범위 지정한 후 [홈] 탭의 [맞춤] 그룹에서 [병합하고 가운데 맞춤 🔲] 도구를 클릭합니다.

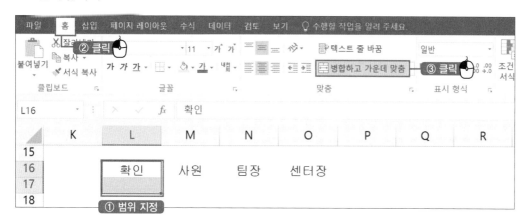

3 세로 방향의 '확인'은 '확' 글자 뒤에서 더블클릭하여 Alt + Enter 키를 눌러 두 줄로 표시한 후 Enter 키를 누릅니다. 또는 [홈] 탭의 [맞춤] 그룹에서 [방향]의 '세로 쓰기'를 클릭합니다.

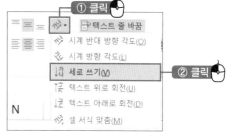

4 [L16:O17] 영역을 범위 지정한 후 [홈] 탭의 [글꼴] 그룹에서 [테두리 🔲]의 [모든 테두리]를 클릭합니다.

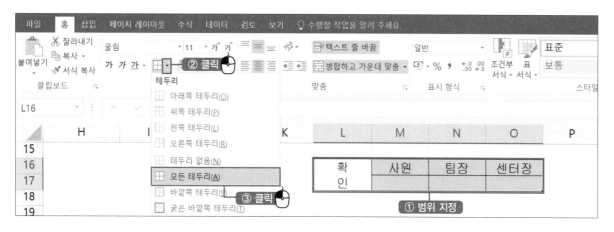

5 열 머리글[L], [M:O]와 행 머리글 [16], [17]을 이용하여 너비와 높이를 조절합니다. (예로 L열은 4, M:O는 8, 16행은 20, 17행은 40 정도로 문제에 제시된 그림을 참고하여 조절합니다.)

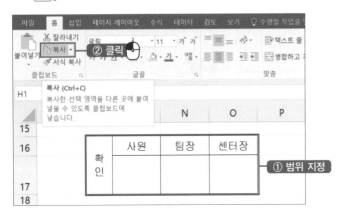

6 [L16:O17] 영역을 범위 지정한 후 [Ctrl]+[C] 키를 눌러 복사하거나 [홈] 탭의 [클립보드] 그룹에서 [복사 📋] 도구를 클릭합니다.

7 [H1] 셀을 클릭한 후 [홈] 탭의 [클립보드] 그룹에서 [붙여넣기]-[기타 붙여넣기 옵션]의 '그림'을 클릭합니다.

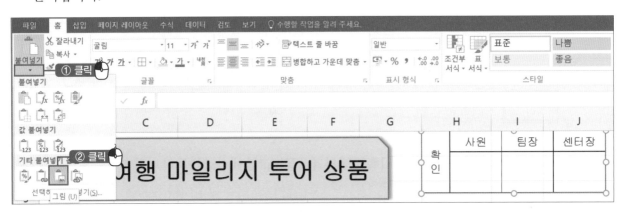

8 문제의 <출력형태>를 참고하여 결재란을 적당한 위치로 변경합니다.

A	B	C	D	E	F	G	H	I	J	K
1							확인	사원	팀장	센터장	
2		성안여행 마일리지 투어 상품								
3										
4	상품코드	지역	여행지	항공사	일정(일)	출발인원	공제마일리지	순위	비고	

9 원본 결재란을 삭제하기 위해서 열머리글[L:O]을 범위 지정한 후 열 머리글에서 마우스 오른쪽 버튼을 클릭하여 [삭제]를 클릭합니다.

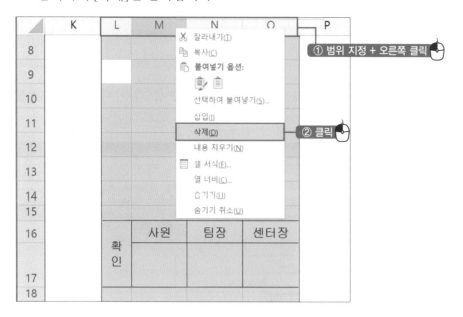

단계 2   색 채우기

조건   「B4:J4, G14, I14」 영역은 '주황'으로 채우기 하시오.

1 [B4:J4], [G14], [I14] 영역을 Ctrl키를 이용하여 범위 지정한 후 [홈] 탭에서 [글꼴] 그룹의 [채우기 색 ⬚] 도구에서 '주황'을 선택합니다.

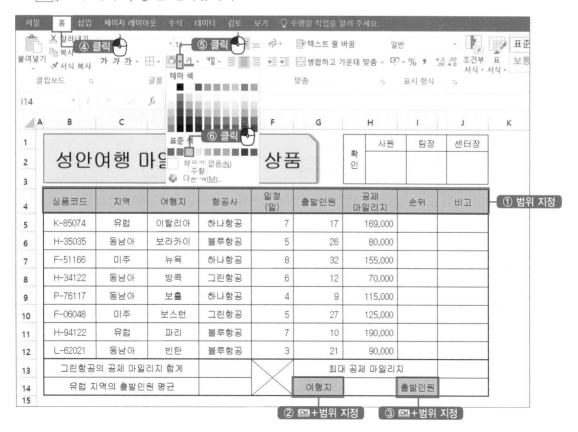

조건 유효성 검사를 이용하여 「H14」 셀에 여행지(「D5:D12」영역)가 선택 표시되도록 하시오.

1 [H14] 셀을 선택한 후 [데이터] 탭의 [데이터 도구] 그룹에서 [데이터 유효성 검사]-[데이터 유효성 검사]를 클릭합니다.

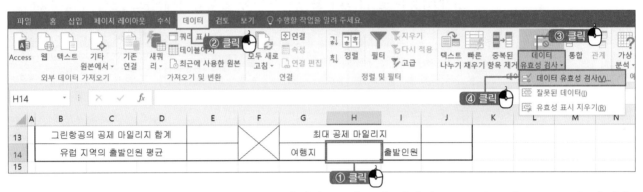

2 [설정] 탭에서 '제한 대상'을 '목록'으로 선택하고, 원본에 커서를 두고 본문의 [D5:D12] 영역을 드래그하여 추가한 후 [확인] 단추를 클릭합니다.

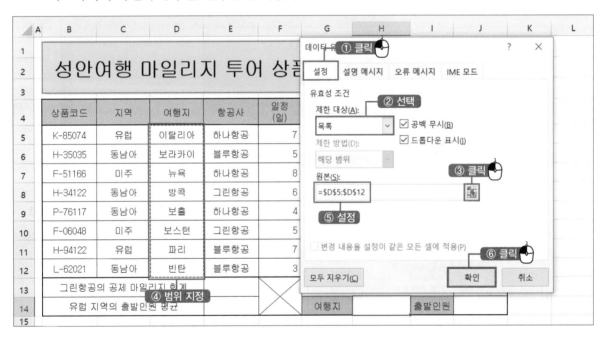

3 [H14] 셀의 '목록 단추'를 클릭하여 '이탈리아'를 선택합니다.

Check Point

유효성 검사를 지울 때에는

① 유효성 검사를 적용한 영역 또는 [H14] 셀을 선택한 후 [데이터] 탭의 [데이터 도구] 그룹에서 [데이터 유효성 검사]를 클릭합니다.

② [데이터 유효성] 대화상자의 [설정] 탭에서 왼쪽 하단의 [모두 지우기]를 클릭한 후 [확인] 단추를 클릭합니다. 또는 '제한 대상'에서 '모든 값'을 선택해도 가능합니다.

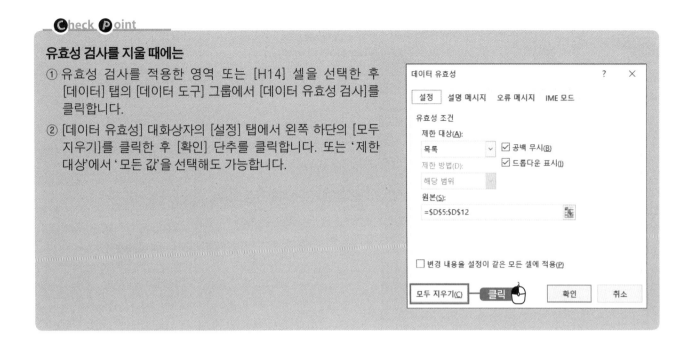

단계 4   **사용자 지정 서식**

> **조건**   셀 서식 ⇒ 「G5:G12」 영역에 셀 서식을 이용하여 숫자 뒤에 '명'을 표시하시오(예 : 17명).

1 [G5:G12] 영역을 범위 지정한 후 마우스 오른쪽 버튼을 클릭하여 [셀 서식]을 클릭합니다. 또는 Ctrl + 1 키를 눌러 [셀 서식]을 실행합니다.

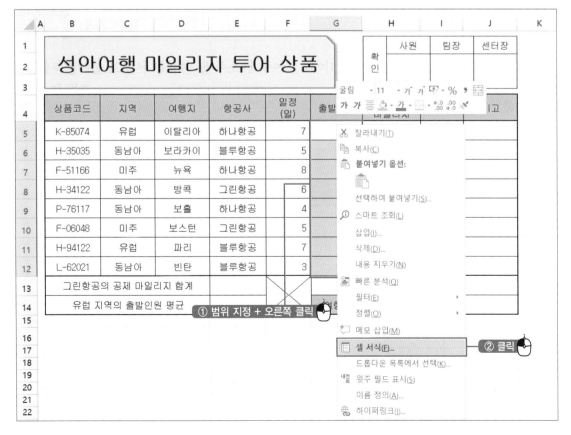

2 [표시 형식] 탭에서 '사용자 지정'을 클릭하여 '형식'에 G/표준 뒤에 "명"을 입력하고 [확인] 단추를 클릭합니다.

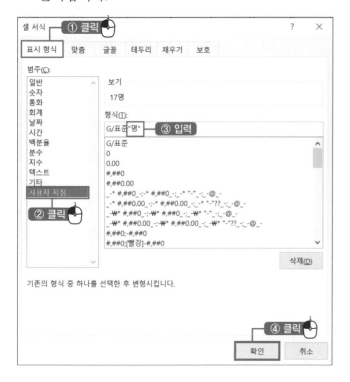

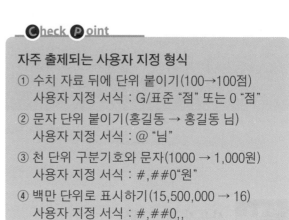

Check Point

자주 출제되는 사용자 지정 형식
① 수치 자료 뒤에 단위 붙이기(100→100점)
  사용자 지정 서식 : G/표준 "점" 또는 0 "점"
② 문자 단위 붙이기(홍길동 → 홍길동 님)
  사용자 지정 서식 : @ "님"
③ 천 단위 구분기호와 문자(1000 → 1,000원)
  사용자 지정 서식 : #,##0"원"
④ 백만 단위로 표시하기(15,500,000 → 16)
  사용자 지정 서식 : #,##0,,

단계 5 **이름 정의**

조건 「E5:E12」 영역에 대해 '항공사'로 이름정의를 하시오.

1 [E5:E12] 영역을 범위 지정한 후 '이름 상자'에 「항공사」를 입력하고 Enter 키를 누릅니다.

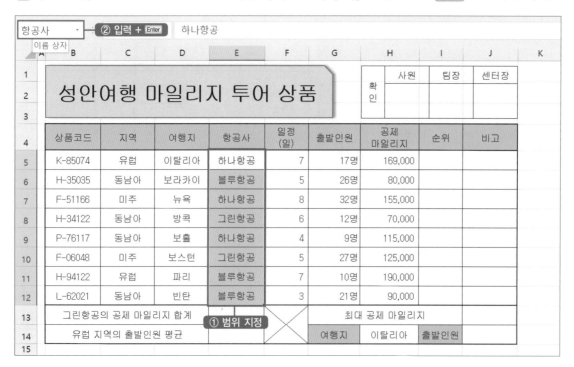

이름 정의 삭제

① [수식] 탭의 [정의된 이름] 그룹에서 [이름 관리자]를 클릭합니다.

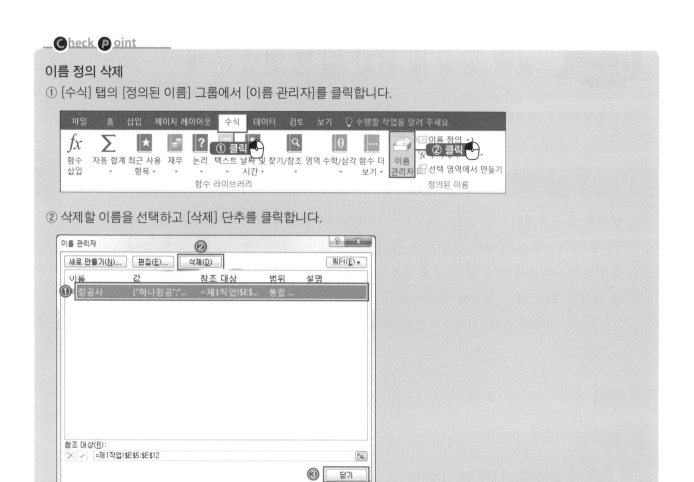

② 삭제할 이름을 선택하고 [삭제] 단추를 클릭합니다.

실력 향상을 위한 실전 연습문제

● 예제/정답 파일은 [자료실]에서 다운로드 받으세요.

●예제 파일 : 실전5.xlsx 정답 파일 : 실전5(정답).xlsx

O5 다음 조건에 따라 엑셀 파일을 작성하시오.

○ 임의의 셀에 결재란을 작성하여 그림복사 기능을 이용하여 붙이기 하시오(단, 원본 삭제).

○ 「B4:J4, G14, I14」 영역은 '주황'으로 채우기 하시오.

○ 유효성 검사를 이용하여 「H14」셀에 제품명(「C5:C12」 영역)이 선택 표시되도록 하시오.

○ 셀 서식 ⇒ 「H5:H12」 영역에 셀 서식을 이용하여 숫자 뒤에 '원'을 표시하시오(예 : 1,600원).

○ 「H5:H12」 영역에 대해 '최저가격'으로 이름정의를 하시오.

출력형태

A	B	C	D	E	F	G	H	I	J
		일반의약품 판매가격 현황					결재	담당	대리	팀장
4	코드	제품명	제조사	구분	규격(ml/캅셀/g)	평균가격(원)	최저가격	순위	제품이력
5	DH1897	위생천	광동제약	소화제	75	580	500원		
6	HY1955	챔프	동아제약	해열진통제	10	2,000	1,600원		
7	DA1956	판피린큐	동아제약	해열진통제	20	400	350원		
8	DG1985	애시논액	동아제약	소화제	10	4,800	4,150원		
9	GY1958	포타디연고	삼일제약	외용연고제	75	500	400원		
10	SE1987	부루펜시럽	삼일제약	해열진통제	90	4,300	3,900원		
11	HD1957	생록천	광동제약	소화제	75	500	420원		
12	DH1980	후시딘	동화약품	외용연고제	10	5,200	4,500원		
13	광동제약 제품 평균가격(원)의 평균					최저가격의 중간값			
14	소화제 최저가격의 평균					제품명	위생천	최저가격	

실력 향상을 위한 실전 연습문제

● 예제/정답 파일은 [자료실]에서 다운로드 받으세요.

●예제 파일 : 실전6.xlsx 정답 파일 : 실전6(정답).xlsx

06 다음 조건에 따라 엑셀 파일을 작성하시오.

○ 임의의 셀에 결재란을 작성하여 그림복사 기능을 이용하여 붙이기 하시오(단, 원본 삭제).

○「B4:J4, G14, I14」 영역은 '주황'으로 채우기 하시오.

○ 유효성 검사를 이용하여 'H14」 셀에 제품명(「C5:C12」 영역)이 선택 표시되도록 하시오.

○ 셀 서식⇒「E5:E12」 영역에 셀 서식을 이용하여 숫자 뒤에 '주'를 표시하시오(예: 15주).

○「G5:G12」 영역에 대해 '대여가격'으로 이름정의를 하시오.

출력형태

대여코드	제품명	분류	대여기간	판매가격 (단위:원)	4주 대여가격 (단위:원)	대여수량	배송지	비고
					결재	담당	대리	과장
GW-03	페달트랙터	자동차	15주	125,000	33,000	17		
CE-13	레이싱카	자동차	5주	65,000	28,000	19		
DC-12	워크어라운드	쏘서	6주	95,000	33,000	6		
PK-01	물놀이세트	놀이세트	12주	17,000	33,000	15		
DW-01	디보쏘서	쏘서	10주	105,000	26,000	12		
CQ-02	미니카	자동차	6주	78,000	28,000	20		
WB-12	구름빵 놀이터	놀이세트	8주	42,000	23,000	14		
PX-02	스포츠센터	놀이세트	10주	56,000	30,000	7		

장난감 대여 관리 현황

| 놀이세트 제품 대여수량 합계 | | | | 4주 대여가격(단위:원)의 최저값 | | |
| 자동차 제품 평균 대여기간 | | | | 제품명 | 페달트랙터 | 대여수량 |

[제1작업] 표 서식 작성 및 값 계산 – 함수

반드시 문제에 주어진 함수를 이용하여 값을 구해야 하며, 시험에 자주 나오는 함수 유형은 숙지해야 합니다. 함수의 중첩 등 응용능력을 키우기 위해 충분한 학습이 필요합니다.

[제 1 작업] 표 서식 작성 및 값 계산 (240점 중 120점)

☞ 다음은 '성안여행 마일리지 투어 상품'에 대한 자료이다. 자료를 입력하고 조건에 맞도록 작업하시오.

≪조건≫
(1)∼(6) 셀은 반드시 <u>주어진 함수를</u> 이용하여 값을 구하시오(결과값을 직접 입력하면 해당 셀은 0점 처리됨).
(1) 순위 ⇒ 출발인원의 내림차순 순위를 구한 결과값에 '위'를 붙이시오(RANK.EQ 함수, & 연산자)(예 : 1위).
(2) 비고 ⇒ 상품코드의 첫 글자가 F이면 '자유여행', 그 외에는 공백으로 구하시오(IF, LEFT 함수).
(3) 그린항공의 공제 마일리지 합계 ⇒ 정의된 이름(항공사)을 이용하여 그린항공의 공제 마일리지 합계를 구하시오(SUMIF 함수).
(4) 유럽 지역의 출발인원 평균 ⇒ 반올림하여 정수로 구하시오. 단, 조건은 입력 데이터를 이용하시오(ROUND, DAVERAGE 함수)(예 : 24.3 → 24).
(5) 최대 공제 마일리지 ⇒ (MAX 함수)
(6) 출발인원 ⇒ 「H14」 셀에서 선택한 여행지에 대한 출발인원을 표시하시오(VLOOKUP 함수).

≪출력형태≫

상품코드	지역	여행지	항공사	일정(일)	출발인원	공제마일리지	순위	비고
K-85074	유럽	이탈리아	하나항공	7	17	169,000	(1)	(2)
H-35035	동남아	보라카이	블루항공	5	26	80,000	(1)	(2)
F-51166	미주	뉴욕	하나항공	8	32	155,000	(1)	(2)
H-34122	동남아	방콕	그린항공	6	12	70,000	(1)	(2)
P-76117	동남아	보홀	하나항공	4	9	115,000	(1)	(2)
F-06048	미주	보스턴	그린항공	5	27	125,000	(1)	(2)
H-94122	유럽	파리	블루항공	7	10	190,000	(1)	(2)
L-62021	동남아	빈탄	블루항공	3	21	90,000	(1)	(2)
그린항공의 공제 마일리지 합계			(3)			최대 공제 마일리지		(5)
유럽 지역의 출발인원 평균			(4)		여행지	이탈리아	출발인원	(6)

확인 | 사원 | 팀장 | 센터장

수식은 등호로 시작하여 숫자 또는 셀 주소와 연산자로 이루어진 계산식입니다.

1. 수식의 구성

=E4 − F4 * 5000

1 등호(=) : 엑셀에서는 수식을 입력할 때 등호를 먼저 입력해야 합니다. 등호 다음에 오는 내용이 수식이라는 것을 나타냅니다.

2 참조(E4, F4) : 직접 값을 입력하여 수식을 작성할 수 있고, 또는 값이 입력된 주소를 입력하여 수식을 작성할 수 있습니다. 셀 주소를 이용하여 값을 계산하는 것을 '참조'라고 합니다.

3 연산자(− , *) : 계산의 종류를 나타냅니다.

4 상수(5000) : 수식에 직접 입력하는 숫자나 문자입니다.

2. 연산자와 연산

연산자를 이용하여 사칙 연산을 비롯하여, 문자열의 연결, 수치 비교, 계산 처리 등을 실행할 수 있습니다.

1 산술 연산자 : 수치 데이터에 대한 사칙 연산을 수행합니다.

연산자	기능	연산자	기능	연산자	기능
+	더하기	*	곱하기	^	거듭제곱
−	빼기	/	나누기	%	백분율

2 비교 연산자 : 데이터의 크기를 비교하여 식이 맞으면 TRUE(참), 그렇지 않으면 FALSE(거짓)로 결과를 표시합니다.

연산자	기능	연산자	기능	연산자	기능
>	크다(초과)	<	작다(미만)	=	같다
>=	크거나 같다(이상)	<=	작거나 같다(이하)	<>	같지 않다.

3 데이터 연결 연산자(&) : 두 개의 데이터를 하나로 연결하여 표시합니다.

수식	결과	수식	결과
="상수리"&"나무"	상수리나무	=100&"점"	100점

4 참조 연산자 : 함수 명령어가 참조해야 할 범위를 지정할 때 사용합니다.

연산자	사용 예	기능
콜론(:)	(A1:E1)	왼쪽 셀에서 오른쪽 셀까지의 모든 범위를 참조하는 연산자
쉼표(,)	(A1,C1)	쉼표(,)로 구분된 모든 셀(또는 범위)을 참조하는 연산자
공백	(A1:C3 C2:P3)	왼쪽 범위와 오른쪽 범위의 공통 범위(결과:[C2:C3])

3. 셀 참조

수식을 입력할 때 직접 숫자를 입력하지 않고, 숫자가 입력된 셀 주소를 사용하는 것을 셀 참조라고 합니다. 수식을 복사할 때 셀 주소가 바뀌는 상대참조, 고정된 셀을 참조하는 절대참조, 열이나 행만을 고정하는 혼합참조에 대해 익혀보도록 하겠습니다.

1 상대참조

가장 일반적인 셀 주소 유형입니다. 수식이 입력된 셀을 다른 위치로 이동하거나 복사하면 참조하는 셀 주소가 상대적 위치에 따라 자동으로 변경됩니다.

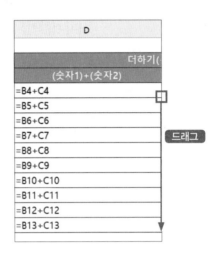

2 절대참조

행 번호, 열 문자 앞에 $ 기호를 붙여줍니다. 절대참조는 다른 곳으로 이동하거나 복사해도 변하지 않고 항상 같은 셀을 참조합니다.

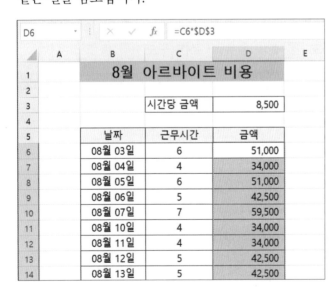
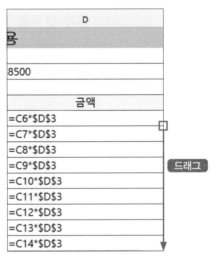

3 혼합참조

행 문자, 열 번호 중 한쪽에만 $ 기호를 붙여줍니다. $ 기호가 붙은 부분만 변하지 않습니다. 한 방향으로만 수식을 복사할 때에는 절대참조를 쓰지만, 양쪽 방향으로 수식을 복사해야 하는 경우에는 혼합참조를 사용합니다.

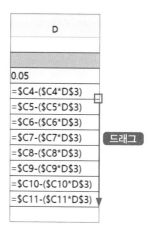

	할인율			
	5%	10%	15%	20%
5,000	4,750	4,500	4,250	4,000
10,000	9,500	9,000	8,500	8,000
15,000	14,250	13,500	12,750	12,000
20,000	19,000	18,000	17,000	16,000
25,000	23,750	22,500	21,250	20,000
30,000	28,500	27,000	25,500	24,000
35,000	33,250	31,500	29,750	28,000
40,000	38,000	36,000	34,000	32,000

(입고가)

D열:
0.05
=$C4-($C4*D$3)
=$C5-($C5*D$3)
=$C6-($C6*D$3)
=$C7-($C7*D$3)
=$C8-($C8*D$3)
=$C9-($C9*D$3)
=$C10-($C10*D$3)
=$C11-($C11*D$3)
드래그

4 F4 키를 이용하여 참조 바꾸기

주소를 입력하고 F4 키를 누를 때마다 다음 순서대로 '$' 기호가 자동으로 붙여진다.

H3 (상대참조) ▶ F4 키 ▶ $H$3 (절대참조) ▶ F4 키 ▶ H$3 (혼합참조) ▶ F4 키 ▶ $H3 (혼합참조) ▶ F4 키 ▶ H3 (상대참조)

단계 2 함수

함수는 복잡하고 반복적인 계산 작업을 쉽고 간단하게 처리할 수 있도록 미리 프로그램으로 정의한 수식입니다. 우리가 알고 있는 간단한 계산식도 함수를 사용하면 많은 양의 데이터도 손쉽게 계산할 수 있습니다.

1. 함수 구조

> = 함수명(인수 1,인수 2, …… ,인수n)

① 등호(=) : 함수식 앞에 쓰입니다.
② 함수명 : 수식을 함축하고 있는 함수 이름입니다.
③ 괄호 : 인수가 들어가는 공간입니다.
④ 인수 : 계산을 하기 위해 사용하는 값입니다.
⑤ 쉼표(,) : 인수를 구분하기 위해 사용합니다.

2. 함수 마법사

간단한 함수는 직접 입력하는 것이 편리하지만 어렵고 자주 사용하지 않는 함수는 마법사를 이용하면 인수의 입력 방법을 알려주기 때문에 쉽게 사용할 수 있습니다.

> **함수 마법사를 사용하는 방법들**
> – 수식 입력줄의 [함수 삽입 fx]을 클릭
> – [수식] 탭에서 [함수 라이브러리] 그룹의 [함수 삽입 fx] 클릭
> – 바로가기 키 : Shift + F3

함수 1 **데이터베이스 함수**

함수	설명	중요도
DAVERAGE	조건과 일치하는 데이터의 평균을 구함	★★★★★
DMAX	조건과 일치하는 데이터의 가장 큰 수를 구함	★★
DMIN	조건과 일치하는 데이터의 가장 작은 수를 구함	★
DCOUNTA	조건과 일치하는 데이터에서 공백이 아닌 데이터의 개수를 구함	★
DCOUNT	조건과 일치하는 데이터의 숫자가 들어 있는 셀의 개수를 구함	
DGET	조건에 맞는 고유한 데이터를 추출함	

Check **P**oint

데이터베이스 함수의 형식

[형식] =DSUM(데이터베이스 범위, 필드, 조건 범위)

	A	B	C	D ③ 조건 범위	E	F
1		DSUM 함수			② 필드	
2		관리코드	관리자	유종	구매가	
3		M597K	김지현	하이브리드	3,555	
4		R374G	안규정	디젤	9,738	① 데이터베이스 범위
5		G839R	이수연	가솔린	10,129	
6		Z329F	장동욱	하이브리드	8,650	
7		Z325J	정인경	디젤	9,894	
8		O356L	최민석	가솔린	7,402	
9		C385B	정유진	하이브리드	14,615	
10		U594L	박두일	가솔린	7,339	
11		하이브리드 구매가 합계				
12						

❶ 데이터베이스 범위 : 필드 제목과 데이터로 구성된 범위

❷ 필드 : 계산을 수행하고자 하는 필드명

❸ 조건 범위 : 필드 제목과 조건으로 구성된 범위

[예제] =DSUM(B2:E10,E2,D2:D3)

[결과] 26,820

◎예제/정답 파일 : 데이터베이스.xlsx

다음 조건에 따라 엑셀 파일을 작업하시오.

(1) 하이브리드 구매가 합계 ⇒ 조건은 입력 데이터를 이용하시오(DSUM 함수).

(2) 브라질 원산지 판매가(단위: 원)의 평균 ⇒ 조건은 입력 데이터를 이용하시오(DAVERAGE 함수).

(3) 여행 분야 중 최고 회원 수 ⇒ 조건은 입력 데이터를 이용하여 구하시오(DMAX 함수).

(4) 핫도그 창업 개수 ⇒ 결과값에 '개'를 붙이시오. 단, 조건은 입력 데이터를 이용하시오(DCOUNTA 함수, & 연산자)(예 : 1개).

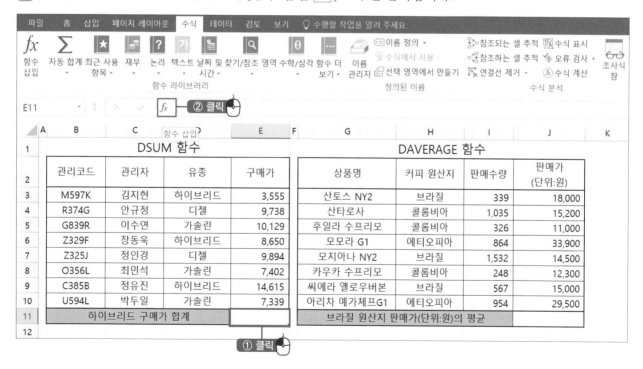

DSUM 함수					DAVERAGE 함수			
관리코드	관리자	유종	구매가		상품명	커피 원산지	판매수량	판매가 (단위:원)
M597K	김지현	하이브리드	3,555		산토스 NY2	브라질	339	18,000
R374G	안규정	디젤	9,738		산타로사	콜롬비아	1,035	15,200
G839R	이수연	가솔린	10,129		후일라 수프리모	콜롬비아	326	11,000
Z329F	장동욱	하이브리드	8,650		모모라 G1	에티오피아	864	33,900
Z325J	정인경	디젤	9,894		모지아나 NY2	브라질	1,532	14,500
O356L	최민석	가솔린	7,402		카우카 수프리모	콜롬비아	248	12,300
C385B	정유진	하이브리드	14,615		씨에라 옐로우버본	브라질	567	15,000
U594L	박두일	가솔린	7,339		아리차 예가체프G1	에티오피아	954	29,500
하이브리드 구매가 합계			(1)		브라질 원산지 판매가(단위:원)의 평균			(2)

DMAX 함수					DCOUNTA 함수			
카페명	분류	회원 수	게시글 수		코드	창업주	항목	창업비용(원)
바이트레인	여행	370,240	550,012		K2661	한사랑	핫도그	45,000,000
스윙댄스	취미	529,588	549,385		K3968	홍준표	떡갈비	50,000,000
카이트	취미	164,056	410,904		T1092	한예지	핫도그	60,000,000
유랑	여행	265,265	147,056		K2154	이소영	떡갈비	55,455,500
요리쿡	요리	807,475	902,103		P1514	임용균	떡볶이	38,500,000
여행홀릭	여행	405,395	785,678		P2603	임유나	떡볶이	45,500,000
오늘요리	요리	220,186	268,612		T1536	조형준	떡갈비	62,550,000
우드워커	취미	368,271	755,304		K3843	김유진	핫도그	40,000,000
여행 분야 중 최고 회원 수			(3)		핫도그 창업 개수			(4)

(1) 하이브리드 구매가 합계

1 [E11] 셀을 클릭한 후 수식 입력줄의 [함수 삽입 *fx*] 도구를 클릭합니다.

2 '범주 선택'에서 '데이터베이스'를 선택하고 'DSUM'을 클릭한 후 [확인] 단추를 클릭합니다.

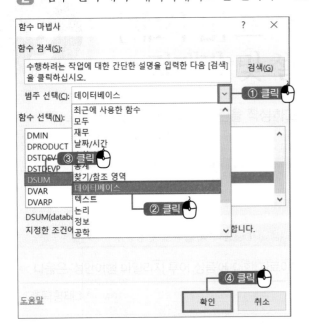

3 [함수 인수]에서 다음과 같이 지정하고 [확인] 단추를 클릭합니다.

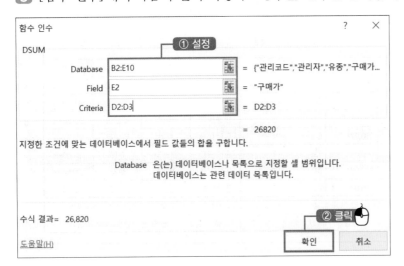

- 데이터베이스 : [B2:E10]
- 필드 : [E2]
- 조건 : [D2:D3]

(2) 브라질 원산지 판매가(단위: 원)의 평균

1 [J11] 셀을 클릭한 후 수식 입력줄의 [함수 삽입 f_x] 도구를 클릭합니다.

2 '범주 선택'에서 '데이터베이스'를 선택하고 'DAVERAGE'를 클릭한 후 [확인] 단추를 클릭 합니다.

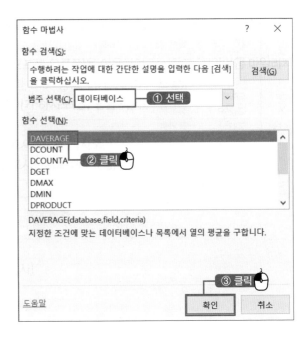

3 [함수 인수]에서 다음과 같이 지정하고 [확인] 단추를 클릭합니다.

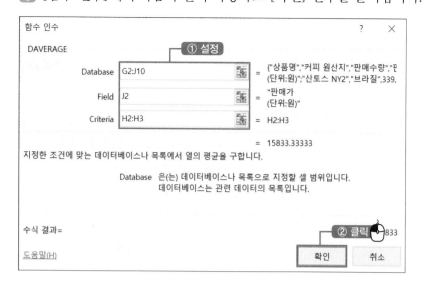

• 데이터베이스 : [G2:J10]
• 필드 : [J2]
• 조건 : [H2:H3]

(3) 여행 분야 중 최고 회원 수

1 [E23] 셀을 클릭한 후 수식 입력줄의 [함수 삽입 *fx*] 도구를 클릭합니다.

2 '범주 선택'에서 '데이터베이스'를 선택하고 'DMAX'를 클릭한 후 [확인] 단추를 클릭합니다.

3 [함수 인수]에서 다음과 같이 지정하고 [확인] 단추를 클릭합니다.

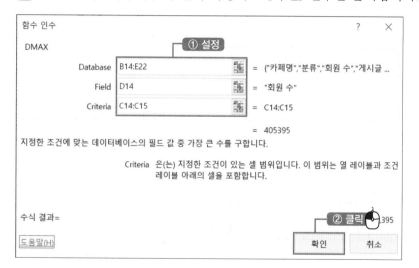

• 데이터베이스 : [B14:E22]
• 필드 : [D14]
• 조건 : [C14:C15]

(4) 핫도그 창업 개수

1 [J23] 셀을 클릭한 후 수식 입력줄의 [함수 삽입 *fx*] 도구를 클릭합니다.

2 '범주 선택'에서 '데이터베이스'를 선택한 후 'DCOUNTA'를 클릭한 후 [확인] 단추를 클릭합니다.

3 [함수 인수]에서 다음과 같이 지정하고 [확인] 단추를 클릭합니다.

함수 인수

DCOUNTA

Database | G14:J22 | = {"코드","창업주","항목","창업비용(...
Field | H14 | = "창업주"
Criteria | I14:I15 | = I14:I15

= 3

조건에 맞는 데이터베이스의 필드에서 비어 있지 않은 셀의 수를 구합니다.

Database 은(는) 데이터베이스나 목록으로 지정할 셀 범위입니다.
데이터베이스는 관련 데이터 목록입니다.

수식 결과= 3

도움말(H)

① 설정
② 클릭

확인 | 취소

• 데이터베이스 : [G14:J22]
• 필드 : [H14]
• 조건 : [I14:I15]

4 [J23] 셀을 클릭한 후 수식 입력줄의 '=DCOUNTA(G14:J22,H14,I14:I15)' 뒤에 마우스를 클릭한 후 「&"개"」를 입력합니다.

DCOUNTA ▼ : × ✓ fx | =DCOUNTA(G14:J22,H14,I14:I15)&"개" 입력

	DMAX 함수					DCOUNTA 함수			
13									
14	카페명	분류	회원 수	게시글 수		코드	창업주	항목	창업비용(원)
15	바이트레인	여행	370,240	550,012		K2661	한사랑	핫도그	45,000,000
16	스윙댄스	취미	529,588	549,385		K3968	홍준표	떡갈비	50,000,000
17	카이트	취미	164,056	410,904		T1092	한예지	핫도그	60,000,000
18	유랑	여행	265,265	147,056		K2154	이소영	떡갈비	55,455,500
19	요리쿡	요리	807,475	902,103		P1514	임용균	떡볶이	38,500,000
20	여행홀릭	여행	405,395	785,678		P2603	임유나	떡볶이	45,500,000
21	오늘요리	요리	220,186	268,612		T1536	조형준	떡갈비	62,550,000
22	우드워커	취미	368,271	755,304		K3843	김유진	핫도그	40,000,000
23	여행 분야 중 최고 회원 수			405,395		핫도그 창업 개수			I14:I15)&"개"
24									

[정답]

	DSUM 함수					DAVERAGE 함수			
1									
2	관리코드	관리자	유종	구매가		상품명	커피 원산지	판매수량	판매가 (단위:원)
3	M597K	김지현	하이브리드	3,555		산토스 NY2	브라질	339	18,000
4	R374G	안규정	디젤	9,738		산타로사	콜롬비아	1,035	15,200
5	G839R	이수연	가솔린	10,129		후일라 수프리모	콜롬비아	326	11,000
6	Z329F	장동욱	하이브리드	8,650		모모라 G1	에티오피아	864	33,900
7	Z325J	정인경	디젤	9,894		모지아나 NY2	브라질	1,532	14,500
8	O356L	최민석	가솔린	7,402		카우카 수프리모	콜롬비아	248	12,300
9	C385B	정유진	하이브리드	14,615		씨에라 옐로우버번	브라질	567	15,000
10	U594L	박두일	가솔린	7,339		아리차 예가체프G1	에티오피아	954	29,500
11	하이브리드 구매가 합계			26,820		브라질 원산지 판매가(단위:원)의 평균			15,833
12									
13	DMAX 함수					DCOUNTA 함수			
14	카페명	분류	회원 수	게시글 수		코드	창업주	항목	창업비용(원)
15	바이트레인	여행	370,240	550,012		K2661	한사랑	핫도그	45,000,000
16	스윙댄스	취미	529,588	549,385		K3968	홍준표	떡갈비	50,000,000
17	카이트	취미	164,056	410,904		T1092	한예지	핫도그	60,000,000
18	유랑	여행	265,265	147,056		K2154	이소영	떡갈비	55,455,500
19	요리쿡	요리	807,475	902,103		P1514	임용균	떡볶이	38,500,000
20	여행홀릭	여행	405,395	785,678		P2603	임유나	떡볶이	45,500,000
21	오늘요리	요리	220,186	268,612		T1536	조형준	떡갈비	62,550,000
22	우드워커	취미	368,271	755,304		K3843	김유진	핫도그	40,000,000
23	여행 분야 중 최고 회원 수			405,395		핫도그 창업 개수			3개
24									

함수	설명	예	결과	중요도
MAX(범위)	최대값	=MAX(1,2,3)	3	★★★
MIN(범위)	최소값	=MIN(1,2,3)	1	★★★
AVERAGE(범위)	평균	=AVERAGE(90,60)	75	★
MEDIAN(범위)	인수들의 중간값을 구함	=MEDIAN(90,80,70)	80	★
COUNT(범위)	숫자의 개수	=COUNT(1,2,3)	3	★
COUNTA(범위)	공백을 제외한 셀의 개수	=COUNTA("가",2,"A")	3	★
COUNTIF(범위,"조건")	범위에서 조건에 맞은 개수			★★★★★
LARGE(범위,K)	범위에서 K번째 큰 값			★★★
SMALL(범위,K)	범위에서 K번째 작은 값			★★
RANK.EQ(기준, 범위, 순서)	=RANK.EQ(A1,$A$1:$A$10,0) : [A1:A10] 영역에서 [A1] 셀의 순위를 구함			★★★★★

RANK.EQ 함수 〈순서〉

0 또는 FALSE : 내림차순(가장 큰 값이 1등) - 생략하면 FALSE가 됨

1 또는 TRUE : 오름차순(가장 작은 값이 1등)

※ 범위는 고정된 영역을 참조해야 하므로 절대 주소 형식을 사용

다음 조건에 따라 엑셀 파일을 작업하시오.

○ 예제/정답 파일 : 통계.xlsx

(1) 최대 판매가(단위: 원) ⇒ 판매가를 이용하여 구하시오(MAX 함수).

(2) 최저 진행인원수 ⇒ 진행인원수를 이용하여 구하시오(MIN 함수).

(3) 어린이 도서 수 ⇒ 분류를 이용하여 구하시오(COUNTIF 함수).

(4) 두 번째로 큰 마리 당 평균 몸무게 ⇒ 몸무게를 이용하여 구하시오(LARGE 함수).

(5) 최저 신청인원(단위: 명) ⇒ 신청인원을 이용하여 구하시오(SMALL 함수).

(6) 순위 ⇒ 판매수량을 이용하여 판매수량의 내림차순 순위를 구하시오(RANK.EQ 함수).

(7) 구분이 1++등급 비율 ⇒ 구분이 1++등급인 비율을 구한 후 백분율로 표시하시오(COUNTIF, COUNTA 함수)(예 : 0.15 → 15%).

(8) 주행거리가 평균 이상인 차량 수 ⇒ (COUNTIF, AVERAGE 함수)

(9) 대여가격(4주)이 중간값 이상인 장난감 수 ⇒ 결과값에 '개'를 붙이시오(COUNTIF, MEDIAN 함수, & 연산자)(예 : 1개)

MAX 함수

상품명	구분	판매가 (단위:원)
수국	꽃다발	67,000
진백	분재	200,000
생일축하	꽃바구니	50,000
소사	분재	150,000
프로포즈	꽃바구니	125,000
분홍장미	꽃다발	59,000
결혼기념일	꽃바구니	50,000
안개	꽃다발	61,000
최대 판매가(단위:원)		(1)

MIN 함수

사업명	관리팀	진행 인원수
홈네트워크	개발2팀	12
이러닝	교육관리	7
VR개발	개발2팀	7
환경개선	개발2팀	7
AR개발	개발1팀	11
연수원관리	교육관리	6
마케팅	개발1팀	4
네트워크보안	개발1팀	10
최저 진행인원수		(2)

COUNTIF 함수

도서명	저자	분류
오페라의 유령	가스통 르루	실버
내 심장은 작은 북	송현섭	어린이
여행의 이유	김영하	일반
내일도 야구	이석용	어린이
첫말잇기 동시집	박성우	어린이
신통방통 홈쇼핑	이분희	어린이
연필로 쓰기	김훈	일반
미국 단편 동화집	강민호	실버
어린이 도서 수		(3)

LARGE 함수

동물명	마리 수	마리 당 평균 몸무게
하마	2	1,105
호랑이	1	332
사슴	5	121
얼룩말	2	116
사자	2	278
기린	4	247
양	6	223
코끼리	2	2,528
두 번째로 큰 마리 당 평균 몸무게		(4)

SMALL 함수

봉사명	봉사시간	신청인원 (단위:명)
바자회 보조	8시간	1,450
미용서비스	6시간	568
멘토링 교육	24시간	954
시설 봉사	48시간	1,450
경로식당	8시간	1,650
생활지원	48시간	1,350
컴퓨터교육 보조	16시간	467
성장 멘토링	32시간	1,321
최저 신청인원(단위:명)		(5)

RANK 함수

상품명	판매수량	순위
블랙로즈오일	350	(6)
욕실세정제	850	(6)
수면팩	437	(6)
천연비타민C	950	(6)
고급의류세제	724	(6)
프리미엄세탁세제	800	(6)
스네일에센스	500	(6)
종합비타민미네랄	900	(6)

COUNTIF, COUNTA 함수

부위	구분	kg당 가격
안심	1++등급	98,000
등심	1등급	79,000
앞다리	1+등급	85,000
등심	2등급	66,000
앞다리	2등급	52,000
등심	1+등급	88,000
안심	1등급	94,000
앞다리	1++등급	70,000
구분이 1++등급 비율		(7)

COUNTIF, AVERAGE 함수

관리자	유종	주행거리 (Km)
김지현	하이브리드	171,833
안규정	디젤	119,912
이수연	가솔린	21,833
장동욱	하이브리드	47,158
정인경	디젤	58,075
최민석	가솔린	73,402
정유진	하이브리드	70,161
박두일	가솔린	102,863
주행거리가 평균 이상인 차량 수		(8)

COUNTIF, MEDIAN 함수

제품명	대여가격 (4주)
타요버스	33,000
맥퀸카	28,000
워크어라운드	33,000
물놀이세트	33,000
디보쏘서	26,000
미니카	28,000
병원놀이	23,000
폴리볼텐트	30,000
대여가격(4주)이 중간값 이상인	(9)

(1) 최대 판매가(단위: 원)

1 [D11] 셀에 「=MA」까지 입력한 후 MAX를 더블클릭합니다.

2 범위를 [D3:D10] 영역을 드래그하여 '=MAX(D3:D10)'으로 입력되면 Enter 키를 누릅니다.

(2) 최저 진행인원수

[H11] 셀에 「=MIN(H3:H10)」을 입력합니다).(또는 (1)과 같은 방법을 사용합니다.)

(3) 어린이 도서 수

1 [L11] 셀에 「=COU」를 입력한 후 'COUNTIF'를 더블클릭합니다.

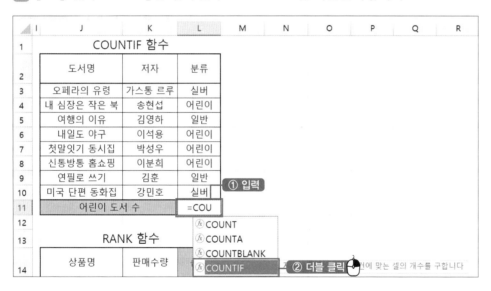

2 범위는 [L3:L10], 조건은 「"어린이"」를 입력하여 '=COUNTIF(L3:L10, "어린이")'로 입력되면 Enter 키를 누릅니다.

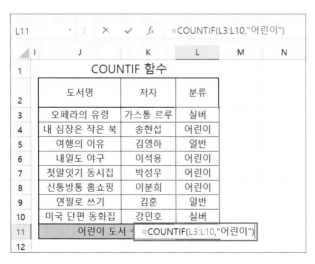

(4) 두 번째로 큰 마리 당 평균 몸무게

[D23] 셀에 「=LARGE(D15:D22,2)」를 입력합니다. [D15:D22] 영역에서 2번째로 큰 값을 구합니다.

(5) 최저 신청인원(단위: 명)

[H23] 셀에 「=SMALL(H15:H22,1)」을 입력합니다. [H15:H22] 영역에서 1번째로 작은 값을 구합니다.

(6) 순위

[L15] 셀에 「=RANK.EQ(K15,$K$15:$K$22)」를 입력한 후 [L22] 셀까지 수식을 복사합니다.

> [K15] 셀의 값을 [K15:K22] 영역 안에서 순위를 구합니다. 비교되는 [K15:K22] 영역은 수식을 복사하더라도 고정된 위치라서 F4 키를 눌러 절대참조를 해야 합니다.

(7) 구분이 1++등급 비율

[D35] 셀에 「=COUNTIF(C27:C34, "1++등급")/COUNTA(C27:C34)」를 입력합니다.

> COUNTIF(C27:C34,"1++등급") : [C27:C34] 영역에서 '1++등급'의 개수를 구합니다.
> COUNTA(C27:C34) : [C27:C34] 영역의 개수를 구합니다.
> 조건은 " "로 묶어서 처리합니다.

(8) 주행거리가 평균 이상인 차량 수

[H35] 셀에 「=COUNTIF(H27:H34, ">="&AVERAGE(H27:H34))」를 입력합니다.

> AVERAGE(H27:H34) : [H27:H34] 영역의 평균을 구합니다.
> COUNTIF(H27:H34,">="&평균값) : [H27:H34] 영역에서 평균값 이상인 개수를 구합니다.

9) 대여가격(4주)이 중간값 이상인 장난감 수

[H23] 셀에 「=COUNTIF(K27:K34, ">="&MEDIAN(K27:K34))&"개"」를 입력합니다.

> MEDIAN(K27:K34) : [K27:K34] 영역의 중간값을 구합니다.
> COUNTIF(K27:K34,">="&중간값)&"개" : [K27:K34] 영역에서 중간값 이상인 개수를 구한 후 '개'를 입력합니다.

[정답]

MAX 함수

상품명	구분	판매가 (단위:원)
수국	꽃다발	67,000
진백	분재	200,000
생일축하	꽃바구니	50,000
소사	분재	150,000
프로포즈	꽃바구니	125,000
분홍장미	꽃다발	59,000
결혼기념일	꽃바구니	50,000
안개	꽃다발	61,000
최대 판매가(단위:원)		200,000

MIN 함수

사업명	관리팀	진행 인원수
홈네트워크	개발2팀	12
이러닝	교육관리	7
VR개발	개발2팀	7
환경개선	개발2팀	7
AR개발	개발1팀	11
연수원관리	교육관리	6
마케팅	개발1팀	4
네트워크보안	개발1팀	10
최저 진행인원수		4

COUNTIF 함수

도서명	저자	분류
오페라의 유령	가스통 르루	실버
내 심장은 작은 북	송현섭	어린이
여행의 이유	김영하	일반
내일도 야구	이석용	어린이
첫말잇기 동시집	박성우	어린이
신통방통 홈쇼핑	이분희	어린이
연필로 쓰기	김훈	일반
미국 단편 동화집	강민호	실버
어린이 도서 수		4

LARGE 함수

동물명	마리 수	마리 당 평균 몸무게
하마	2	1,105
호랑이	1	332
사슴	5	121
얼룩말	2	116
사자	2	278
기린	4	247
양	6	223
코끼리	2	2,528
두 번째로 큰 마리 당 평균 몸무게		1,105

SMALL 함수

봉사명	봉사시간	신청인원 (단위:명)
바자회 보조	8시간	1,450
미용서비스	6시간	568
멘토링 교육	24시간	954
시설 봉사	48시간	1,450
경로식당	8시간	1,650
생활지원	48시간	1,350
컴퓨터교육 보조	16시간	467
성장 멘토링	32시간	1,321
최저 신청인원(단위:명)		467

RANK 함수

상품명	판매수량	순위
블랙로즈오일	350	8
욕실세정제	850	3
수면팩	437	7
천연비타민C	950	1
고급의류세제	724	5
프리미엄세탁세제	800	4
스네일에센스	500	6
종합비타민미네랄	900	2

COUNTIF, COUNTA 함수

부위	구분	kg당 가격
안심	1++등급	98,000
등심	1등급	79,000
앞다리	1+등급	85,000
등심	2등급	66,000
앞다리	2등급	52,000
등심	1+등급	88,000
안심	1등급	94,000
앞다리	1++등급	70,000
구분이 1++등급 비율		25%

COUNTIF, AVERAGE 함수

관리자	유종	주행거리 (Km)
김지현	하이브리드	171,833
안규정	디젤	119,912
이수연	가솔린	21,833
장동욱	하이브리드	47,158
정인경	디젤	58,075
최민석	가솔린	73,402
정유진	하이브리드	70,161
박두일	가솔린	102,863
주행거리가 평균 이상인 차량 수		3

COUNTIF, MEDIAN 함수

제품명	대여가격 (4주)
타요버스	33,000
맥퀸카	28,000
워크어라운드	33,000
물놀이세트	33,000
디보쏘서	26,000
미니카	28,000
병원놀이	23,000
폴리볼텐트	30,000
대여가격(4주)이 중간값 이상인	4개

실력 향상을 위한 실전 연습문제

● 예제/정답 파일은 [자료실]에서 다운로드 받으세요.

●예제/정답 파일 : 실전함수1.xlsx

07 다음 조건에 따라 엑셀 파일을 작성하시오.

(1) 복지용구 구매자수 합계 ⇒ 조건은 입력 데이터를 이용하시오(DSUM 함수).
(2) 실버도서 평균 대출횟수(누적) ⇒ 조건은 입력 데이터를 이용하시오(DAVERAGE 함수).
(3) 노묘용 최저 열량(kcal) ⇒ 조건은 입력 데이터를 이용하시오(DMIN 함수).
(4) 포장이사 계약 건수 ⇒ 단, 조건은 입력 데이터를 이용하고, 결과값 뒤에 '건'을 붙이시오(DCOUNTA 함수, & 연산자) (예: 2건).

출력형태

A	B	C	D	E	F	G	H	I	J
1		DSUM 함수					DAVERAGE 함수		
2	상품코드	상품명	카테고리	구매자수		도서명	저자	분류	대출횟수 (누적)
3	HE-0012	욕창예방매트리스	복지용구	989		오페라의 유령	가스통 르루	실버	13
4	BO-2101	경량알루미늄 휠체어	보장구	887		내 심장은 작은 북	송현섭	어린이	24
5	PE-1005	당뇨환자용 양파효소	환자식	1,700		여행의 이유	김영하	일반	8
6	HE-0305	성인용보행기	복지용구	1,480		내일도 야구	이석용	어린이	21
7	BO-2043	스틸통타이어 휠체어	보장구	980		첫말잇기 동시집	박성우	어린이	19
8	BO-2316	거상형 휠체어	보장구	316		신통방통 홈쇼핑	이분희	어린이	16
9	PE-1138	고단백 영양푸딩	환자식	1,605		연필로 쓰기	김훈	일반	7
10	PE-1927	고농축 영양식	환자식	912		미국 단편 동화집	강민호	실버	13
11		복지용구 구매자수 합계		(1)			실버도서 평균 대출횟수(누적)		(2)
12									
13		DMIN 함수					DCOUNTA 함수		
14	제품명	제조사	분류	열량(kcal)		계약코드	입주자	이사형태	사은품
15	인스팅티브	내츄럴발란스	노묘용	321		AM103-603	김천호	포장이사	새집증후군
16	캘리포니아	스타캣	피부, 모질용	425		PM106-204	이종로	일반이사	입주선물세트
17	그레인프리	내츄럴발란스	노묘용	410		AM207-908	원낙원	포장이사	입주청소
18	인도어 롱헤어	그라비	헤어볼	450		AM103-606	박금호	지방이사	새집증후군
19	뉴트로초이스	스타캣	헤어볼	560		PA109-508	정한남	포장이사	입주선물세트
20	로얄캐닌 키튼	내츄럴발란스	피부, 모질용	520		AM111-121	임강남	포장이사	입주청소
21	뉴트로 키튼	그라비	노묘용	405		AM102-159	최강북	일반이사	새집증후군
22	파이니스트	그라비	피부, 모질용	436		AM103-610	고양재	지방이사	입주선물세트
23		노묘용 최저 열량(kcal)		(3)			포장이사 계약 건수		(4)
24									

실력 향상을 위한 실전 연습문제

● 예제/정답 파일은 [자료실]에서 다운로드 받으세요.

●예제 파일 : 실전함수1.xlsx

08 다음 조건에 따라 엑셀 파일을 작성하시오.

(1) 최다 학습자수(단위: 명) ⇒ (MAX 함수)
(2) kg당 최저 가격 ⇒ 가격을 이용하여 구하시오(MIN 함수).
(3) 꽃바구니 상품 개수 ⇒ (COUNTIF 함수)
(4) 두 번째로 많은 구매자수 ⇒ 구매자수를 이용하여 구하시오(LARGE 함수).
(5) 두 번째로 적은 체험 학생 수 ⇒ (SMALL 함수)
(6) 순위 ⇒ 주문수량의 내림차순 순위를 구한 결과값에 '위'를 붙이시오(RANK.EQ 함수, & 연산자)(예 : 1위).
(7) 봉사장소 복지관의 전체 비율 ⇒「복지관수÷전체봉사장소수」로 구한 후 백분율 형식으로 표시하시오 (COUNTIF, COUNTA 함수)(예 : 25%).
(8) 주풍향비율이 평균 이상인 지점 수 ⇒ 주풍향비율을 이용하여 구한 결과값에 '건'을 붙이시오 (COUNTIF, AVERAGE 함수, & 연산자)(예 : 1건).

출력형태

MAX 함수				MIN 함수				COUNTIF 함수		
강좌명	구분	학습자수 (단위:명)		부위	구분	kg당 가격		상품명	구분	판매가 (단위:원)
왕초보	스페인어	215		안심	1+++등급	98,000원		수국	꽃다발	67,000
발음클리닉	중국어	249		등심	1등급	79,000원		진백	분재	200,000
원어민처럼 말하기	스페인어	105		앞다리	1+등급	85,000원		생일축하	꽃바구니	50,000
어법/어휘 마스터	영어	248		등심	2등급	66,000원		소사	분재	150,000
실전 비즈니스	영어	194		앞다리	2등급	52,000원		프로포즈	꽃바구니	125,000
즐거운 스페인어	스페인어	384		등심	1+등급	88,000원		분홍장미	꽃다발	59,000
맛있는 중국어	중국어	348		안심	1등급	94,000원		결혼기념일	꽃바구니	50,000
중국어 첫걸음	중국어	127		앞다리	1++등급	70,000원		안개	꽃다발	61,000
최다 학습자수(단위:명)		(1)		kg당 최저 가격		(2)		꽃바구니 상품 개수		(3)

LARGE 함수				SMALL 함수				RANK 함수			
상품명	카테고리	구매자수		학교명	장소	체험 학생 수		상품명	판매가 (단위:원)	주문수량	순위
욕창예방매트리스	복지용구	989		신창초	국립전북기상과학관	228		수국	67,000	94개	(6)
경량알루미늄 휠체어	보장구	887		경양초	호남기후변화체험관	350		진백	200,000	79개	(6)
당뇨환자용 양파효소	환자식	1,700		대자초	호남기후변화체험관	427		생일축하	50,000	105개	(6)
성인용보행기	복지용구	1,480		계림초	영산강유역환경청	334		소사	150,000	69개	(6)
스틸통타이어 휠체어	보장구	980		중앙초	국립전북기상과학관	300		프로포즈	125,000	86개	(6)
거상형 휠체어	보장구	316		수창초	국립전북기상과학관	476		분홍장미	59,000	64개	(6)
고단백 영양푸딩	환자식	1,605		동운초	영산강유역환경청	297		결혼기념일	50,000	91개	(6)
고농축 영양식	환자식	912		동림초	호남기후변화체험관	178		안개	61,000	114개	(6)
두 번째로 많은 구매자수		(4)		두 번째로 적은 체험 학생 수		(5)					

COUNTIF, COUNTA 함수				COUNTIF, AVERAGE 함수		
봉사명	봉사장소	활동주기		지점	주풍향	주풍향비율 (단위:%)
바자회 보조	센터	비정기/월1회		진도	북서	29.2
미용서비스	복지관	비정기/월1회		통영	북	29.0
멘토링 교육	복지관	정기/매주 1회		미시령	서	66.5
시설 봉사	재활협회	정기/매주 주말		흑산도	북	35.9
경로식당	복지관	비정기/월1회		해남	북서	19.1
생활지원	센터	정기/매주 매일		거제	북서	17.8
컴퓨터교육 보조	복지관	정기/매주 1회		성산	북서	21.6
성장 멘토링	재활협회	정기/매주 월수		제주	북	19.7
봉사장소 복지관의 전체 비율		(7)		주풍향비율이 평균 이상인 지점 수		(8)

무료 동영상

함수	설명	예	결과	중요도
IF(조건,참,거짓)	조건에 지정된 값 출력	=IF(100>=90,"합격","불합격")	합격	★★★★★
AND(조건1,조건2,...)	조건이 모두 참일 경우에만 참 표시	=AND(100>90,90>70)	TRUE	★★
OR(조건1,조건2,...)	조건이 하나라도 참인 경우에 참 표시	=OR(80>90,90>70)	TRUE	★★
NOT(논리식)	논리식의 결과를 역으로 표시	=NOT(30>=10)	FALSE	
TRUE( )	논리값을 TRUE로 표시	=TRUE( )	TRUE	
FALSE( )	논리값을 FALSE로 표시	=FALSE( )	FALSE	

◉ 예제/정답 파일 : 논리.xlsx

다음 조건에 따라 엑셀 파일을 작업하시오.

(1) 인기강좌 ⇒ 수강인원이 '30' 이상이면 '☆', 그 외에는 공백으로 구하시오(IF 함수).

(2) 체험비 지원금 ⇒ 행사기간(일)이 '15' 이상이면서 참석인원(단위: 명)이 '10,000' 이상이면 체험비용의 10%, 그 외에는 체험비용의 5%를 구하시오(IF, AND 함수).

(3) 포털 순위 ⇒ 하반기 조회 건수의 내림차순 순위를 '1~4'만 표시하고 그 외에는 공백으로 구하시오(IF, RANK.EQ 함수)

(4) 비고 ⇒ kg당 가격이 90,000 이상이거나 판매량(단위:kg)이 5,000 이상이면 '★', 그 외에는 공백으로 구하시오(IF, OR 함수)

IF 함수

강좌명	수강인원	인기강좌
펠트인형	37	(1)
화원 창업	31	(1)
냅킨아트	26	(1)
퀼트사랑	17	(1)
홈패션	26	(1)
실크 플라워	35	(1)
캔들공예	19	(1)
뜨개질	21	(1)

IF, AND 함수

체험행사명	행사기간(일)	체험비용	참석인원 (단위:명)	체험비 지원금
희망 농장	7	45,000	6,552	(2)
윷대회	30	10,000	2,500	(2)
생태소풍	14	20,000	12,134	(2)
어울림 축제	20	20,000	12,500	(2)
놀장놀장	10	35,000	7,231	(2)
달빛 음악회	5	10,000	3,215	(2)
심심한 철학	10	10,000	8,251	(2)
게임문화	15	30,000	15,000	(2)

IF, RANK 함수

카페명	하반기 조회 건수	포털 순위
바이트레인	6,766	(3)
스윙댄스	5,813	(3)
카이트	6,315	(3)
유랑	6,537	(3)
요리쿡	5,491	(3)
여행홀릭	8,739	(3)
오늘요리	7,719	(3)
우드워커	6,933	(3)

IF, OR 함수

부위	구분	kg당 가격	판매량 (단위:kg)	비고
안심	1++등급	98,000	1,350	(4)
등심	1등급	79,000	4,820	(4)
앞다리	1+등급	85,000	1,294	(4)
등심	2등급	66,000	5,282	(4)
앞다리	2등급	52,000	4,188	(4)
등심	1+등급	88,000	3,240	(4)
안심	1등급	94,000	1,472	(4)
앞다리	1++등급	70,000	3,765	(4)

(1) 인기강좌

[D3] 셀에 「=IF(C3>=30,"☆"," ")」을 입력합니다.

=IF(C3>=30,"☆"," ") : [C3] 셀에서 30 이상이라면 '☆'을 표시하고, 그 외는 공백(" ")으로 표시합니다. 문자는 " "로 묶어서 처리합니다. 특수기호를 입력할 때는 자음을 입력한 후 [한자] 키를 눌러 선택합니다. ☆는 자음 'ㅁ'을 입력합니다.

(2) 체험비 지원금

[J3] 셀에 「=IF(AND(G3>=15, I3>=10000), H3*10%, H3*5%)」를 입력합니다.

- AND(G3>=15,I3>=10000) : [G3] 셀이 15 이상이고, [I3] 셀에 10000 이상인지를 비교합니다.
- =IF(조건,H3*10%,H3*5%) : 조건에 모두 만족하면 [H3] 셀에 곱하기 10%, 하나라도 만족하지 않으면 [H3] 셀에 곱하기 5%한 결과를 표시합니다.

(3) 포털 순위

[D14] 셀에 「=IF(RANK.EQ(C14,$C$14:$C$21)<=4,RANK.EQ(C14,$C$14:$C$21)," ")」을 입력합니다.

- RANK.EQ(C14,$C$14:$C$21) : [C14] 셀의 값을 [C14:C21] 영역에서 순위를 구합니다.
- =IF(순위<=4,순위," ") : 순위가 4 이하이면 순위 값을 표시하고, 그 외는 공백(" ")으로 표시합니다.

(4) 비고

[J14] 셀에 「=IF(OR(H14>=90000, I14>=5000), "★", " ")」을 입력합니다.

- OR(H14>=90000,I14>=5000) : [H14] 셀이 90000 이상이거나 [I14] 셀에 5000 이상인지를 비교합니다.
- =IF(조건, "★", " ") : 조건에 하나라도 만족하면 '★', 모두 만족하지 않으면 공백(" ")으로 표시합니다.

[정답]

	A	B	C	D	E	F	G	H	I	J
1			IF 함수					IF, AND 함수		
2		강좌명	수강인원	인기강좌		체험행사명	행사기간(일)	체험비용	참석인원 (단위:명)	체험비 지원금
3		펠트인형	37	☆		희망 농장	7	45,000	6,552	2,250
4		화원 창업	31	☆		윷대회	30	10,000	2,500	500
5		냅킨아트	26			생태소풍	14	20,000	12,134	1,000
6		퀼트사랑	17			어울림 축제	20	20,000	12,500	2,000
7		홈패션	26			놀장놀장	10	35,000	7,231	1,750
8		실크 플라워	35	☆		달빛 음악회	5	10,000	3,215	500
9		캔들공예	19			심심한 철학	10	10,000	8,251	500
10		뜨개질	21			게임문화	15	30,000	15,000	3,000
11										
12			IF, RANK 함수					IF, OR 함수		
13		카페명	하반기 조회 건수	포털 순위		부위	구분	kg당 가격	판매량 (단위:kg)	비고
14		바이트레인	6,766	4		안심	1++등급	98,000	1,350	★
15		스윙댄스	5,813			등심	1등급	79,000	4,820	
16		카이트	6,315			앞다리	1+등급	85,000	1,294	
17		유랑	6,537			등심	2등급	66,000	5,282	★
18		요리쿡	5,491			앞다리	2등급	52,000	4,188	
19		여행홀릭	8,739	1		등심	1+등급	88,000	3,240	
20		오늘요리	7,719	2		안심	1등급	94,000	1,472	★
21		우드워커	6,933	3		앞다리	1++등급	70,000	3,765	
22										

함수	설명	예	결과	중요도
LEFT(텍스트,글자 수)	왼쪽으로부터 지정된 수까지 출력	=LEFT("ABC",2)	AB	★★★
RIGHT(텍스트,글자 수)	오른쪽으로부터 지정된 수까지 출력	=RIGHT("ABC",2)	BC	★★★
MID(텍스트,시작 위치,글자 수)	지정된 위치부터 지정된 수만큼 출력	=MID("ABC",2,1)	B	★★★
REPT("텍스트",반복 횟수)	텍스트를 지정한 횟수만큼 반복함	=REPT("♥",5)	♥♥♥♥♥	★★★
VALUE(텍스트)	텍스트를 숫자로 변환함	=VALUE("2022-4-22")	44673	

◉예제/정답 파일 : 텍스트.xlsx

다음 조건에 따라 엑셀 파일을 작업하시오.

(1) 입주 동호수 ⇒ 계약코드의 마지막 7개 글자를 구하시오(RIGHT 함수).

(2) 이벤트 ⇒ 코드의 마지막 글자가 T이면 '1월 40% 할인', 그 외에는 공백으로 구하시오(IF, RIGHT 함수).

(3) 행사시작일 ⇒ 상품코드의 첫 글자가 F이면 '1월 3일', 그 외에는 '1월 5일'로 구하시오(IF, LEFT 함수).

(4) 성별 ⇒ 주민번호의 8번째 글자가 1이면 '남성', 그 외에는 '여성'으로 구하시오(IF, MID 함수).

(5) 허서영 인기차트 ⇒ 『H17셀÷1,000,000』으로 구한 값만큼 '★' 문자를 반복하여 표시하시오(REPT 함수)(예 : 2 → ★★).

RIGHT 함수

계약코드	입주자	입주 동호수
AM103-603	김천호	(1)
PM106-204	이종로	(1)
AM207-908	원낙원	(1)
AM103-606	박금호	(1)
PA109-508	정한남	(1)
AM111-121	임강남	(1)
AM102-159	최강북	(1)
AM103-610	고양재	(1)

IF, RIGHT 함수

코드	제품명	이벤트
106-DG	낭만고양이	(2)
204-DG	밤에 부엉이	(2)
127-AT	겨울왕국	(2)
137-CT	크리스마스	(2)
124-AP	릴리	(2)
111-DR	도트레인	(2)
119-DR	정글	(2)
422-AP	엘루	(2)

IF, LEFT 함수

상품코드	상품명	행사시작일
SS-02	블랙로즈오일	(3)
SC-03	욕실세정제	(3)
FS-03	수면팩	(3)
SN-02	천연비타민C	(3)
FC-02	고급의류세제	(3)
FC-01	프리미엄세탁세제	(3)
FS-01	스네일에센스	(3)
FN-02	종합비타민미네랄	(3)

IF, MID 함수

사원명	주민번호	성별
이건우	800102-1******	(4)
이경은	820315-2******	(4)
안경찬	780116-1******	(4)
김연수	801210-2******	(4)
지용수	810412-1******	(4)
윤다슬	880504-2******	(4)
권희서	791230-2******	(4)
안국기	730713-1******	(4)

REPT 함수

성명	인터넷 선호도	ARS 투표수
허민지	7.6%	5,128,602
최용철	9.4%	4,370,520
김진성	11.5%	4,875,340
허서영	19.4%	5,294,678
양서연	18.7%	4,680,251
문현진	16.7%	4,858,793
김승모	16.8%	3,278,457
이다경	9.3%	3,029,752
허서영 인기차트		(5)

(1) 입주 동호수

[D3] 셀에 「=RIGHT(B3,7)」을 입력하고 [D10] 셀까지 수식을 복사합니다. [B3] 셀의 오른쪽부터 시작하여 일곱 글자를 추출합니다.

(2) 이벤트

[H3] 셀에 「=IF(RIGHT(F3,1)="T","1월 40% 할인"," ")」을 입력하고 [H10] 셀까지 수식을 복사합니다.

RIGHT(F3,1)="T" : [F3] 셀에서 오른쪽 한 글자를 추출하여 'T'와 같은지를 비교합니다.

=IF(조건,"1월 40% 할인"," ") : 조건에 만족하면 '1월 40% 할인'을 표시하고, 그 외는 공백(" ")으로 표시합니다.

(3) 행사시작일

[L3] 셀에 「=IF(LEFT(J3,1)="F", "1월 3일", "1월 5일")」을 입력하고 [L10] 셀까지 수식을 복사합니다.

LEFT(J3,1)="F" : [J3] 셀에서 왼쪽 한 글자를 추출하여 'F'와 같은지를 비교합니다.

=IF(조건,"1월 3일","1월 5일") : 조건에 만족하면 '1월 3일'을 표시하고, 그 외는 '1월 5일'을 표시합니다.

(4) 성별

[D14] 셀에 「=IF(MID(C14,8,1)="1", "남성", "여성")」을 입력하고 [D21] 셀까지 수식을 복사합니다.

MID(C14,8,1)="1" : [C14] 셀에서 왼쪽에서 8번째 글자에서 시작하여 한 글자를 추출한 값이 '1'과 같은지를 비교합니다.

=IF(조건,"남성","여성") : 조건에 만족하면 '남성'을 표시하고, 그 외는 '여성'을 표시합니다.

(5) 허서영 인기차트

[H22] 셀에 「=REPT("★", H17/1000000)」을 입력합니다.

=REPT("★", H17/1000000) : '★'을 [H17] 셀을 '1000000'을 나눈 값만큼 반복하여 표시합니다.

[정답]

	A	B	C	D	E	F	G	H	I	J	K	L	M
1		RIGHT 함수					IF, RIGHT 함수				IF, LEFT 함수		
2		계약코드	입주자	입주 동호수		코드	제품명	이벤트		상품코드	상품명	행사시작일	
3		AM103-603	김천호	103-603		106-DG	낭만고양이			SS-02	블랙로즈오일	1월 5일	
4		PM106-204	이종로	106-204		204-DG	밤에 부엉이			SC-03	욕실세정제	1월 5일	
5		AM207-908	원낙원	207-908		127-AT	겨울왕국	1월 40% 할인		FS-03	수면팩	1월 3일	
6		AM103-606	박금호	103-606		137-CT	크리스마스	1월 40% 할인		SN-02	천연비타민C	1월 5일	
7		PA109-508	정한남	109-508		124-AP	릴리			FC-02	고급의류세제	1월 3일	
8		AM111-121	임강남	111-121		111-DR	도트레인			FC-01	프리미엄세탁세제	1월 3일	
9		AM102-159	최강북	102-159		119-DR	정글			FS-01	스네일에센스	1월 3일	
10		AM103-610	고양재	103-610		422-AP	엘루			FN-02	종합비타민미네랄	1월 3일	
11													
12			IF, MID 함수				REPT 함수						
13		사원명	주민번호	성별		성명	인터넷 선호도	ARS 투표수					
14		이건우	800102-1*****	남성		허민지	7.6%	5,128,602					
15		이경은	820315-2*****	여성		최용철	9.4%	4,370,520					
16		안경찬	780116-1*****	남성		김진성	11.5%	4,875,340					
17		김연수	801210-2*****	여성		허서영	19.4%	5,294,678					
18		지용수	810412-1*****	남성		양서연	18.7%	4,680,251					
19		윤다슬	880504-2*****	여성		문현진	16.7%	4,858,793					
20		권희서	791230-2*****	여성		김승모	16.8%	3,278,457					
21		안국기	730713-1*****	남성		이다경	9.3%	3,029,752					
22						허서영 인기차트		★★★★★					
23													

실력 향상을 위한 실전 연습문제

● 예제/정답 파일 [자료실]에서 다운로드 받으세요.

● 예제/정답 파일 : 실전함수2.xlsx

09 다음 조건에 따라 엑셀 파일을 작성하시오.

(1) 비고 ⇒ 전월판매량이 당월판매량보다 크면 '▼', 그 외에는 공백으로 구하시오(IF 함수).
(2) 보조 지원금 ⇒ 「설치비용×지원비율」로 구하되, 지원비율은 용량(Kw)이 1,000 이상이면 '50%', 500 이상이면 '30%', 그 외에는 '20%'로 지정하여 구하시오(IF 함수).
(3) 어린이 인기도서 ⇒ 분류가 '어린이'이면서, 대출횟수(누적)가 '20' 이상이면 '★', 그 외에는 공백으로 표시하시오(IF, AND 함수).
(4) 비고 ⇒ 재고수량(단위: 점)이 200 이상이거나 판매가가 50,000 이상이면 '20% 할인', 그 외에는 공백으로 표시하시오(IF, OR 함수).
(5) 판매순위 ⇒ 판매수량의 내림차순 순위를 1~3까지 구한 결과값에 '위'를 붙이고, 그 외에는 공백으로 구하시오(IF, RANK.EQ 함수, & 연산자) (예: 1위).

출력형태

상품명	전월판매량	당월판매량	비고
		IF 함수	
백진주 쌀	1,820	2,045	(1)
살치살 스테이크	1,892	1,520	(1)
딱새우	891	950	(1)
등심 스테이크	1,020	805	(1)
돌산 갓김치	1,457	1,852	(1)
랍스터 테일	824	1,820	(1)
대봉 곶감	2,361	2,505	(1)
황토 고구마	941	1,653	(1)

사업장	용량 (Kw)	설치비용	보조 지원금
		IF 함수	
경남합천댐	800	15,360,000	(2)
지평저수지	1,500	27,860,000	(2)
운문댐	500	8,830,000	(2)
청호저수지	300	5,500,000	(2)
보령댐	1,800	32,760,000	(2)
오창저수지	200	4,520,000	(2)
용당저수지	1,350	21,960,000	(2)
당진화력발전소	1,000	18,120,000	(2)

도서명	분류	대출횟수 (누적)	어린이 인기도서
		IF, AND 함수	
오페라의 유령	실버	13	(3)
내 심장은 작은 북	어린이	24	(3)
여행의 이유	일반	8	(3)
내일도 야구	어린이	21	(3)
첫말잇기 동시집	어린이	19	(3)
신통방통 홈쇼핑	어린이	16	(3)
연필로 쓰기	일반	7	(3)
미국 단편 동화집	실버	13	(3)

제품명	재고수량 (단위:점)	판매가	비고
		IF, OR 함수	
마카롱 T	239	52,000	(4)
에이스줄 T	130	27,000	(4)
11트레이닝	144	14,000	(4)
제로니정글	321	48,000	(4)
트윙클 T	228	7,900	(4)
카야세모팬츠	143	15,900	(4)
그렌카모팬츠	220	8,900	(4)
초코별	121	79,800	(4)

상품명	커피 원가 (단위:원)	판매수량	판매순위
		IF, RANK 함수	
산토스 NY2	8,500	339	(5)
산타로사	7,000	1,035	(5)
후일라 수프리모	6,300	326	(5)
모모라 G1	12,300	864	(5)
모지아나 NY2	9,800	1,532	(5)
카우카 수프리모	6,800	248	(5)
씨에라 옐로우버본	6,900	567	(5)
아리차 예가체프G1	10,500	954	(5)

실력 향상을 위한 실전 연습문제

● 예제/정답 파일 [자료실]에서 다운로드 받으세요.

●예제/정답 파일 : 실전함수2.xlsx

10 다음 조건에 따라 엑셀 파일을 작성하시오.

(1) 관람가능 좌석수 ⇒ 「관리번호의 마지막 글자×1,000」으로 구하시오(RIGHT 함수).

(2) 성별 ⇒ 식별번호의 마지막 글자가 F이면 '암컷', M이면 '수컷', 그 외에는 '중성'으로 구하시오(IF, RIGHT 함수).

(3) 그룹명 ⇒ 번호의 두 번째 글자가 A이면 'A그룹', 그 외에는 'B그룹'으로 구하시오(IF, MID함수).

(4) 비고 ⇒ 「구매자수÷300」의 정수의 크기만큼 '★'을 반복 표시되도록 구하시오(REPT 함수).

출력형태

관리번호	공연명	관람가능 좌석수
JSM-03	초록나무	(1)
GGM-02	백일홍	(1)
CHM-01	꼬마 마법사	(1)
SGM-02	길마재 사람들	(1)
BPM-02	왕건	(1)
HJM-02	히스톨 보이즈	(1)
AFM-03	행복한 왕자	(1)
LOM-03	가족여행	(1)

RIGHT 함수

식별번호	동물명	성별
18729-F	하마	(2)
25346-M	호랑이	(2)
62436-M	사슴	(2)
34744-F	얼룩말	(2)
64223-N	사자	(2)
23498-F	기린	(2)
32546-N	양	(2)
24354-F	코끼리	(2)

IF, RIGHT 함수

번호	팀명	그룹명
2A-02	케로	(3)
1A-04	캔디팡	(3)
2B-03	카리스	(3)
1A-01	포유	(3)
2A-05	양이	(3)
1A-03	아리	(3)
2B-01	에드윈	(3)
1B-02	라이언	(3)

IF, MID 함수

상품명	구매자수	비고
욕창예방매트리스	989명	(4)
경량알루미늄 휠체어	887명	(4)
당뇨환자용 양파효소	1,700명	(4)
성인용보행기	1,480명	(4)
스틸통타이어 휠체어	980명	(4)
거상형 휠체어	316명	(4)
고단백 영양푸딩	1,605명	(4)
고농축 영양식	912명	(4)

REPT 함수

함수	의미	예제	결과	중요도
ROUND(숫자,자릿수)	반올림 값 출력	=ROUND(123.567,2) =ROUND(123.567,−2)	123.57 100	★★★★★
ROUNDUP(숫자,자릿수)	올림하여 출력	=ROUNDUP(123.567,2) =ROUDNUP(123.567,−2)	123.57 200	★★
ROUNDDOWN(숫자,자릿수)	내림하여 출력	=ROUNDDOWN(123.567,2) =ROUNDDOWN(123.567,−2)	123.56 100	★★★

ROUND 함수의 자릿수 지정

자릿수	의미	결과
2	소수 둘째 자리까지 지정	=ROUND(1234.567, 2)=1234.57
1	소수 첫째 자리까지 지정	=ROUND(1234.567, 1)=1234.6
0	정수로 지정	=ROUND(1234.567, 0)=1235
−1	일의 자리까지 지정	=ROUND(1234.567, −1)=1230
−2	십의 자리까지 지정	=ROUND(1234.567, −2)=1200

함수	의미	예제	결과	중요도
INT(범위)	정수 값 출력	=INT(5.5)	5	★
MOD(값,나눌 수)	나머지 값 출력	=MOD(12,4)	0	
SUM(범위)	합 출력	=SUM(1,2,3)	6	
PRODUCT(수치1,수치2, ...)	수치를 모두 곱한 값	=PRODUCT(2,3,5)	30 (=2*3*5)	
SUMPRODUCT(배열1,배열2, ...)	배열에 각각 대응하는 요소의 곱의 합을 구함	=SUMPRODUCT({1,2},{3,4})	11 (=1*3+2*4)	★
SUMIF(범위1,"조건",범위2)	'범위1'에서 '조건'을 검색하여 조건에 만족한 데이터는 '범위 2'에서 찾아와 합산			★★★★

○예제/정답 파일 : 수학삼각.xlsx

다음 조건에 따라 엑셀 파일을 작업하시오.

(1) 여행 분야 평균 게시글 수 ⇒ 조건은 입력 데이터를 이용하고, 반올림하여 정수로 구하시오(ROUND, DAVERAGE 함수)(예 : 156,251.6 → 156,252)

(2) 홍보부 근무수당(단위:원) 평균 ⇒ 부서가 '홍보'인 사원의 근무수당(단위: 원) 평균을 올림하여 천원 단위까지 구하시오. 단, 조건은 입력 데이터를 이용하시오(ROUNDUP, DAVERAGE 함수)(예 : 12,345.6 → 13,000).

(3) 전월 전체 매출액 ⇒ 「가격(단위:원)×전월 판매량」으로 구하시오(SUMPRODUCT 함수)

(4) 전월 판매금액 ⇒ 「가격(단위:원)×전월 판매량」으로 구하되, 버림하여 만원 단위까지 구하시오 (ROUNDDOWN 함수)(예 : 1,893,000 → 1,890,000).

(5) 티셔츠 상반기실적(단위:천원) 합계 ⇒ (SUMIF 함수)

(6) 우산제품의 회원가(단위:원) 평균 ⇒ 제품종류와 회원가를 이용하여 구하시오(SUMIF, COUNTIF 함수)

A	B	C	D	E	F	G	H	I
1	ROUND, DAVERAGE 함수				ROUNDUP, DAVERAGE 함수			
2	카페명	분류	게시글 수		사원명	부서	근무수당 (단위:원)	
3	바이트레인	여행	550,012		이건우	홍보	77,000	
4	스윙댄스	취미	549,385		이경은	마케팅	72,500	
5	카이트	취미	410,904		안경찬	기획	54,500	
6	유랑	여행	147,056		김연수	기획	45,000	
7	요리쿡	요리	902,103		지용수	홍보	52,000	
8	여행홀릭	여행	785,678		윤다슬	마케팅	45,000	
9	오늘요리	요리	268,612		권희서	홍보	63,500	
10	우드워커	취미	755,304		안국기	기획	51,000	
11	여행 분야 평균 게시글 수		(1)		홍보부 근무수당(단위:원) 평균		(2)	
12								
13	SUMPRODUCT 함수				ROUNDDOWN 함수			
14	상품코드	가격 (단위:원)	전월 판매량		상품명	가격 (단위:원)	전월 판매량	전월 판매금액
15	H1-093	26,500	132		구기자차	26,500	132	(4)
16	N2-102	15,000	154		흰민들레차	15,000	154	(4)
17	H3-081	16,900	71		간편한 보이차	16,900	71	(4)
18	N4-073	17,900	146		캐모마일	17,900	146	(4)
19	B5-102	37,800	64		운남성 보이차	37,800	64	(4)
20	B6-011	31,500	121		교목산차	31,500	121	(4)
21	H7-023	25,000	64		페퍼민트	25,000	64	(4)
22	N7-093	16,900	56		레몬그라스	16,900	56	(4)
23	전월 전체 매출액		(3)					
24								
25	SUMIF 함수				SUMIF, COUNTIF 함수			
26	분류	상품명	상반기실적 (단위:천원)		제품명	제품종류	회원가 (단위:원)	
27	원피스	퓨엘르 반팔	30,130		낭만고양이	우비세트	52,000	
28	가디건	레이슨 로브	41,190		밤에 부엉이	우산	11,000	
29	티셔츠	벨버른 레터링	30,430		겨울왕국	우비세트	20,000	
30	원피스	플라워 러브	52,830		크리스마스	장화	34,500	
31	가디건	린넨 7부	10,300		릴리	우비세트	51,500	
32	원피스	컨시 하이텍 버클	15,030		도트레인	장화	20,000	
33	티셔츠	버터플라이 호일티	91,790		정글	우산	13,600	
34	티셔츠	하트레터링 라운드	19,830		옐루	우산	18,600	
35	티셔츠 상반기실적(단위:천원) 합계		(5)		우산제품의 회원가(단위:원) 평균		(6)	
36								

(1) 여행 분야 평균 게시글 수

[D11] 셀에 「=ROUND(DAVERAGE(B2:D10,D2,C2:C3),0)」을 입력합니다.

DAVERAGE(제목을 포함한 데이터 범위,평균을 구할 필드 제목,조건(필드+조건))

DAVERAGE(B2:D10,D2,C2:C3) : [B2:D10] 영역에서 [C2:C3] 조건에 만족한 데이터 [D2] 필드의 평균을 구합니다.

ROUND(숫자,자릿수)

=ROUND(평균값,0) : 반올림하여 평균값을 정수로 표시합니다.

(2) 홍보부 근무수당(단위: 원) 평균

[H11] 셀에 「=ROUNDUP(DAVERAGE(F2:H10,H2,G2:G3),−3)」을 입력합니다.

DAVERAGE(제목을 포함한 데이터 범위,평균을 구할 필드 제목,조건(필드+조건))

DAVERAGE(F2:H10,H2,G2:G3) : [F2:H10] 영역에서 [G2:G3] 조건에 만족한 데이터 [H2] 필드의 평균을 구합니다.

ROUNDUP(숫자,자릿수)

=ROUNDUP(평균값,−3) : 올림하여 평균값을 백의 자리까지 0으로 표시합니다.

(3) 전월 전체 매출액

[D23] 셀에 「=SUMPRODUCT(C15:C22,D15:D22)」를 입력합니다.

> **SUMPRODUCT(배열1,배열2, …)**
> =SUMPRODUCT(C15:C22,D15:D22) : [C15]*[D15]+[C16]*[D16]+[C17]*[D17]+…으로 계산합니다.

(4) 전월 판매금액

[I15] 셀에 「=ROUNDDOWN(G15*H15, -4)」를 입력하고 [I22] 셀까지 수식을 복사합니다. [G15] 셀과 [H15] 셀의 값을 곱한 값을 내림하여 천의 자리까지 0으로 표시합니다.

(5) 티셔츠 상반기실적(단위:천원) 합계

[D35] 셀에 「=SUMIF(B27:B34, "티셔츠",D27:D34)」를 입력합니다.

> **SUMIF(조건을 찾을 범위, "조건",합계를 구할 범위)**
> =SUMIF(B27:B34, "티셔츠",D27:D34) : [B27:B34] 영역에서 '티셔츠'를 찾아 같은 행의 [D27:D34] 영역의 값 합계를 구합니다.

(6) 우산제품의 회원가(단위: 원) 평균

[H35] 셀에 「=SUMIF(G27:G34, "우산",H27:H34)/COUNTIF(G27:G34, "우산")」을 입력합니다.

> **SUMIF(조건을 찾을 범위, "조건",합계를 구할 범위)**
> SUMIF(G27:G34, "우산",H27:H34) : [G27:G34] 영역에서 '우산'을 찾아 같은 행의 [H27:H34] 영역의 값 합계를 구합니다.
>
> **COUNTIF(조건을 찾을 범위, "조건")**
> COUNTIF(G27:G34, "우산") : [G27:G34] 영역에서 '우산'의 개수를 구합니다.
> '=합계/개수'로 평균을 계산합니다.

[정답]

ROUND, DAVERAGE 함수

카페명	분류	게시글 수
바이트레인	여행	550,012
스윙댄스	취미	549,385
카이트	취미	410,904
유랑	여행	147,056
요리룩	요리	902,103
여행홀릭	여행	785,678
오늘요리	요리	268,612
우드워커	취미	755,304
여행 분야 평균 게시글 수		494,249

ROUNDUP, DAVERAGE 함수

사원명	부서	근무수당(단위:원)
이건우	홍보	77,000
이경온	마케팅	72,500
안경찬	기획	54,500
김연수	기획	45,000
지용수	홍보	52,000
윤다솔	마케팅	45,000
권희서	홍보	63,500
안국기	기획	51,000
홍보부 근무수당(단위:원) 평균		65,000

SUMPRODUCT 함수

상품코드	가격(단위:원)	전월 판매량
H1-093	26,500	132
N2-102	15,000	154
H3-081	16,900	71
N4-073	17,900	146
B5-102	37,800	64
B6-011	31,500	121
H7-023	25,000	64
N7-093	16,900	56
전월 전체 매출액		18,398,400

ROUNDDOWN 함수

상품명	가격(단위:원)	전월 판매량	전월 판매금액
구기자차	26,500	132	3,490,000
흰민들레차	15,000	154	2,310,000
간편한 보이차	16,900	71	1,190,000
캐모마일	17,900	146	2,610,000
운남성 보이차	37,800	64	2,410,000
교목산차	31,500	121	3,810,000
페퍼민트	25,000	64	1,600,000
레몬그라스	16,900	56	940,000

SUMIF 함수

분류	상품명	상반기실적(단위:천원)
원피스	퓨엘르 반팔	30,130
가디건	레이슨 로브	41,190
티셔츠	벨버른 레터링	30,430
원피스	플라워 러브	52,830
가디건	린넨 7부	10,300
원피스	컨시 하이텍 버클	15,030
티셔츠	버터플라이 호일티	91,790
티셔츠	하트레터링 라운드	19,830
티셔츠 상반기실적(단위:천원) 합계		142,050

SUMIF, COUNTIF 함수

제품명	제품종류	회원가(단위:원)
낭만고양이	우비세트	52,000
밤에 부엉이	우산	11,000
겨울왕국	우비세트	20,000
크리스마스	장화	34,500
릴리	우비세트	51,500
도트레인	장화	20,000
정글	우산	13,600
옐루	우산	18,600
우산제품의 회원가(단위:원) 평균		14,400

함수	설명	중요도
VLOOKUP(검색값,범위,열 번호,검색 유형)	범위의 첫 열에서 검색값을 찾아, 지정한 열에서 같은 행에 있는 값을 표시 〈검색 유형〉 TRUE(또는 생략) : 정확한 값이 없는 경우 근사값을 표시 FALSE(또는 0) : 정확하게 일치하는 값을 표시	★★★★★
HLOOKUP(검색값,범위,행 번호,검색 유형)	범위의 첫 행에서 검색값을 찾아, 지정한 행에서 같은 열에 있는 값을 표시	
CHOOSE(인덱스 번호,값1,값2, …)	인덱스 번호에 해당하는 값을 표시	★★★★★
MATCH(검사값,검사 범위,검사 유형)	검사값을 검사범위에서 찾아 값이 있는 경우 상대적 위치를 구함 〈검사 유형〉 1 : 검사값보다 작거나 같은 값 중에서 최대값을 구함 (검사 범위가 오름차순 정렬된 상태) 0 : 검사값과 같은 첫째 값을 찾음 −1 : 검사값보다 크거나 같은 값 중에서 최소값을 구함 (검사 범위가 내림차순 정렬된 상태)	
INDEX(범위,행 번호,열 번호,참조 영역 번호)	행과 열의 교차된 자료 출력	

다음 조건에 따라 엑셀 파일을 작업하시오.

○예제/정답 파일 : 찾기참조.xlsx

(1) 구매자수 ⇒ 「C11」 셀에서 선택한 상품명에 대한 구매자수를 구하시오(VLOOKUP 함수).

(2) 수강료 ⇒ 「H11」 셀에서 선택한 강좌명에 대한 수강료를 구하시오(VLOOKUP 함수).

(3) 구분 ⇒ 관리코드의 마지막 글자가 1이면 '호텔', 2이면 '리조트', 3이면 '펜션'으로 구하시오(CHOOSE, RIGHT 함수).

(4) 유통기한 ⇒ 「제조날짜+기간」으로 구하되 기간은 상품코드 네 번째 값이 1이면 365일, 2이면 500일, 3이면 730일로 지정하여 구하시오(CHOOSE, MID 함수)(예 : 2024-03-10).

▲ A	B	C	D	E	F	G	H	I	J
1	VLOOKUP 함수					VLOOKUP 함수			
2	상품코드	상품명	카테고리	구매자수		관리코드	강좌명	구분	수강료
3	HE-0012	욕창예방매트리스	복지용구	989		HB-2272	왕초보	스페인어	79,000원
4	BO-2101	경량알루미늄 휠체어	보장구	887		AC-7543	발음클리닉	중국어	50,000원
5	PE-1005	당뇨환자용 양파효소	환자식	1,700		HR-2843	원어민처럼 말하기	스페인어	90,000원
6	HE-0305	성인용보행기	복지용구	1,480		PB-2433	어법/어휘 마스터	영어	203,000원
7	BO-2043	스틸통타이어 휠체어	보장구	980		PW-3462	실전 비즈니스	영어	214,000원
8	BO-2316	거상형 휠체어	보장구	316		CB-3642	즐거운 스페인어	스페인어	189,000원
9	PE-1138	고단백 영양푸딩	환자식	1,605		PC-2361	맛있는 중국어	중국어	153,000원
10	PE-1927	고농축 영양식	환자식	912		EB-4342	중국어 첫걸음	중국어	80,000원
11	상품명	욕창예방매트리스	구매자수	(1)		강좌명	왕초보	수강료	(2)
12									
13	CHOOSE, RIGHT 함수					CHOOSE, MID 함수			
14	관리코드	장소	객실수	구분		상품코드	상품명	제조날짜	유통기한
15	BE-001	서귀포	24	(3)		BR-344	산토스 NY2	2022-10-20	(4)
16	FE-002	중문	281	(3)		CE-233	산타로사	2022-10-02	(4)
17	SC-002	서귀포	49	(3)		CE-156	후일라 수프리모	2022-11-04	(4)
18	GW-001	중문	500	(3)		ET-245	모모라 G1	2022-12-08	(4)
19	SE-002	서귀포	16	(3)		BR-332	모지아나 NY2	2022-12-23	(4)
20	XG-001	성산	95	(3)		CE-295	카우카 수프리모	2022-11-04	(4)
21	XY-003	성산	15	(3)		BR-157	씨에라 옐로우버본	2022-12-15	(4)
22	ST-003	서귀포	429	(3)		ET-148	아리차 예가체프G1	2022-11-29	(4)
23									

(1) 구매자수

[E11] 셀에 「=VLOOKUP(C11,C3:E10,3,FALSE)」를 입력합니다.

> **VLOOKUP(검색값,범위,열 번호,검색 유형)**
>
> =VLOOKUP(C11,C3:E10,3,0) : [C11] 셀에서 선택한 값을 [C3:E10] 영역의 첫 번째 열(C)에서 찾아 C열부터 시작하여 3번째 열(E)에서 정확하게 일치하는 값을 찾아서 구매자수를 표시합니다.
> - 범위[C3:E10] 영역에서 주의할 부분은 찾고자 하는 '욕창예방매트리스'가 첫 번째 열이 될 수 있도록 범위를 지정합니다.
> - 검색 유형(FALSE)은 정확하게 일치하는 값을 찾아오는 것으로 0 또는 false를 입력합니다.

(2) 수강료

[J11] 셀에 「=VLOOKUP(H11,H3:J10,3,FALSE)」를 입력합니다.

> **VLOOKUP(검색값,범위,열 번호,검색 유형)**
>
> =VLOOKUP(H11,H3:J10,3,FALSE) : [H11] 셀에서 선택한 값을 [H3:J10] 영역의 첫 번째 열(H)에서 찾아 H열부터 시작하여 3번째 열(J)에서 정확하게 일치하는 값을 찾아서 수강료를 표시합니다.
> - 범위[H3:J10] 영역에서 주의할 부분은 찾고자 하는 '왕초보'가 첫 번째 열이 될 수 있도록 범위를 지정합니다.
> - 검색 유형(FALSE)은 정확하게 일치하는 값을 찾아오는 것으로 0 또는 false를 입력합니다.

(3) 구분

[E15] 셀에 「=CHOOSE(RIGHT(B15,1),"호텔","리조트","펜션")」을 입력하고 [E22] 셀까지 수식을 복사합니다.

> **RIGHT(텍스트,글자 수)**
>
> ① RIGHT(B15,1) : [B15] 셀의 오른쪽에서 한 글자를 추출합니다.
>
> **CHOOSE(인덱스 번호,값1,값2, …)**
>
> =CHOOSE(①, "호텔", "리조트", "펜션") : ①의 값이 1이면 '호텔', 2이면 '리조트', 3이면 '펜션'을 표시합니다.
> * 문자를 나열할 때에는 반드시 큰 따옴표(" ")로 묶어서 처리합니다.

(4) 유통기한

[J15] 셀에 「=CHOOSE(MID(G15,4,1),I15+365,I15+500,I15+730)」을 입력하고 [J22] 셀까지 수식을 복사합니다.

> **MID(텍스트,시작 위치,글자 수)**
>
> ① MID(G15,4,1) : [G15] 셀의 왼쪽에서 시작하여 4번째 위치한 글자부터 한 글자를 추출합니다.
>
> **CHOOSE(인덱스 번호,값1,값2, …)**
>
> =CHOOSE(①,I15+365,I15+500,I15+730) : ①의 값이 1이면 [I15] 셀에 365를 더하고, 2이면 [I15] 셀에 500를 더하고, 3이면 [I15] 셀에 730을 더하여 표시합니다.

▲	A	B	C	D	E	F	G	H	I	J	K
1			VLOOKUP 함수					VLOOKUP 함수			
2		상품코드	상품명	카테고리	구매자수		관리코드	강좌명	구분	수강료	
3		HE-0012	욕창예방매트리스	복지용구	989		HB-2272	왕초보	스페인어	79,000원	
4		BO-2101	경량알루미늄 휠체어	보장구	887		AC-7543	발음클리닉	중국어	50,000원	
5		PE-1005	당뇨환자용 양파효소	환자식	1,700		HR-2843	원어민처럼 말하기	스페인어	90,000원	
6		HE-0305	성인용보행기	복지용구	1,480		PB-2433	어법/어휘 마스터	영어	203,000원	
7		BO-2043	스틸통타이어 휠체어	보장구	980		PW-3462	실전 비즈니스	영어	214,000원	
8		BO-2316	거상형 휠체어	보장구	316		CB-3642	즐거운 스페인어	스페인어	189,000원	
9		PE-1138	고단백 영양푸딩	환자식	1,605		PC-2361	맛있는 중국어	중국어	153,000원	
10		PE-1927	고농축 영양식	환자식	912		EB-4342	중국어 첫걸음	중국어	80,000원	
11		상품명	욕창예방매트리스	구매자수	989		강좌명	왕초보	수강료	79,000	
12											
13			CHOOSE, RIGHT 함수					CHOOSE, MID 함수			
14		관리코드	장소	객실수	구분		상품코드	상품명	제조날짜	유통기한	
15		BE-001	서귀포	24	호텔		BR-344	산토스 NY2	2022-10-20	2024-10-19	
16		FE-002	중문	281	리조트		CE-233	산타로사	2022-10-02	2024-02-14	
17		SC-002	서귀포	49	리조트		CE-156	후일라 수프리모	2022-11-04	2023-11-04	
18		GW-001	중문	500	호텔		ET-245	모모라 G1	2022-12-08	2024-04-21	
19		SE-002	서귀포	16	리조트		BR-332	모지아나 NY2	2022-12-23	2024-12-22	
20		XG-001	성산	95	호텔		CE-295	카우카 수프리모	2022-11-04	2024-03-18	
21		XY-003	성산	15	펜션		BR-157	씨에라 옐로우버본	2022-12-15	2023-12-15	
22		ST-003	서귀포	429	펜션		ET-148	아리차 예가체프G1	2022-11-29	2023-11-29	
23											

함수 7 날짜/시간 함수

날짜나 시간을 표시하거나 날짜에서 년, 월, 일을 활용하여 계산을 하거나, 시간에서 시, 분, 초를 활용하여 계산을 할 때 날짜/시간 함수를 활용합니다.

함수	설명	예	결과	중요도
TODAY( )	컴퓨터 시스템의 현재 날짜를 구함	=TODAY( )	2022-10-19	★
NOW( )	컴퓨터 시스템의 현재 날짜와 시간을 구함	=NOW( )	2022-10-19 08:30	
YEAR(날짜)	날짜의 연도 부분만 구함	=YEAR("2022-10-19")	2022	★★★
MONTH(날짜)	날짜의 월 부분만 구함	=MONTH("2022-10-19")	10	★★
DAY(날짜)	날짜의 일자 부분만 구함	=DAY("2022-10-19")	19	
HOUR(시간)	시간의 시 부분만 구함	=HOUR("11:30:20")	11	
MINUTE(시간)	시간의 분 부분만 구함	=MINUTE("11:30:20")	30	
SECOND(시간)	시간의 초 부분만 구함	=SECOND("11:30:20")	20	
DATE(연,월,일)	지정한 연, 월, 일로 날짜 데이터를 만듦	=DATE(2022,12,24)	2022-12-24	★★
TIME(시,분,초)	지정한 시, 분, 초로 시간 데이터를 만듦	=TIME(10,17,30)	10:17:30	
WEEKDAY(날짜, 반환 타입)	날짜의 요일 일련번호를 구함(일요일 =1) 〈반환 타입〉 1(또는 생략) : 일요일을 1로 시작 2 : 월요일을 1로 시작 3 : 월요일을 0으로 시작	=WEEKDAY("2022-10-19")	4(수요일을 의미)	★★

다음 조건에 따라 엑셀 파일을 작업하시오.

(1) 도서관 개관기간 ⇒ 「컴퓨터 시스템의 연도−개관연도」로 구한 결과값 뒤에 '년'을 붙이시오(YEAR, TODAY 함수, & 연산자)(예 : 3 → 3년).

(2) 실시기간 ⇒ 「행사일의 연도 − 시작연도」로 구한 결과값에 '년'을 붙이시오(YEAR 함수, & 연산자)(예 : 12년).

(3) 근무월 ⇒ 근무일의 월을 추출하여 '월'을 붙이시오(MONTH 함수, & 연산자)(예 : 1월).

(4) 봉사시작일 ⇒ 모집코드 4,5번째 숫자를 '월', 6,7번째 숫자를 '일'로 하는 2022년의 날짜를 구하시오 (DATE, MID 함수)(예 : CB−0410 → 2022−04−10).

(5) 출발요일 ⇒ 출발날짜의 요일을 구하시오(CHOOSE, WEEKDAY 함수)(예 : 월요일).

A	B	C	D	E	F	G	H	I
1		YEAR, TODAY 함수				YEAR 함수		
2	도서관명	개관연도	도서관 개관기간		체험행사명	행사일	시작연도	실시기간
3	종로도서관	1920	(1)		희망 농장	2022-11-09	1990	(2)
4	정독도서관	1997	(1)		윷대회	2022-11-15	2006	(2)
5	마포평생학습관	1995	(1)		생태소풍	2022-11-23	2001	(2)
6	서울중구구립도서관	2008	(1)		어울림 축제	2022-11-17	2002	(2)
7	이진아기념도서관	2005	(1)		놀장놀장	2022-11-17	2005	(2)
8	한국학생도서관	1964	(1)		달빛 음악회	2022-11-08	1998	(2)
9	서대문도서관	1986	(1)		심심한 철학	2022-11-15	1995	(2)
10	4.19 혁명기념 도서관	2000	(1)		게임문화	2022-11-03	2000	(2)
11								
12		MONTH 함수				DATE 함수		
13	사원명	근무일	근무월		모집코드	봉사명	봉사시작일	
14	이건우	2019-01-26	(3)		CB-0410	바자회 보조	(4)	
15	이경은	2019-06-15	(3)		BC-0315	미용서비스	(4)	
16	안경찬	2019-03-09	(3)		BC-0901	멘토링 교육	(4)	
17	김연수	2019-05-26	(3)		JC-1012	시설 봉사	(4)	
18	지용수	2019-04-07	(3)		BC-0620	경로식당	(4)	
19	윤다슬	2019-05-05	(3)		CB-0401	생활지원	(4)	
20	권희서	2019-04-13	(3)		BC-0622	컴퓨터교육 보조	(4)	
21	안국기	2019-06-08	(3)		JC-1101	성장 멘토링	(4)	
22								
23		WEEKDAY 함수						
24	여행지	출발날짜	출발요일					
25	홍콩/마카오	2022-09-07	(5)					
26	이탈리아/프랑스	2022-08-31	(5)					
27	노르웨이 피요르드	2022-10-01	(5)					
28	대만/오키나와	2022-09-10	(5)					
29	영국/스코트랜드	2022-08-19	(5)					
30	슬로베니아/알바니아	2022-09-19	(5)					
31	심천/나트랑/다낭	2022-08-18	(5)					
32	독일/벨기에/영국	2022-10-26	(5)					
33								

(1) 도서관 개관기간

[D3] 셀에 「=YEAR(TODAY( ))−C3&"년"」을 입력하고 [D10] 셀까지 수식을 복사합니다.

TODAY( )

① TODAY( ) : 시스템의 오늘 날짜를 구합니다. (today 함수는 인수가 필요하지 않아 ( )만 입력)

YEAR(날짜)

=YEAR(①)−C3&"년" : 오늘 날짜에서 연도를 추출한 후 [C3] 값을 뺀 값에 '년'을 붙여서 표시합니다.

• & 연산자는 함수와 문자를 연결해 주는 기호입니다.

• "년"은 문자이기 때문에 큰 따옴표(" ")로 처리합니다.

---

(2) 실시기간

[I3] 셀에 「=YEAR(G3)−H3&"년"」을 입력하고 [I10] 셀까지 수식을 복사합니다.

> **YEAR(날짜)**
>
> =YEAR(G3)−H3&"년" : [G3] 셀에서 년도를 추출한 값에서 [H3] 값을 뺀 값에 '년'을 붙여서 표시합니다.

(3) 근무월

[D14] 셀에 「=MONTH(C14)&"월"」을 입력하고 [D21] 셀까지 수식을 복사합니다.

> **MONTH(날짜)**
>
> =MONTH(C14)&"월" : [C14] 셀에서 월을 추출한 값에 '월'을 붙여서 표시합니다.
>
> • & 연산자는 함수와 문자를 연결해 주는 기호입니다.
>
> • "년"은 문자이기 때문에 큰 따옴표(" ")로 처리합니다.

(4) 봉사시작일

[H14] 셀에 「=DATE(2022,MID(F14,4,2),MID(F14,6,2))」를 입력하고 [H21] 셀까지 수식을 복사합니다.

> **MID(텍스트,시작 위치,글자 수)**
>
> ① MID(F14,4,2) : [F14] 셀의 왼쪽에서 시작하여 4번째 위치한 값부터 두 글자를 추출합니다.
>
> ② MID(F14,6,2) : [F14] 셀의 왼쪽에서 시작하여 6번째 위치한 값부터 두 글자를 추출합니다.
>
> **DATE(년,월,일)**
>
> =DATE(2022,①,②) : 2022−①−②의 년−월−일 형식으로 표시합니다.

(5) 출발요일

[D25] 셀에 「=CHOOSE(WEEKDAY(C25,2),"월요일","화요일","수요일","목요일","금요일","토요일","일요일")」을 입력하고 [D32] 셀까지 수식을 복사합니다.

> **WEEKDAY(날짜,반환 타입)**
>
> ① WEEKDAY(C25,2) : [C25] 셀 날짜의 요일을 숫자로 반환합니다. 반환 타입 2는 월요일은 1, 화요일은 2, 수요일은 3, 목요일 4... 로 값이 반환됩니다.
>
> **CHOOSE(인덱스 번호,값1,값2, ...)**
>
> =CHOOSE(①,"월요일","화요일","수요일","목요일","금요일","토요일","일요일") : ①의 값이 1이면 '월요일', 2이면 '화요일', 3이면 '수요일', 4이면 '목요일'... 로 나열하여 표시합니다.

[정답]

	도서관명	개관연도	도서관 개관기간		체험행사명	행사일	시작연도	실시기간
		YEAR, TODAY 함수				**YEAR 함수**		
	종로도서관	1920	100년		희망 농장	2022-11-09	1990	32년
	정독도서관	1997	23년		윷대회	2022-11-15	2006	16년
	마포평생학습관	1995	25년		생태소풍	2022-11-23	2001	21년
	서울중구구립도서관	2008	12년		어울림 축제	2022-11-17	2002	20년
	이진아기념도서관	2005	15년		놀장놀장	2022-11-17	2005	17년
	한국학생도서관	1964	56년		달빛 음악회	2022-11-08	1998	24년
	서대문도서관	1986	34년		심심한 철학	2022-11-15	1995	27년
	4.19 혁명기념 도서관	2000	20년		게임문화	2022-11-03	2000	22년

	사원명	근무일	근무월		모집코드	봉사명	봉사시작일
		MONTH 함수				**DATE 함수**	
	이건우	2019-01-26	1월		CB-0410	바자회 보조	2022-04-10
	이경은	2019-06-15	6월		BC-0315	미용서비스	2022-03-15
	안경찬	2019-03-09	3월		BC-0901	멘토링 교육	2022-09-01
	김연수	2019-05-26	5월		JC-1012	시설 봉사	2022-10-12
	지용수	2019-04-07	4월		BC-0620	경로식당	2022-06-20
	윤다슬	2019-05-05	5월		CB-0401	생활지원	2022-04-01
	권희서	2019-04-13	4월		BC-0622	컴퓨터교육 보조	2022-06-22
	안국기	2019-06-08	6월		JC-1101	성장 멘토링	2022-11-01

	여행지	출발날짜	출발요일
		WEEKDAY 함수	
	홍콩/마카오	2022-09-07	수요일
	이탈리아/프랑스	2022-08-31	수요일
	노르웨이 피요르드	2022-10-01	토요일
	대만/오키나와	2022-09-10	토요일
	영국/스코트랜드	2022-08-19	금요일
	슬로베니아/알바니아	2022-09-19	월요일
	심천/나트랑/다낭	2022-08-18	목요일
	독일/벨기에/영국	2022-10-26	수요일

실력 향상을 위한 실전 연습문제

● 예제/정답 파일은 [자료실]에서 다운로드 받으세요.

●예제/정답 파일 : 실전함수3.xlsx

11 다음 조건에 따라 엑셀 파일을 작성하시오.

(1) 전남지역의 참석인원(단위:명) 평균 ⇒ 조건은 입력 데이터를 이용하고, 반올림하여 정수로 구하시오
(ROUND, DAVERAGE 함수)(예 : 1,234.5 → 1,234).

(2) 교육청 설립 도서관의 평균 방문자수 ⇒ 조건은 입력 데이터를 이용하고, 올림하여 백 단위로 구하시오
(ROUNDUP, DAVERAGE 함수)(예 : 234,455 → 234,500).

(3) 원피스 상반기실적(단위:천원) 평균 ⇒ 내림하여 천원 단위로 구하시오. 단, 조건은 입력 데이터를 이용
하시오(ROUNDDOWN, DAVERAGE 함수)(예 : 12,365 → 12,000).

(4) 수제버거 일일 총 판매금액 ⇒ 「가격×판매수량(단위:EA)」으로 구하시오(SUMPRODUCT 함수).

(5) 중국어 학습자수(단위:명) 합계 ⇒ 구분과 학습자수를 이용하여 구하시오(SUMIF 함수).

(6) 개발1팀 기본예산(단위:원) 평균 ⇒ 개발1팀의 기본예산(단위: 원) 평균을 구하시오(SUMIF, COUNTIF 함수).

출력형태

ROUND, DAVERAGE 함수				ROUNDUP, DAVERAGE 함수		
개최지역	체험행사명	참석인원 (단위:명)		도서관명	설립주체	방문자수 (단위:명)
전남	희망 농장	6,552		종로도서관	교육청	65,847
충남	윷대회	2,500		정독도서관	교육청	34,919
경기도	생태소풍	12,134		마포평생학습관	교육청	41,534
충남	어울림 축제	12,500		서울중구구립도서관	지자체	19,526
전남	놀장놀장	7,231		이진아기념도서관	지자체	39,487
경기도	달빛 음악회	3,215		한국학생도서관	사립	33,208
전남	심심한 철학	8,251		서대문도서관	교육청	59,813
충남	게임문화	15,000		4.19 혁명기념 도서관	사립	74,833
전남지역의 참석인원(단위:명) 평균		(1)		교육청 설립 도서관의 평균 방문자수		(2)

ROUNDDOWN, DAVERAGE 함수				SUMPRODUCT 함수		
분류	상품명	상반기실적 (단위:천원)		메뉴	가격	판매수량 (단위:EA)
원피스	퓨엘르 반팔	30,130		통새우버거세트	8,900원	580
가디건	레이슨 로브	41,190		클래식치즈버거	5,500원	430
티셔츠	벨버른 레터링	30,430		프렌치프라이	3,000원	350
원피스	플라워 러브	52,830		베이컨에그버거	6,000원	650
가디건	린넨 7부	10,300		바베큐버거세트	9,100원	178
원피스	컨시 하이텍 버클	15,030		하와이안버거	6,500원	423
티셔츠	버터플라이 호일티	91,790		한우버거세트	8,500원	950
티셔츠	하트레터링 라운드	19,830		치즈스틱	2,500원	657
원피스 상반기실적(단위:천원) 평균		(3)		수제버거 일일 총 판매금액		(4)

SUMIF 함수				SUMIF, COUNTIF 함수		
강좌명	구분	학습자수 (단위:명)		사업명	관리팀	기본예산 (단위:원)
왕초보	스페인어	215		홈네트워크	개발2팀	185,000,000
발음클리닉	중국어	249		이러닝	교육관리	45,800,000
원어민처럼 말하기	스페인어	105		VR개발	개발2팀	34,500,000
어법/어휘 마스터	영어	248		환경개선	개발2팀	105,000,000
실전 비즈니스	영어	194		AR개발	개발1팀	85,600,000
즐거운 스페인어	스페인어	384		연수원관리	교육관리	28,000,000
맛있는 중국어	중국어	348		마케팅	개발1팀	22,500,000
중국어 첫걸음	중국어	127		네트워크보안	개발1팀	155,000,000
중국어 학습자수(단위:명) 합계		(5)		개발1팀 기본예산(단위:원) 평균		(6)

실력 향상을 위한 실전 연습문제

● 예제/정답 파일은 [자료실]에서 다운로드 받으세요.

●예제/정답 파일 : 실전함수3.xlsx

I2 다음 조건에 따라 엑셀 파일을 작성하시오.

(1) 주문수량 ⇒ 「C11」 셀에서 선택한 상품명에 대한 주문수량을 구하시오(VLOOKUP 함수).

(2) 판매금액 ⇒ 「H11」 셀에서 선택한 메뉴에 대한 판매금액을 「가격×판매수량(단위:EA)」으로 구하시오(VLOOKUP 함수).

(3) 출판사 ⇒ 도서번호의 첫 번째 글자가 1이면 '문학동네', 2이면 '창비', 3이면 '비룡소'로 표시하시오(CHOOSE, LEFT 함수).

(4) 지역 ⇒ 상품코드의 마지막 글자가 1이면 '경기', 2이면 '전라', 3이면 '충청'으로 구하시오(CHOOSE, RIGHT 함수).

출력형태

상품코드	상품명	구분	주문수량		제품코드	메뉴	가격	판매수량 (단위:EA)
T2578-M	수국	꽃다발	94		RA-051	통새우버거세트	8,900원	580
B2324-L	진백	분재	79		CB-102	클래식치즈버거	5,500원	430
F2354-S	생일축하	꽃바구니	105		FR-103	프렌치프라이	3,000원	350
B2384-M	소사	분재	69		BE-502	베이컨에그버거	6,000원	650
F4322-L	프로포즈	꽃바구니	86		BA-031	바베큐버거세트	9,100원	178
T3284-L	분홍장미	꽃다발	64		HA-402	하와이안버거	6,500원	423
F3255-S	결혼기념일	꽃바구니	91		KO-071	한우버거세트	8,500원	950
T2698-L	안개	꽃다발	114		CH-503	치즈스틱	2,500원	657
상품명	수국	주문수량	(1)		메뉴	통새우버거세트	판매금액	(2)

VLOOKUP 함수 (좌측 표), VLOOKUP 함수 (우측 표)

CHOOSE, LEFT 함수 (좌측 표), CHOOSE, RIGHT 함수 (우측 표)

도서번호	도서명	저자	출판사		상품코드	상품명	단가 (단위:원)	지역
1-A01	오페라의 유령	가스통 르루	(3)		M25-02	백진주 쌀	70,000	(4)
2-B01	내 심장은 작은 북	송현섭	(3)		B29-03	살치살 스테이크	30,000	(4)
1-A32	여행의 이유	김영하	(3)		B32-02	딱새우	13,900	(4)
2-B33	내일도 야구	이석용	(3)		S19-01	등심 스테이크	36,000	(4)
3-C21	첫말잇기 동시집	박성우	(3)		M20-02	돌산 갓김치	19,000	(4)
2-B22	신통방통 홈쇼핑	이분희	(3)		B37-02	랍스터 테일	32,000	(4)
1-A23	연필로 쓰기	김훈	(3)		M15-01	대봉 곶감	80,000	(4)
1-A82	미국 단편 동화집	강민호	(3)		M14-03	황토 고구마	27,500	(4)

● 예제/정답 파일은 [자료실]에서 다운로드 받으세요.

● 예제/정답 파일 : 실전함수3.xlsx

13   다음 조건에 따라 엑셀 파일을 작성하시오.

(1) 사용년수 ⇒ 「2022 – 구입일자의 연도+1」로 구한 결과값에 '년'을 붙이시오(YEAR 함수, & 연산자)(예 : 2년).

(2) 진행기간 ⇒ 「12 – 시작일의 월」을 구한 값에 '개월'을 붙이시오(MONTH 함수, & 연산자)(예 : 1개월).

(3) 주문일자 ⇒ 주문번호 마지막 두 자리 숫자를 일로 하는 2022년 11월 날짜를 구하시오(DATE, RIGHT 함수)(예 : X03 – 05 → 2022 – 11 – 05).

(4) 체험요일 ⇒ 체험일의 요일을 예와 같이 구하시오(CHOOSE, WEEKDAY 함수)(예 : 월요일).

출력형태

관리코드	구입일자	사용년수		사업명	시작일	진행기간
	YEAR 함수				MONTH 함수	
M597K	2021-07-03	(1)		홈네트워크	2022-06-20	(2)
R374G	2021-04-02	(1)		이러닝	2022-07-10	(2)
G839R	2022-08-27	(1)		VR개발	2022-08-10	(2)
Z329F	2020-01-19	(1)		환경개선	2022-09-01	(2)
Z325J	2022-03-30	(1)		AR개발	2022-07-01	(2)
O356L	2021-06-24	(1)		연수원관리	2022-09-20	(2)
C385B	2022-02-15	(1)		마케팅	2022-10-05	(2)
U594L	2020-04-04	(1)		네트워크보안	2022-06-01	(2)

주문번호	제품명	주문일자		장소	체험일	체험요일
	DATE, RIGHT 함수				CHOOSE, WEEKDAY 함수	
X03-05	도어켓치	(3)		국립전북기상과학관	2022-09-02	(4)
X02-19	작업등	(3)		호남기후변화체험관	2022-09-16	(4)
V01-21	라이트스위치	(3)		호남기후변화체험관	2022-09-10	(4)
R02-13	연료게이지	(3)		영산강유역환경청	2022-09-07	(4)
Z03-14	집진기	(3)		국립전북기상과학관	2022-09-24	(4)
H01-15	사각양면등	(3)		국립전북기상과학관	2022-09-02	(4)
H04-14	헤드라이트	(3)		영산강유역환경청	2022-09-12	(4)
B04-05	연료모터	(3)		호남기후변화체험관	2022-09-10	(4)

단계 3 순위(RANK.EQ 함수, & 연산자)

조건 (1) 순위 ⇒ 출발인원의 내림차순 순위를 구한 결과값에 '위'를 붙이시오(RANK.EQ 함수, & 연산자)(예 : 1위).

1 '4장함수.xlsx' 파일을 불러와 [제1작업] 시트의 [I5] 셀을 클릭한 후 「=r」을 입력하면 R로 시작하는 함수 목록이 표시되면 'RANK.EQ'를 더블클릭합니다.

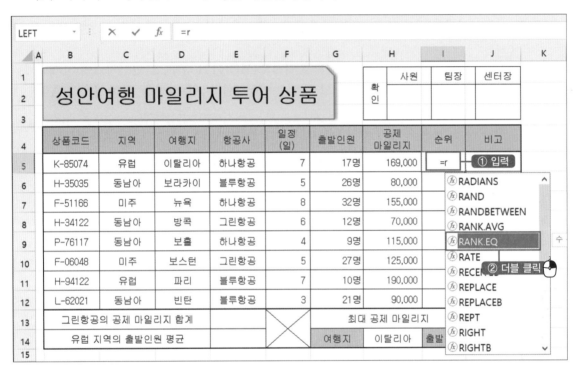

2 [I5] 셀의 '=RANK.EQ(' 뒤를 클릭한 후 '수식 입력줄'의 [함수 삽입 fx] 도구를 클릭합니다.

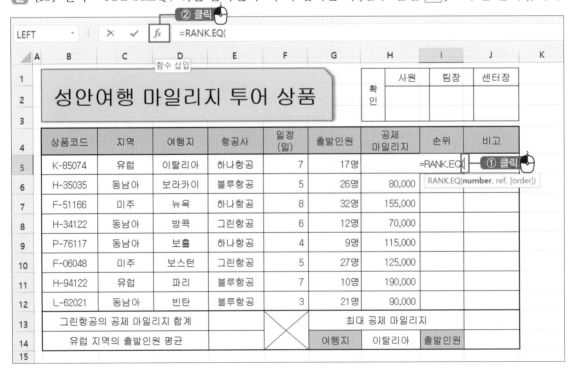

3 [함수 인수] 대화상자에서 다음과 같이 지정하고 [확인] 단추를 클릭합니다.

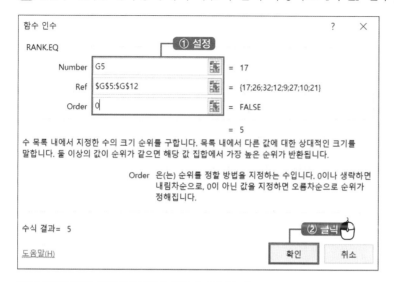

- Number[G5] : 순위를 구하려는 수
- Ref[G5:G12]의 절대참조 : 순위를 구할 때 비교할 대상을 수식으로 복사하더라도 항상 고정된 영역을 참조하기 때문에 절대참조
- Order[0] : 내림차순은 생략 또는 0, 오름차순은 1

4 [I5] 셀을 클릭한 후 '수식 입력줄' 맨 뒤를 클릭하여 「&"위"」를 입력하고 '=RANK.EQ(G5,$G$5: $G$12,0)&"위"' 수식을 완성합니다.

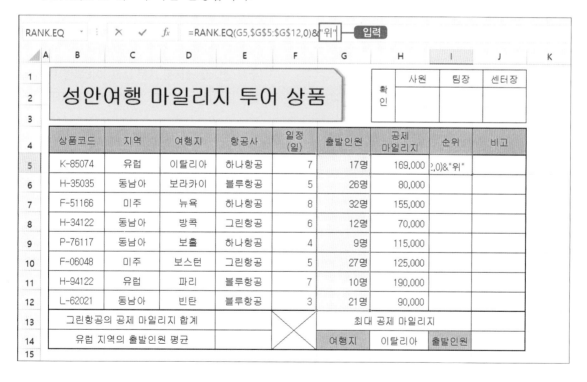

5 [I5] 셀 오른쪽 하단의 채우기 핸들을 이용하여 [I12] 셀까지 수식을 복사한 후 테두리 선이 굵게 표시되지 않도록 [자동 채우기 옵션 🖭⁣]을 클릭하여 '서식 없이 채우기'를 선택합니다.

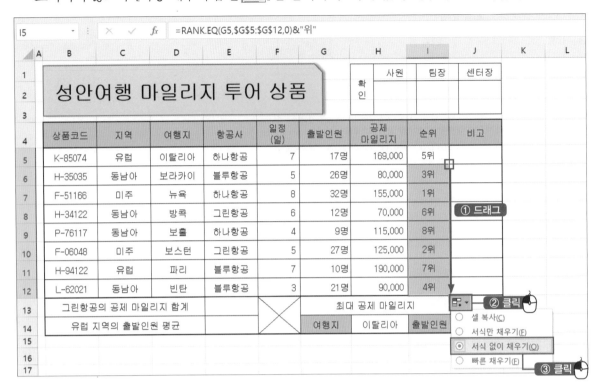

비고(IF 함수)

조건 (2) 비고 ⇒ 상품코드의 첫 글자가 F이면 '자유여행', 그 외에는 공백으로 구하시오(IF, LEFT 함수).

1 [J5] 셀을 클릭한 후「=i」를 입력하면 I로 시작하는 함수 목록이 표시되면 'IF'를 더블클릭합니다.

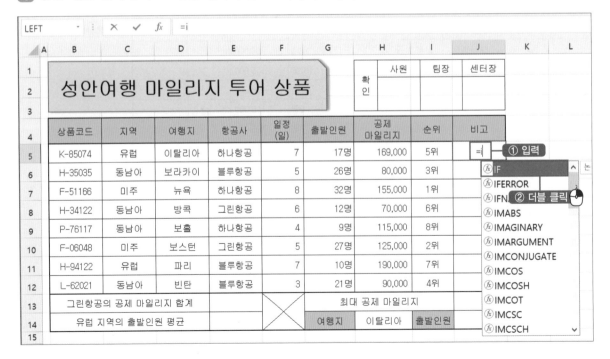

2 '=IF(' 뒤에 바로 「L」를 입력하면 L로 시작하는 함수 목록이 표시되고 'LEFT' 함수를 더블클릭합니다.

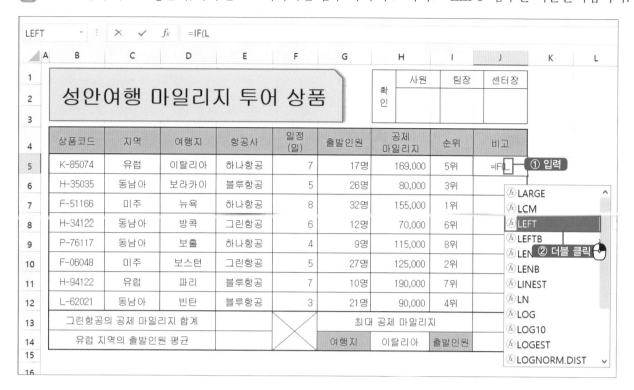

3 [J5] 셀의 '=IF(LEFT(' 뒤를 클릭한 후 '수식 입력줄'의 [함수 삽입 *fx*] 도구를 클릭합니다.

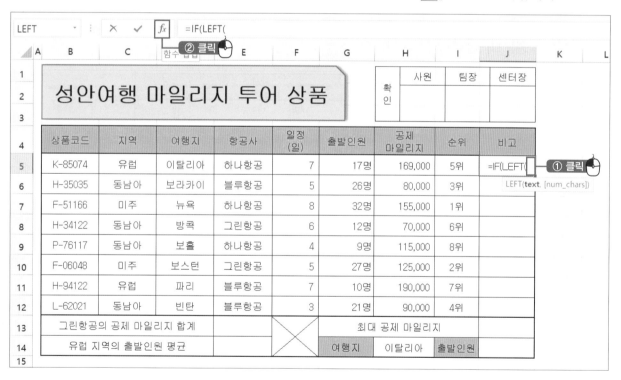

4 [함수 인수] 대화상자에서 다음과 같이 입력한 후 [확인] 단추를 클릭합니다.

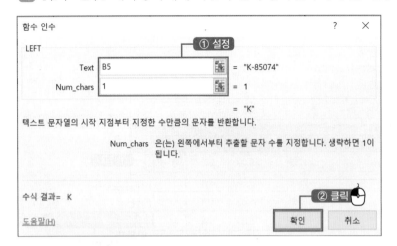

- Text[B5] : 추출하려는 문자가 들어 있는 텍스트 문자열
- Num_chars[1] : [B5] 셀의 왼쪽에서부터 추출할 문자 수를 지정

---

5 IF 함수 마법사 대화상자를 표시하기 위해서 'IF' 바로 뒤를 마우스로 클릭한 후 [함수 삽입 fx] 도구를 클릭합니다.

6 [함수 인수] 대화상자에 다음과 같이 입력하고 [확인] 단추를 클릭합니다.

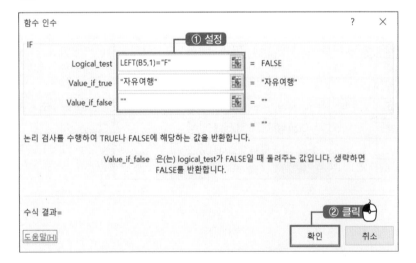

- Logical_test[LEFT(B5,1)="F"] : [B5] 셀의 왼쪽에서 한 글자를 추출한 값이 'F'와 같은지 비교
- Value_if_true["자유여행"] : Logica_test의 값이 True이면 '자유여행'을 표시
- Value_if_false[""] : Logica_test의 값이 False이면 공백("")을 표시

7 [J5] 셀 오른쪽 하단의 채우기 핸들을 이용하여 [J12] 셀까지 수식을 복사한 후 테두리 선이 굵게 표시되지 않도록 [자동 채우기 옵션]을 클릭하여 '서식 없이 채우기'를 선택합니다.

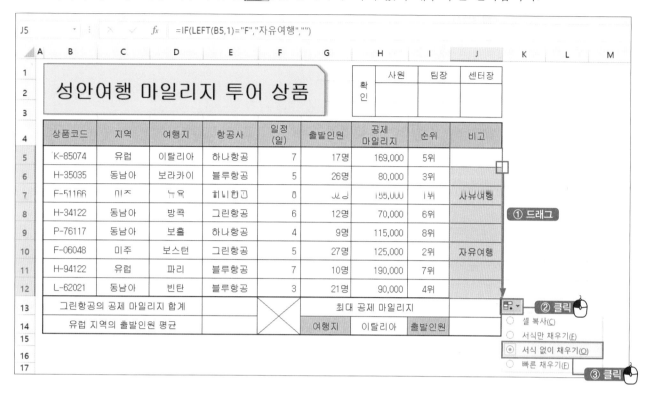

단계 5   그린항공의 공제 마일리지 합계(SUMIF 함수)

> **조건** (3) 그린항공의 공제 마일리지 합계 ⇒ 정의된 이름(항공사)을 이용하여 그린항공의 공제 마일리지 합계를 구하시오(SUMIF 함수).

1 [E13] 셀을 클릭한 후 「=sum」까지 입력하고 SUM으로 시작하는 함수 목록이 표시되면 'SUMIF' 함수를 더블클릭합니다.

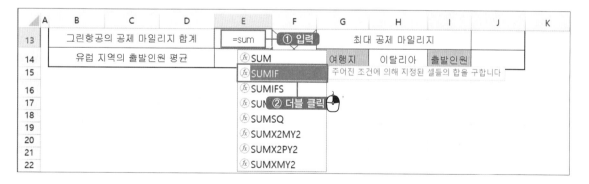

2 '=SUMIF(' 함수 뒤에서 마우스를 클릭한 후 [함수 삽입 *fx*] 도구를 클릭합니다.

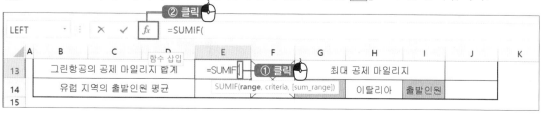

3 [함수 인수] 대화상자에 다음과 같이 입력하고 [확인] 단추를 클릭합니다.

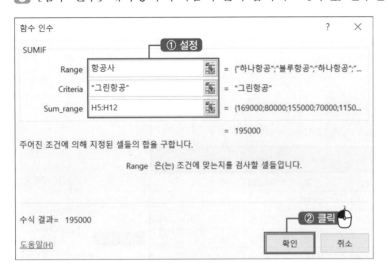

- Range[항공사] : 조건을 찾을 범위 [E5:E12] 영역을 드래그하면 자동으로 '항공사'가 표시됨
- Criteria["그린항공"] : 조건 '그린항공'을 입력
- Sum_range[H5:H12] : 항공사가 '그린항공'에 해당한 데이터의 공제마일리지의 합계를 구하기 위해 [H5:H12] 영역을 지정

4 [E13] 셀을 클릭한 후 [홈] 탭의 [맞춤] 그룹에서 [오른쪽 맞춤 ▤] 도구를 클릭하고, Ctrl+1 키를 눌러 [셀 서식] 대화상자의 [표시 형식] 탭에서 '숫자', '1000 단위 구분 기호(,) 사용'을 체크하고 [확인] 단추를 클릭합니다.

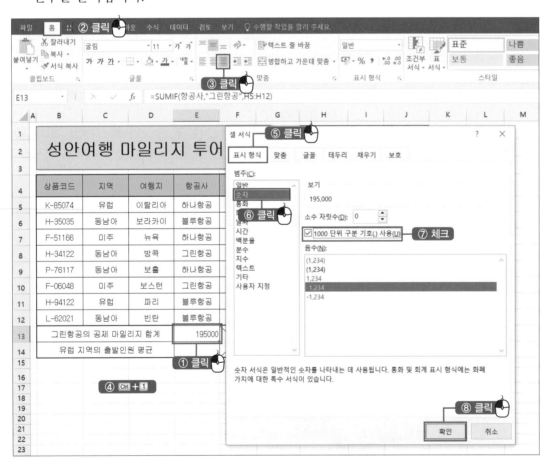

> **조건**   유럽 지역의 출발인원 평균 ⇒ 반올림하여 정수로 구하시오. 단, 조건은 입력 데이터를 이용하시오(ROUND, DAVERAGE 함수)(예 : 24.3 → 24).

1 [E14] 셀을 클릭한 후「=ro」까지 입력하면 RO로 시작하는 함수 목록이 표시되면 'ROUND' 함수를 더블클릭합니다.

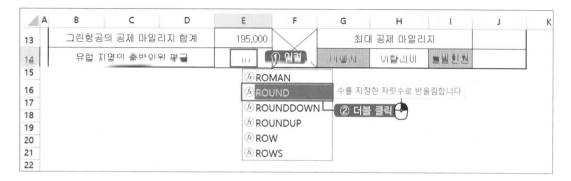

2 '=ROUND('까지 자동으로 입력되면「d」를 입력하고, D로 시작하는 함수 목록이 표시되면 'DAVERAGE' 함수를 더블클릭합니다.

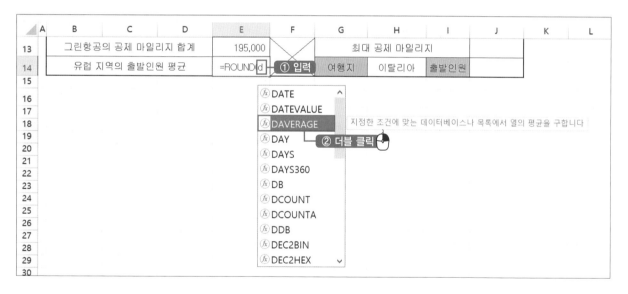

3 '=ROUND(DAVERAGE('까지 자동으로 입력되면 맨 뒤에서 마우스를 클릭한 후 [함수 삽입 fx] 도구를 클릭합니다.

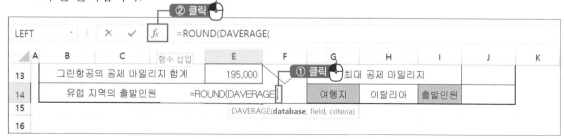

4 [함수 인수] 대화상자에 다음과 같이 입력하고 [확인] 단추를 클릭합니다.

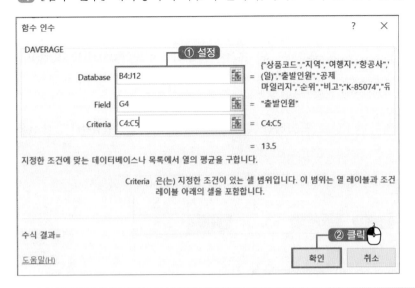

> • Database[B4:J12] : 제목을 포함한 모든 데이터[B4:J12]를 범위로 지정
> • Field[G4] : 실제로 평균을 구할 필드 제목(출발인원) 또는 열의 위치(6)를 지정
> • Criteria[C4:C5] : 조건을 찾을 필드 제목과 조건을 동시에 범위 지정(지역이 '유럽')

5 '=ROUND(DAVERAGE(B4:J12,G4,C4:C5)'로 수식이 입력되면 '=ROUND' 뒤에서 마우스를 클릭한 후 [함수 삽입 f_x] 도구를 클릭합니다.

6 [함수 인수] 대화상자의 Num_digits에 정수로 표시하기 위해서 「0」을 입력하고 [확인] 단추를 클릭합니다.

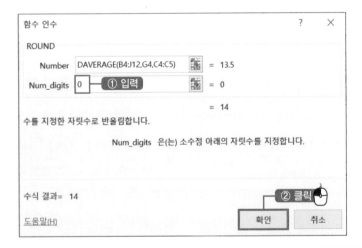

> • Number[DAVERAGE(B4:J12,G4,C4:C5)] : [B4:J12] 영역에서 [C4:C5] 조건에 만족한 [G4] 셀의 평균값
> • Num_digits[0] : Number의 값을 정수로 표시하기 위해 자릿수를 0으로 지정

7 [E14] 셀을 클릭한 후 [홈] 탭의 [맞춤] 그룹에서 [오른쪽 맞춤 ▤] 도구를 클릭하고, Ctrl + 1 키를 눌러 [셀 서식] 대화상자의 [표시 형식] 탭에서 '숫자'를 선택하고 [확인] 단추를 클릭합니다.

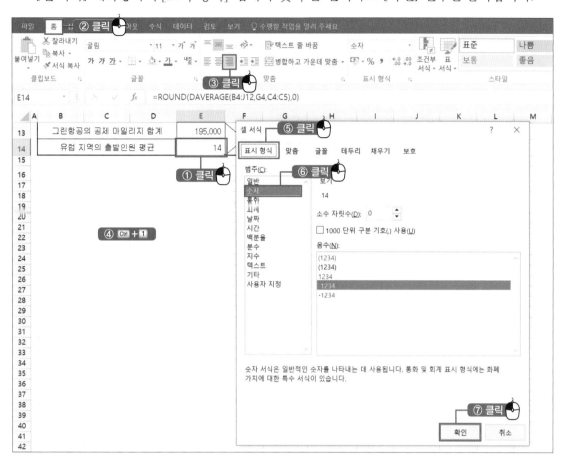

단계 7 최대 공제 마일리지(MAX 함수)

조건   최대 공제 마일리지 ⇒ (MAX 함수)

1 [J13] 셀을 클릭하여 「=m」을 입력하고 M으로 시작하는 함수 목록이 표시되면 'MAX' 함수를 더블클릭합니다.

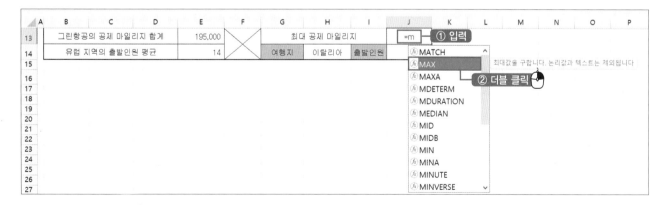

2 마우스로 [H5:H12] 영역을 드래그한 후 「)」을 닫고 Enter 키를 누릅니다.

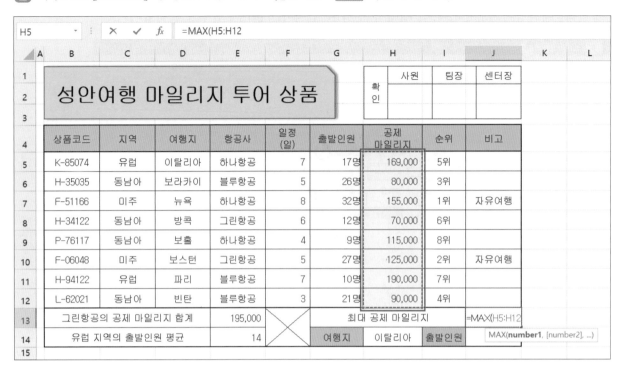

3 자동으로 '1,000 단위 기호'가 표시되면 [홈] 탭의 [맞춤] 그룹에서 [오른쪽 맞춤 ▤] 도구를 클릭합니다.

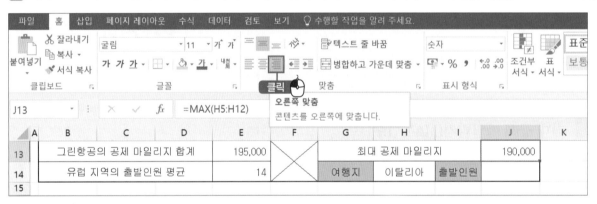

단계 8 **출발인원(VLOOKUP 함수)**

조건 출발인원 ⇒ 「H14」 셀에서 선택한 여행지에 대한 출발인원을 표시하시오(VLOOKUP 함수).

1 [J14] 셀을 클릭하여 「=v」를 입력하고 V로 시작하는 함수 목록이 표시되면 'VLOOKUP' 함수를 더블클릭합니다.

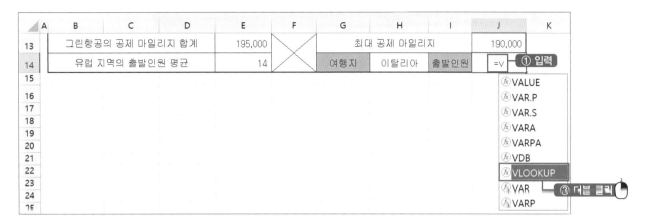

2 '=VLOOKUP(' 뒤에서 마우스를 클릭한 후 [함수 삽입 fx] 도구를 클릭합니다.

3 [함수 인수] 대화상자에서 다음과 같이 입력하고 [확인] 단추를 클릭합니다.

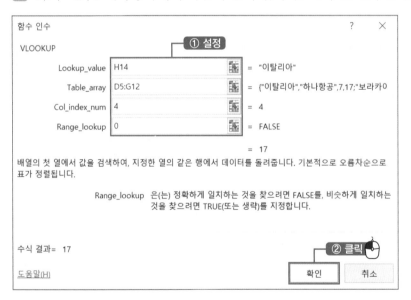

• Lookup_value[H14] : 찾을 값으로 유효성 검사를 통해 입력된 [H14] 셀로 지정

• Table_array[D5:G12] : 찾을 값으로 지정한 셀이 꼭 첫 번째 열이 될 수 있도록 범위를 지정하여 찾고자 하는 출발인원까지 지정[D5:G12]

• Col_index_num[4] : [D5:G12] 영역에서 D열이 1, E열이 2, F열이 3, G열이 4로 열의 위치값을 표시하는데 출발인원의 값을 가져오기 위해서 4번째 열로 지정

• Range_lookup[0] : 0 또는 false로 입력하여 정확하게 일치하는 값을 찾도록 지정(참고로 근사값을 구할 때에는 1 또는 true를 입력)

4 [J14] 셀을 클릭한 후 [홈] 탭의 [맞춤] 그룹에서 [오른쪽 맞춤 ▤] 도구를 클릭하고, Ctrl + 1 키를 눌러 [셀 서식] 대화상자의 [표시 형식] 탭에서 '숫자'를 선택하고 [확인] 단추를 클릭합니다.

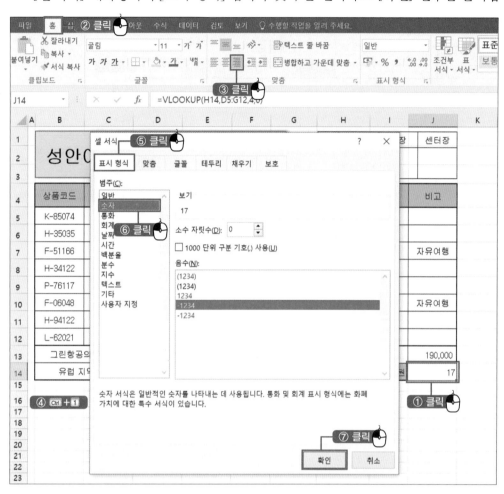

실력 향상을 위한 실전 연습문제

● 예제/정답 파일은 [자료실]에서 다운로드 받으세요.

●예제 파일 : 실전함수4.xlsx, 정답 파일 : 실전함수4(정답).xlsx

14 다음 조건에 따라 엑셀 파일을 작성하시오.

(1)~(6) 셀은 반드시 <u>주어진 함수를 이용</u>하여 값을 구하시오(결과값을 직접 입력하면 해당 셀은 0점 처리됨).

조건
(1) 순위 ⇒ 평균가격(원)의 내림차순 순위를 1~3까지 구하고, 그 외에는 공백으로 표시하시오(IF, RANK.EQ 함수).
(2) 제품이력 ⇒ 「2022 제품출시연도」로 계산된 값의 뒤에 년을 붙이시오.
    단, 제품출시연도는 코드의 마지막 네 글자를 이용하시오(RIGHT 함수, & 연산자)(예 : 11년).
(3) 광동제약 제품 평균가격(원)의 평균 ⇒ (SUMIF, COUNTIF 함수).
(4) 소화제 최저가격의 평균 ⇒ 조건은 입력 데이터를 이용하시오(DAVERAGE 함수).
(5) 최저가격의 중간값 ⇒ 정의된 이름(최저가격)을 이용하여 구하시오(MEDIAN 함수).
(6) 최저가격 ⇒ 「H14」셀에서 선택한 제품명에 대한 최저가격을 표시하시오(VLOOKUP 함수).

출력형태

	A	B	C	D	E	F	G	H	I	J
1								결재	담당	대리	팀장
2		일반의약품 판매가격 현황									
3											
4		코드	제품명	제조사	구분	규격 (ml/캡셀/g)	평균가격 (원)	최저가격	순위	제품이력
5		DH1897	위생천	광동제약	소화제	75	580	500원	(1)	(2)
6		HY1955	챔프	동아제약	해열진통제	10	2,000	1,600원	(1)	(2)
7		DA1956	판피린큐	동아제약	해열진통제	20	400	350원	(1)	(2)
8		DG1985	애시논액	동아제약	소화제	10	4,800	4,150원	(1)	(2)
9		GY1958	포타디연고	삼일제약	외용연고제	75	500	400원	(1)	(2)
10		SE1987	부루펜시럽	삼일제약	해열진통제	90	4,300	3,900원	(1)	(2)
11		HD1957	생록천	광동제약	소화제	75	500	420원	(1)	(2)
12		DH1980	후시딘	동화약품	외용연고제	10	5,200	4,500원	(1)	(2)
13		광동제약 제품 평균가격(원)의 평균			(3)			최저가격의 중간값		(5)
14		소화제 최저가격의 평균			(4)			제품명	위생천	최저가격	(6)
15											

실력 향상을 위한 실전 연습문제

● 예제/정답 파일은 [자료실]에서 다운로드 받으세요.

●예제 파일 : 실전함수5.xlsx, 정답 파일 : 실전함수5(정답).xlsx

15 다음 조건에 따라 엑셀 파일을 작성하시오.

(1)~(6) 셀은 반드시 <u>주어진 함수를 이용하여</u> 값을 구하시오(결과값을 직접 입력하면 해당 셀은 0점 처리됨).

조건
(1) 배송지 ⇒ 대여코드의 마지막 글자가 1이면 '경기', 2이면 '인천', 3이면 '서울'로 구하시오(CHOOSE, RIGHT 함수).
(2) 비고 ⇒ 대여수량이 15 이상이면 '★', 그 외에는 공백으로 구하시오(IF 함수).
(3) 놀이세트 제품 대여수량 합계 ⇒ 결과값에 '개'를 붙이시오(SUMIF 함수, & 연산자)(예 : 10개).
(4) 자동차 제품 평균 대여기간 ⇒ 올림하여 정수로 구하시오. 단, 조건은 입력 데이터를 이용하시오
(ROUNDUP, DAVERAGE 함수)(예 : 12.3 → 13).
(5) 4주 대여가격(단위: 원)의 최저값 ⇒ 정의된 이름(대여가격)을 이용하여 구하시오(MIN 함수).
(6) 대여수량 ⇒ 「H14」 셀에서 선택한 제품명에 대한 대여수량을 구하시오(VLOOKUP 함수).

출력형태

대여코드	제품명	분류	대여기간	판매가격 (단위:원)	4주 대여가격 (단위:원)	대여수량	배송지	비고
								결재 담당 / 대리 / 과장

장난감 대여 관리 현황

대여코드	제품명	분류	대여기간	판매가격 (단위:원)	4주 대여가격 (단위:원)	대여수량	배송지	비고
GW-03	페달트랙터	자동차	15주	125,000	33,000	17	(1)	(2)
CE-13	레이싱카	자동차	5주	65,000	28,000	19	(1)	(2)
DC-12	워크어라운드	쏘서	6주	95,000	33,000	6	(1)	(2)
PK-01	물놀이세트	놀이세트	12주	17,000	33,000	15	(1)	(2)
DW-01	디보쏘서	쏘서	10주	105,000	26,000	12	(1)	(2)
CQ-02	미니카	자동차	6주	78,000	28,000	20	(1)	(2)
WB-12	구름빵 놀이터	놀이세트	8주	42,000	23,000	14	(1)	(2)
PX-02	스포츠센터	놀이세트	10주	56,000	30,000	7	(1)	(2)
놀이세트 제품 대여수량 합계			(3)		4주 대여가격(단위:원)의 최저값			(5)
자동차 제품 평균 대여기간			(4)		제품명	페달트랙터	대여수량	(6)

Section
5

[제1작업] 표 서식 작성 및 값 계산 – 조건부 서식

무료 동영상

조건부 서식은 조건에 만족한 데이터에만 서식을 지정하는 기능입니다. 조건부 서식을 지정할 때에는 필드명을 제외한 순수한 자료만을 선택한 후 서식을 설정해야 합니다. 특히, 열 고정 혼합 참조에 대한 방법을 정확히 이해해야 합니다.

[제 1 작업] 표 서식 작성 및 값 계산 (240점 중 20점)　　●예제 파일 : 조건부서식.xlsx, 정답 파일 : 조건부서식(정답).xlsx

≪조건≫

(7) 조건부 서식의 수식을 이용하여 출발인원이 '25' 이상인 행 전체에 다음의 서식을 적용하시오(글꼴 : 파랑, 굵게).

(8) 조건부 서식을 이용하여 출발인원 셀에 데이터 막대 스타일(녹색)을 최소값 및 최대값으로 적용하시오.

≪출력형태≫

성안여행 마일리지 투어 상품

	확인	사원	팀장	센터장

상품코드	지역	여행지	항공사	일정(일)	출발인원	공제마일리지	순위	비고
K-85074	유럽	이탈리아	하나항공	7	17명	169,000	5위	
H-35035	동남아	보라카이	블루항공	5	26명	80,000	3위	
F-51166	미주	뉴욕	하나항공	8	32명	155,000	1위	자유여행
H-34122	동남아	방콕	그린항공	6	12명	70,000	6위	
P-76117	동남아	보홀	하나항공	4	9명	115,000	8위	
F-06048	미주	보스턴	그린항공	5	27명	125,000	2위	자유여행
H-94122	유럽	파리	블루항공	7	10명	190,000	7위	
L-62021	동남아	빈탄	블루항공	3	21명	90,000	4위	
그린항공의 공제 마일리지 합계			195,000			최대 공제 마일리지		190,000
유럽 지역의 출발인원 평균			14		여행지	이탈리아	출발인원	17

핵심 체크

① 필드명을 제외한 데이터만을 범위 지정

② [홈] 탭의 [스타일] 그룹에서 [조건부 서식] 이용

③ 수식으로 설정할 때에는 열 고정 혼합참조 이용

④ 글꼴, 음영, 테두리 등 지정한 서식 설정

※ 조건부 서식 설정

필드명(「B4:J4」영역)을 포함하지 않은 순수한 자료 행(「B5:J12」영역)만을 선택하여 '행' 단위 서식 설정을 해야 하므로 열 고정 혼합참조($B1)의 계산형식을 숙지해야 합니다.

조건   (7) 조건부 서식의 수식을 이용하여 출발인원이 '25' 이상인 행 전체에 다음의 서식을 적용하시오(글꼴 : 파랑, 굵게).

1 '조건부서식.xlsx' 파일을 열어 '서식1' 시트의 [B5:J12] 영역을 범위 지정한 후 [홈] 탭의 [스타일] 그룹에서 [조건부 서식]-[새 규칙]을 클릭합니다.

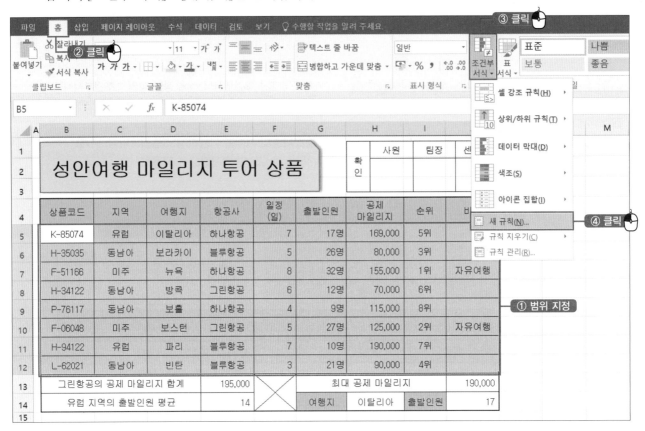

2 [새 서식 규칙] 대화상자에서 '▶수식을 사용하여 서식을 지정할 셀 결정'을 선택한 후 「=$G5>=25」를 입력하고 [서식] 버튼을 클릭합니다.

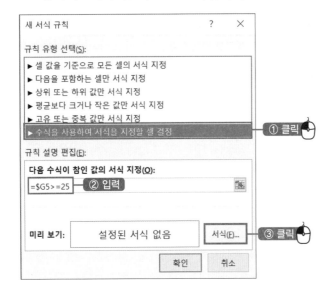

3 [셀 서식] 대화상자의 [글꼴] 탭에서 글꼴 스타일은 '굵게', 색은 '파랑'을 선택하고 [확인] 단추를 클릭합니다.

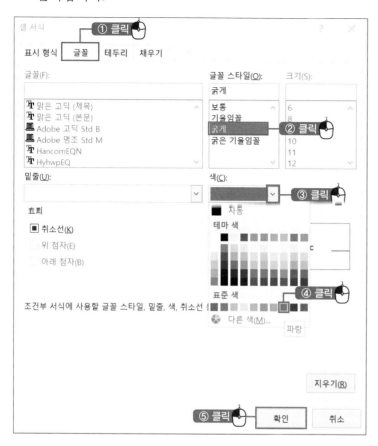

4 [새 서식 규칙] 대화상자가 표시되면 [확인] 단추를 클릭합니다.

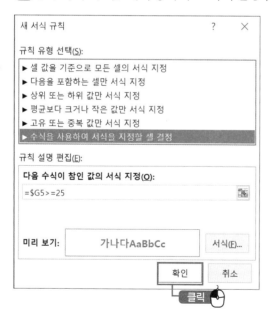

단계 2 조건부 서식(데이터 막대)

조건 (8) 조건부 서식을 이용하여 출발인원 셀에 데이터 막대 스타일(녹색)을 최소값 및 최대값으로 적용하시오.

1 '조건부서식.xlsx' 파일을 열어 '서식2' 시트의 [G5:G12] 영역을 범위 지정한 후 [홈] 탭의 [스타일] 그룹에서 [조건부 서식]-[새 규칙]을 클릭합니다.

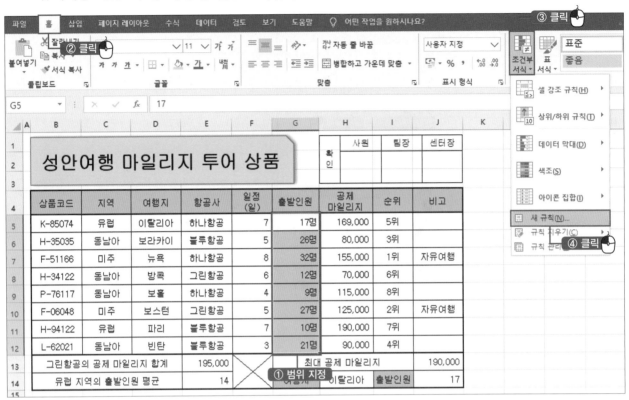

2 [서식 규칙 편집] 대화상자에서 서식 스타일을 '데이터 막대'로 선택하고, 종류를 '최소값', '최대값'을 선택하고, 색을 클릭하여 '녹색'을 선택한 후 [확인] 단추를 클릭합니다.

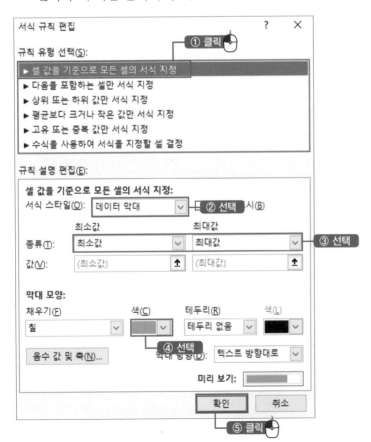

데이터 막대 조건부 서식 작성 - ②

① [G5:G12] 영역을 범위 지정한 후 [홈] 탭의 [스타일] 그룹-[조건부 서식]-[데이터 막대]-[단색 채우기]에서 [녹색 데이터 막대]를 클릭합니다.

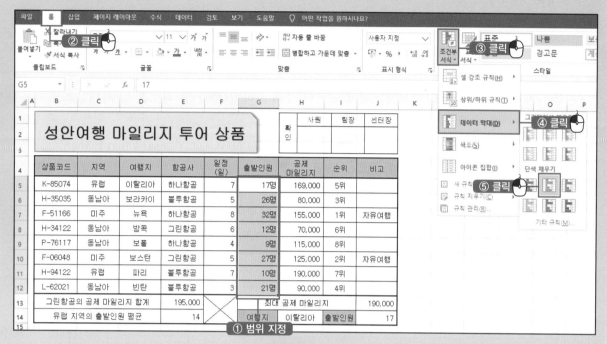

② [G5:G12] 영역이 범위로 지정된 상태에서 [홈] 탭의 [스타일] 그룹-[조건부 서식]-[규칙 관리]를 클릭합니다.

③ [조건부 서식 규칙 관리자] 대화상자에서 [규칙 편집]을 클릭한 후 84쪽의 ②번 해설처럼 설정해도 됩니다.

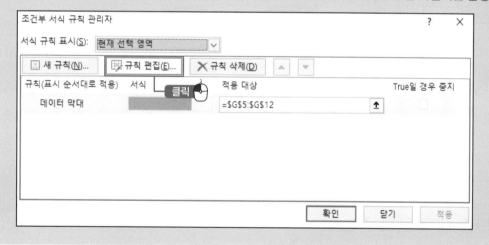

막대 데이터의 채점은 문제의 지시사항인 막대 색상(그라데이션/단색 모두 정답)과 최소값/최대값 적용만을 채점합니다. 막대의 테두리는 채점하지 않습니다.

● 예제/정답 파일은 [자료실]에서 다운로드 받으세요.

●예제 파일 : 실전조건1.xlsx, 정답 파일 : 실전조건1(정답).xlsx

16 **다음 조건에 따라 엑셀 파일을 작성하시오.**

조건부 서식을 이용하여 평균가격(원) 셀에 데이터 막대 스타일(빨강)을 최소값 및 최대값으로 적용하시오.

출력형태

	담당	대리	팀장
결재			

일반의약품 판매가격 현황

코드	제품명	제조사	구분	규격 (ml/캡슐/g)	평균가격 (원)	최저가격	순위	제품이력
DH1897	위생천	광동제약	소화제	75	580	500원		125년
HY1955	챔프	동아제약	해열진통제	10	2,000	1,600원		67년
DA1956	판피린큐	동아제약	해열진통제	20	400	350원		66년
DG1985	애시논액	동아제약	소화제	10	4,800	4,150원	2	37년
GY1958	포타디연고	삼일제약	외용연고제	75	500	400원		64년
SE1987	부루펜시럽	삼일제약	해열진통제	90	4,300	3,900원	3	35년
HD1957	생록천	광동제약	소화제	75	500	420원		65년
DH1980	후시딘	동화약품	외용연고제	10	5,200	4,500원	1	42년
광동제약 제품 평균가격(원)의 평균				540		최저가격의 중간값		1,050
소화제 최저가격의 평균				1,690		제품명	위생천	최저가격	500

●예제 파일 : 실전조건2.xlsx, 정답 파일 : 실전조건2(정답).xlsx

17 **다음 조건에 따라 엑셀 파일을 작성하시오.**

조건부 서식을 이용하여 대여수량 셀에 데이터 막대 스타일(녹색)을 최소값 및 최대값으로 적용하시오.

출력형태

	담당	대리	과장
결재			

장난감 대여 관리 현황

대여코드	제품명	분류	대여기간	판매가격 (단위:원)	4주 대여가격 (단위:원)	대여수량	배송지	비고
GW-03	페달트랙터	자동차	15주	125,000	33,000	17	서울	★
CE-13	레이싱카	자동차	5주	65,000	28,000	19	서울	★
DC-12	워크어라운드	쏘서	6주	95,000	33,000	6	인천	
PK-01	물놀이세트	놀이세트	12주	17,000	33,000	15	경기	★
DW-01	디보쏘서	쏘서	10주	105,000	26,000	12	경기	
CQ-02	미니카	자동차	6주	78,000	28,000	20	인천	★
WB-12	구름빵 놀이터	놀이세트	8주	42,000	23,000	14	인천	
PX-02	스포츠센터	놀이세트	10주	56,000	30,000	7	인천	
놀이세트 제품 대여수량 합계				36개		4주 대여가격(단위:원)의 최저값		23,000
자동차 제품 평균 대여기간				9		제품명	페달트랙터	대여수량	17

● 예제/정답 파일은 [자료실]에서 다운로드 받으세요.

●예제 파일 :실전조건3.xlsx, 정답 파일 : 실전조건3(정답).xlsx

18 다음 조건에 따라 엑셀 파일을 작성하시오.

조건부 서식의 수식을 이용하여 최저가격이 '1000' 이상인 행 전체에 다음의 서식을 적용하시오(글꼴 : 파랑, 굵게).

출력형태

	코드	제품명	제조사	구분	규격 (ml/캅셀/g)	평균가격 (원)	최저가격	순위	제품이력
	DH1897	위생천	광동제약	소화제	75	580	500원		125년
	HY1955	챔프	동아제약	해열진통제	10	2,000	1,600원		67년
	DA1956	판피린큐	동아제약	해열진통제	20	400	350원		66년
	DG1985	에시논액	동아제약	소화제	10	4,800	4,150원	2	37년
	GY1958	포타디연고	삼일제약	외용연고제	75	500	400원		64년
	SE1987	부루펜시럽	삼일제약	해열진통제	90	4,300	3,900원	3	35년
	HD1957	생록천	광동제약	소화제	75	500	420원		65년
	DH1980	후시딘	동화약품	외용연고제	10	5,200	4,500원	1	42년

일반의약품 판매가격 현황

결재 / 담당 / 대리 / 팀장

광동제약 제품 평균가격(원)의 평균	540	최저가격의 중간값	1,050
소화제 최저가격의 평균	1,690	제품명	위생천	최저가격	500

●예제 파일 :실전조건4.xlsx, 정답 파일 : 실전조건4(정답).xlsx

19 다음 조건에 따라 엑셀 파일을 작성하시오.

조건부 서식의 수식을 이용하여 대여수량이 '15' 미만인 행 전체에 다음의 서식을 적용하시오(글꼴 : 녹색, 굵게).

출력형태

장난감 대여 관리 현황

결재 / 담당 / 대리 / 과장

	대여코드	제품명	분류	대여기간	판매가격 (단위:원)	4주 대여가격 (단위:원)	대여수량	배송지	비고
	GW-03	페달트랙터	자동차	15주	125,000	33,000	17	서울	★
	CE-13	레이싱카	자동차	5주	65,000	28,000	19	서울	★
	DC-12	워크어라운드	쏘서	6주	95,000	33,000	6	인천	
	PK-01	물놀이세트	놀이세트	12주	17,000	33,000	15	경기	★
	DW-01	디보쏘서	쏘서	10주	105,000	26,000	12	경기	
	CQ-02	미니카	자동차	6주	78,000	28,000	20	인천	★
	WB-12	구름빵 놀이터	놀이세트	8주	42,000	23,000	14	인천	
	PX-02	스포츠센터	놀이세트	10주	56,000	30,000	7	인천	
	놀이세트 제품 대여수량 합계			36개	4주 대여가격(단위:원)의 최저값				23,000
	자동차 제품 평균 대여기간			9	제품명	페달트랙터	대여수량		17

Section 6

[제2작업] 목표값 찾기 및 필터

목표값 찾기 기능은 수식으로 구하려는 결과는 알지만, 해당 결과를 구하는 데 필요한 입력값을 모르는 경우에 사용합니다. 고급 필터는 조건에 만족한 데이터를 다른 위치에 추출할 수 있는 기능으로 필터 조건을 파악하여 조건을 지정된 범위 내에 입력한 후에 지정된 복사 위치에 데이터를 추출합니다.

[제 2 작업] 필터 및 서식 (80점)   ●예제 파일 : 목표값.xlsx, 정답 파일 : 목표값(정답).xlsx

☞ "제1작업" 시트의 「B4:H12」 영역을 복사하여 "제2작업" 시트의 「B2」 셀부터 모두 붙여넣기를 한 후 다음의 조건과 같이 작업하시오.

≪조건≫

(1) 목표값 찾기 – 「B11:G11」 셀을 병합하여 "공제 마일리지의 전체 평균"을 입력한 후 「H11」 셀에 공제 마일리지의 전체 평균을 구하시오(AVERAGE 함수, 테두리).

    – '공제 마일리지의 전체 평균'이 '125,000'이 되려면 이탈리아의 공제 마일리지가 얼마가 되어야 하는지 목표값을 구하시오.

(2) 고급필터 – 일정(일)이 '4' 이하이거나, 출발인원이 '30' 이상인 자료의 여행지, 항공사, 일정(일), 출발인원 데이터만 추출하시오.

    – 조건 범위 : 「B14」 셀부터 입력하시오.

    – 복사 위치 : 「B18」 셀부터 나타나도록 하시오.

핵심체크

① 문제의 조건을 파악(AND 조건, OR 조건)

② 조건 입력

③ [데이터] 탭의 [정렬 및 필터] 그룹에서 [고급]

④ [홈] 탭의 [스타일] 그룹에서 [표 서식]

조건   「B11:G11」 셀을 병합하여 "공제 마일리지의 전체 평균"을 입력한 후 「H11」 셀에 공제 마일리지의 전체 평균을 구하시오(AVERAGE 함수, 테두리, 가운데 맞춤).

1 '목표값.xlsx' 파일의 '제1작업' 시트에서 [B4:H12] 영역을 범위 지정한 후 Ctrl + C 키를 눌러 복사합니다.

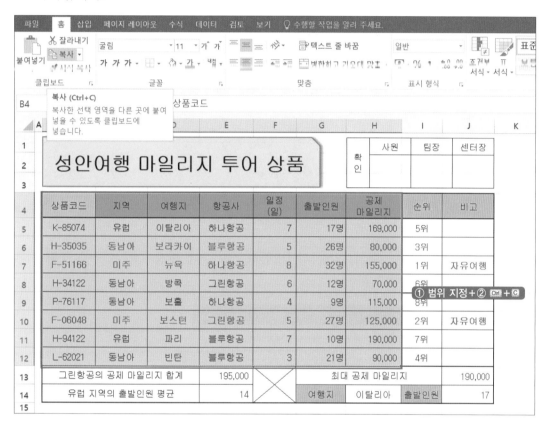

2 '제2작업' 시트의 [B2] 셀을 클릭한 후 Ctrl + V 키를 눌러 붙여넣기를 합니다. 만약, 복사된 내용이 ####으로 표시되면 열 머리글 사이에서 더블클릭하여 열 너비를 조절합니다.

상품코드	지역	여행지	항공사	일정(일)	출발인원	공제 마일리지
K-85074	유럽	이탈리아	하나항공	7	17명	169,000
H-35035	동남아	보라카이	블루항공	5	26명	80,000
F-51166	미주	뉴욕	하나항공	8	32명	155,000
H-34122	동남아	방콕	그린항공	6	12명	70,000
P-76117	동남아	보홀	하나항공	4	9명	115,000
F-06048	미주	보스턴	그린항공	5	27명	125,000
H-94122	유럽	파리	블루항공	7	10명	190,000
L-62021	동남아	빈탄	블루항공	3	21명	90,000

제1작업   제2작업   제3작업

① 클릭

[열 너비 조절]

복사한 내용을 Ctrl + V 를 눌러 붙여넣기를 한 후에 [홈] 탭의 [클립보드] 그룹의 [붙여넣기] – [선택하여 붙여넣기]를 클릭하여 '열 너비'를 체크한 후 [확인] 단추를 클릭합니다.

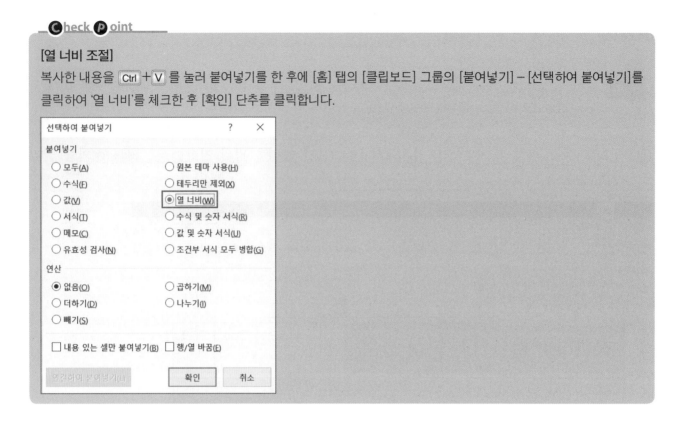

3 [B11:G11] 영역을 범위 지정한 후 [홈] 탭의 [맞춤]의 [병합하고 가운데 맞춤 🗏] 도구를 클릭한 후 「공제 마일리지의 전체 평균」을 입력합니다.

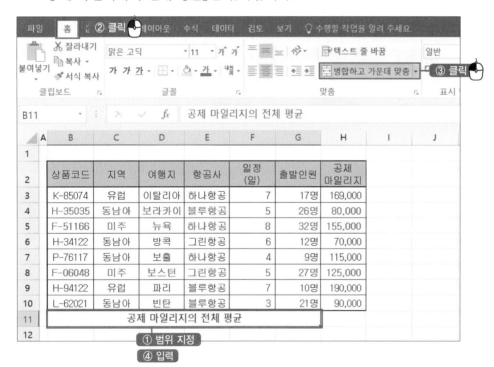

4 [H11] 셀에「=AVERAGE(H3:H10)」을 입력합니다.

5 [B11:H11] 영역을 범위 지정한 후 [홈] 탭의 [글꼴] 그룹에서 [테두리 ⊞] 도구의 [모든 테두리]를 클릭합니다.

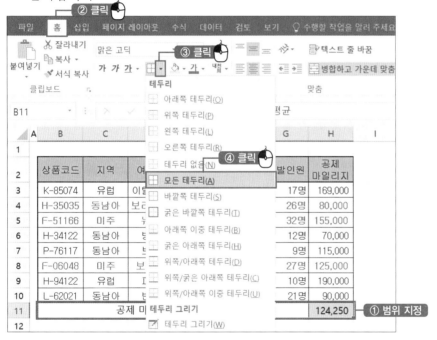

단계 2 **목표값 찾기**

> **조건** '공제 마일리지의 전체 평균'이 '125,000'이 되려면 이탈리아의 공제 마일리지가 얼마가 되어야 하는지 목표값을 구하시오.

1 [H11] 셀을 클릭한 후 [데이터] 탭의 [데이터 도구] 그룹에서 [가상 분석]–[목표값 찾기]를 클릭합니다.

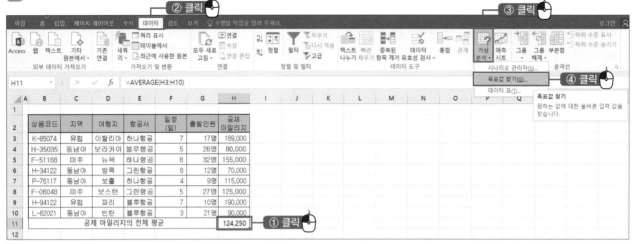

2 [목표값 찾기] 대화상자에서 다음과 같이 입력한 후 [확인] 단추를 클릭합니다.

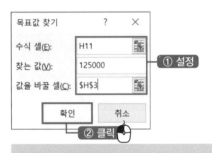

- 수식 셀[H11] : 찾는 값에서 입력한 값으로 실제 값이 변경되는 셀로, 수식(AVERAGE) 형태로 작성된 셀을 지정
- 찾는 값[125000] : 원하는 목표값을 입력
- 값을 바꿀 셀[H3] : 목표값을 찾기 위해 실제 값이 변경되는 셀

3 [목표값 찾기 상태] 대화상자에서 값을 찾았다는 메시지 상자가 표시되면 [확인] 단추를 클릭합니다.

단계 3 **고급필터**

> **조건** 일정(일)이 '4' 이하이거나, 출발인원이 '30' 이상인 자료의 여행지, 항공사, 일정(일), 출발인원 데이터만 추출하시오.
> – 조건 범위 : 「B14」 셀부터 입력하시오.
> – 복사 위치 : 「B18」 셀부터 나타나도록 하시오.

1 '제2작업' 시트에 조건을 입력하기 위해 [F2] 셀의 '일정(일)'과 [G2] 셀의 '출발인원'을 범위 지정한 후 Ctrl + C 키를 눌러 복사합니다.

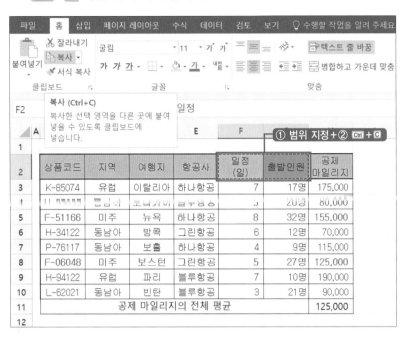

2 조건 위치 [B14] 셀을 클릭한 후 Ctrl + V 키를 눌러 붙여넣기를 합니다.

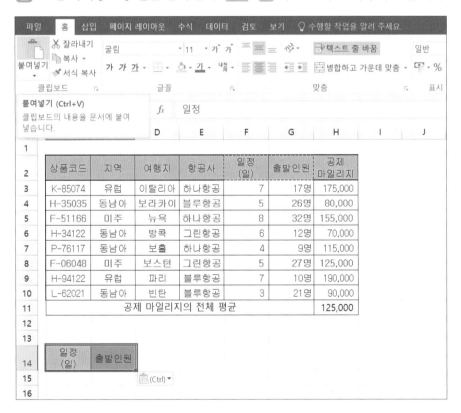

Check Point

조건을 직접 입력할 경우 띄어쓰기 등의 오류가 발생할 수 있으므로 반드시 필드를 복사하여 붙여넣기해야 합니다.

3 [B15] 셀에 「<=4」, [C16] 셀에 「>=30」을 입력합니다.

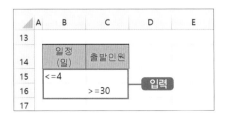

- 비교 연산자

>	>=	<	<=	=	<>
크다 초과	크거나 같다 이상	작다 미만	작거나 같다 이하	같다	같지 않다

- 문자를 대신하는 기호

	*(별표)		?(물음표)
유*	'유'로 시작하는 모든 문자	유?	'유'로 시작하는 두 글자
*유	'유'로 끝나는 모든 문자	?유	'유'로 끝나는 두 글자
유	'유'를 포함하는 모든 문자	?유?	세 글자 중 가운데 글자가 '유'인 글자
		유??	'유'로 시작하는 세 글자

AND와 OR 조건

- AND 조건(같은 행에 입력)

일정(일)이 '<=4' 이고 출발인원이 '>=30' 이상인 조건

- OR 조건(다른 행에 입력)

일정(일)이 '<=4' 이거나 출발인원이 '>=30' 이상인 조건

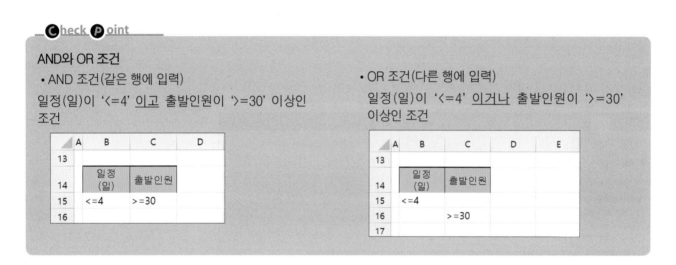

4 [B2:H10] 영역을 범위 지정한 후 [데이터] 탭의 [정렬 및 필터] 그룹에서 [고급]을 클릭합니다.

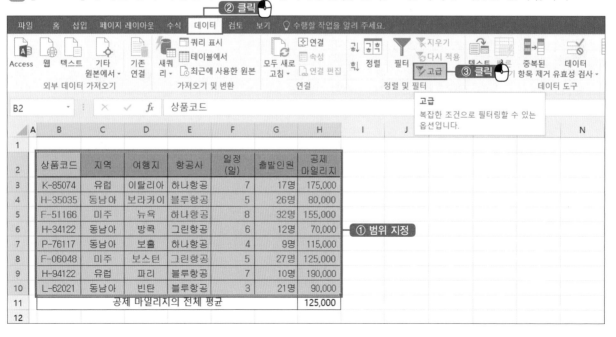

5 [고급 필터] 대화상자에 다음과 같이 입력하고 [확인] 단추를 클릭합니다.

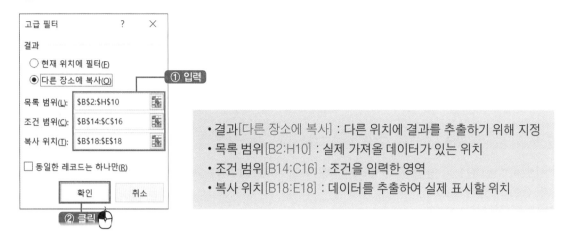

- 결과[다른 장소에 복사] : 다른 위치에 결과를 추출하기 위해 지정
- 목록 범위[B2:H10] : 실제 가져올 데이터가 있는 위치
- 조건 범위[B14:C16] : 조건을 입력한 영역
- 복사 위치[B18:E18] : 데이터를 추출하여 실제 표시할 위치

Check Point

[고급 필터] 대화상자
- 현재 위치에 필터 : 원본 목록에 필터링한 결과를 표시
- 다른 장소에 복사 : 필터링한 결과를 다른 위치에 표시
- 목록 범위 : 원본 데이터 목록
- 조건 범위 : 필터링할 조건을 입력한 범위
- 복사 위치 : '다른 장소에 복사'를 선택했을 때만 활성화가 되며, 필터 결과를 표시할 위치
- 동일한 레코드는 하나만 : 필터링 결과 중 같은 레코드가 있을 때 하나만 표시

6 조건에 만족한 데이터가 추출되었는지 확인 후 [파일] – [저장] 또는 [빠른 실행 도구 모음]의 [저장 🔒]을
클릭합니다.

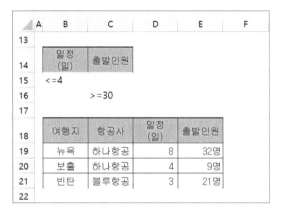

실력 향상을 위한 실전 연습문제

● 예제/정답 파일은 [자료실]에서 다운로드 받으세요.

●예제 파일 : 실전목표값1.xlsx, 정답 파일 : 실전목표값1(정답).xlsx

20 다음 조건에 따라 엑셀 파일을 작성하시오.

☞ "제1작업" 시트의 「B4:H12」 영역을 복사하여 "제2작업" 시트의 「B2」 셀부터 모두 붙여넣기를 한 후 다음의 조건과 같이 작업하시오.

조건 (1) 목표값 찾기 – 「B11:G11」 셀을 병합하여 "최저가격의 전체 평균"을 입력한 후 「H11」 셀에 최저가격의 전체 평균을 구하시오(AVERAGE 함수, 테두리, 가운데 맞춤).
　　　　 – 최저가격의 전체 평균'이 '2,000'이 되려면 판피린큐의 최저가격이 얼마가 되어야 하는지 목표값을 구하시오.

　　　 (2) 고급필터 – 구분이 '소화제'가 아니면서, 최저가격이 '1000' 이상인 자료의 제품명, 제조사, 규격(ml/캅셀/g), 평균가격(원) 데이터만 추출하시오.
　　　　 – 조건 범위 : 「B14」 셀부터 입력하시오.
　　　　 – 복사 위치 : 「B18」 셀부터 나타나도록 하시오.

출력형태

	B	C	D	E	F	G	H
2	코드	제품명	제조사	구분	규격 (ml/캅셀/g)	평균가격 (원)	최저가격
3	DH1897	위생천	광동제약	소화제	75	580	500원
4	HY1955	챔프	동아제약	해열진통제	10	2,000	1,600원
5	DA1956	판피린큐	동아제약	해열진통제	20	400	530원
6	DG1985	애시논액	동아제약	소화제	10	4,800	4,150원
7	GY1958	포타디연고	삼일제약	외용연고제	75	500	400원
8	SE1987	부루펜시럽	삼일제약	해열진통제	90	4,300	3,900원
9	HD1957	생록천	광동제약	소화제	75	500	420원
10	DH1980	후시딘	동화약품	외용연고제	10	5,200	4,500원
11	최저가격의 전체 평균						2,000원

	B	C	D	E
14	구분	최저가격		
15	<>소화제	>=1000		

	B	C	D	E
18	제품명	제조사	규격 (ml/캅셀/g)	평균가격 (원)
19	챔프	동아제약	10	2,000
20	부루펜시럽	삼일제약	90	4,300
21	후시딘	동화약품	10	5,200

실력 향상을 위한 실전 연습문제

● 예제/정답 파일은 [자료실]에서 다운로드 받으세요.

●예제 파일 : 실전목표값2.xlsx, 정답 파일 : 실전목표값2(정답).xlsx

21 다음 조건에 따라 엑셀 파일을 작성하시오.

☞ "제1작업" 시트의 「B4:H12」 영역을 복사하여 "제2작업" 시트의 「B2」 셀부터 모두 붙여넣기를 한 후 다음의 조건과 같이 작업하시오.

조건
(1) 목표값 찾기 – 「B11:G11」 셀을 병합하여 "대여수량의 전체 평균"을 입력한 후 「H11」 셀에 대여수량의 전체 평균을 구하시오(AVERAGE 함수, 테두리, 가운데 맞춤).
– '대여수량의 전체 평균'이 '15'가 되려면 워크어라운드의 대여수량이 얼마가 되어야 하는지 목표값을 구하시오.

(2) 고급필터 – 대여기간이 '12' 이상이거나, 판매가격(단위: 원)이 '100,000' 이상인 자료의 제품명, 분류, 4주 대여가격(단위: 원), 대여수량 데이터만 추출하시오.
– 조건 범위 : 「B14」 셀부터 입력하시오.
– 복사 위치 : 「B18」 셀부터 나타나도록 하시오.

출력형태

대여코드	제품명	분류	대여기간	판매가격 (단위:원)	4주 대여가격 (단위:원)	대여수량
GW-03	페달트랙터	자동차	15주	125,000	33,000	17
CE-13	레이싱카	자동차	5주	65,000	28,000	19
DC-12	워크어라운드	쏘서	6주	95,000	33,000	16
PK-01	물놀이세트	놀이세트	12주	17,000	33,000	15
DW-01	디보쏘서	쏘서	10주	105,000	26,000	12
CQ-02	미니카	자동차	6주	78,000	28,000	20
WB-12	구름빵 놀이터	놀이세트	8주	42,000	23,000	14
PX-02	스포츠센터	놀이세트	10주	56,000	30,000	7
대여수량의 전체 평균						15

대여기간	판매가격 (단위:원)
>=12	
	>=100000

제품명	분류	4주 대여가격 (단위:원)	대여수량
페달트랙터	자동차	33,000	17
물놀이세트	놀이세트	33,000	15
디보쏘서	쏘서	26,000	12

[제2작업] 필터 및 서식

무료 동영상

고급 필터는 조건에 만족한 데이터를 다른 위치에 추출할 수 있는 기능으로 필터 조건을 파악하여 조건을 지정된 범위 내에 입력한 후에 지정된 복사 위치에 데이터를 추출합니다.

[제 2 작업] 필터 및 서식 (80점)　　　　　　●예제 파일 : 고급필터.xlsx, 정답 파일 : 고급필터(정답).xlsx

☞ "제1작업" 시트의 「B4:H12」 영역을 복사하여 "제2작업" 시트의 「B2」 셀부터 모두 붙여넣기를 한 후 다음의 조건과 같이 작업하시오.

≪조건≫

(1) 고급필터 – 지역이 '동남아'이고 공제 마일리지 '80000' 이상인 자료의 데이터만 추출하시오.
　　　　　 – 조건 범위 : 「B13」 셀부터 입력하시오.
　　　　　 – 복사 위치 : 「B18」 셀부터 나타나도록 하시오.

(2) 표 서식 – 고급필터의 결과 셀을 채우기 없음으로 설정한 후 '표 스타일 보통2'의 서식을 적용하시오.
　　　　　 – 머리글 행, 줄무늬 행을 적용하시오.

핵심 체크

① 문제의 조건을 파악(AND 조건, OR 조건)
② 조건 입력
③ [데이터] 탭의 [정렬 및 필터] 그룹에서 [고급]
④ [홈] 탭의 [스타일] 그룹에서 [표 서식]

조건 "제1작업" 시트의 「B4:H12」 영역을 복사하여 "제2작업" 시트의 「B2」 셀부터 모두 붙여넣기를 한 후 다음의 조건과 같이 작업하시오.

1 '고급필터.xlsx' 파일의 '제1작업' 시트에서 [B4:H12] 영역을 범위 지정한 후 Ctrl+C 키를 눌러 복사합니다.

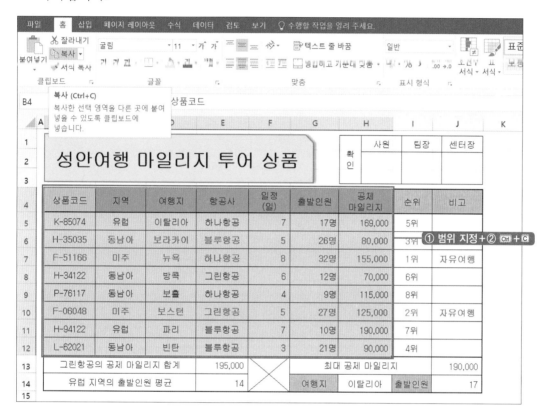

2 '제2작업' 시트의 [B2] 셀을 클릭한 후 Ctrl+V 키를 눌러 붙여넣기를 합니다. 만약, 복사된 내용이 ####으로 표시되면 열 머리글 사이에서 더블클릭하여 열 너비를 조절합니다.

[열 너비 조절]
복사한 내용을 Ctrl + V 키를 눌러 붙여넣기를 한 후에 [홈] 탭의 [클립보드] 그룹의 [붙여넣기] – [선택하여 붙여넣기]를 클릭하여 '열 너비'를 체크한 후 [확인] 단추를 클릭합니다.

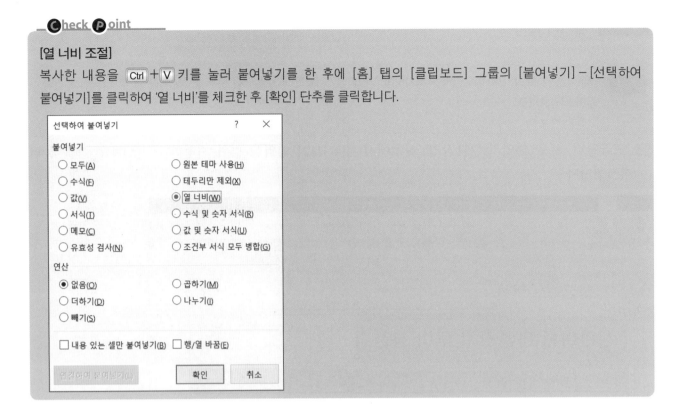

단계 2　　고급 필터

> **조건**　지역이 '동남아'이고 공제 마일리지 '80000' 이상인 자료의 데이터만 추출하시오.
> - 조건 범위 : 「B13」 셀부터 입력하시오.
> - 복사 위치 : 「B18」 셀부터 나타나도록 하시오.

1 '제2작업' 시트에 조건을 입력하기 위해 [C2] 셀의 '지역'과 [H2] 셀의 '공제마일리지'를 범위 지정한 후 Ctrl + C 키를 눌러 복사합니다.

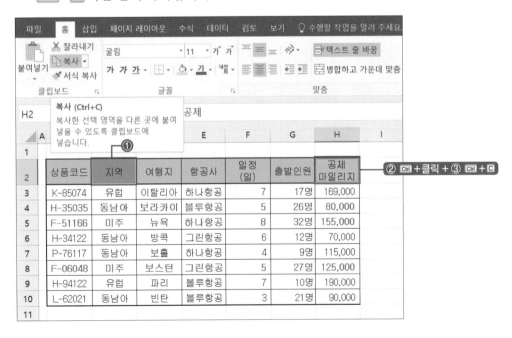

2 조건 위치 [B13] 셀을 클릭한 후 Ctrl + V 키를 눌러 붙여넣기를 합니다.

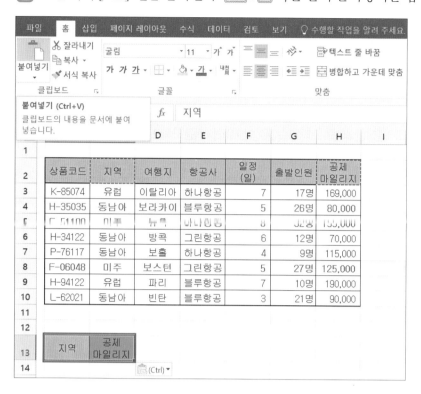

3 [B14] 셀에 「동남아」, [C14] 셀에 「>=80000」을 입력합니다.

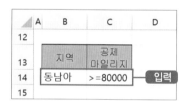

4 [B2:H10] 영역을 범위 지정한 후 [데이터] 탭의 [정렬 및 필터] 그룹에서 [고급]을 클릭합니다.

5 [고급 필터] 대화상자에 다음과 같이 입력하고 [확인] 단추를 클릭합니다.

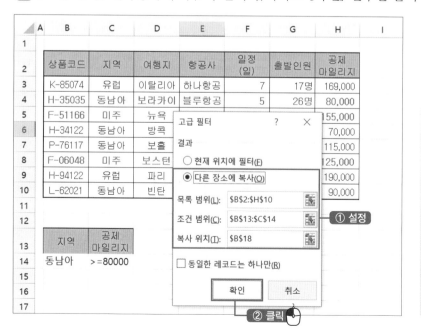

- 결과[다른 장소에 복사] : 다른 위치에 결과를 추출하기 위해 지정
- 목록 범위[B2:H10] : 실제 가져올 데이터가 있는 위치
- 조건 범위[B13:C14] : 조건을 입력한 영역
- 복사 위치[B18] : 데이터를 추출하여 실제 표시할 위치(모든 데이터를 추출할 때에는 시작 하는 셀만 지정)

⑥ 조건에 만족한 데이터가 추출되었는지 확인 후 [파일] – [저장] 또는 [빠른 실행 도구 모음]의 [저장 🖫]을 클릭합니다.

> 조건 고급필터의 결과 셀을 '채우기 없음'으로 설정한 후 '표 스타일 보통2'의 서식을 적용하시오.
> – 머리글 행, 줄무늬 행을 적용하시오.

① [B18:H21] 영역을 범위 지정한 후 [홈] 탭의 [글꼴] 그룹에서 [채우기 색 🖎-] 도구를 클릭하여 '채우기 없음'을 클릭합니다.

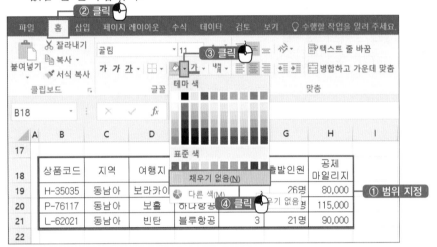

② 고급 필터 결과[B18:H21] 영역 안에 커서를 두고 [홈] 탭의 [스타일] 그룹에서 [표 서식]에서 '표 스타일 보통2'를 클릭합니다.

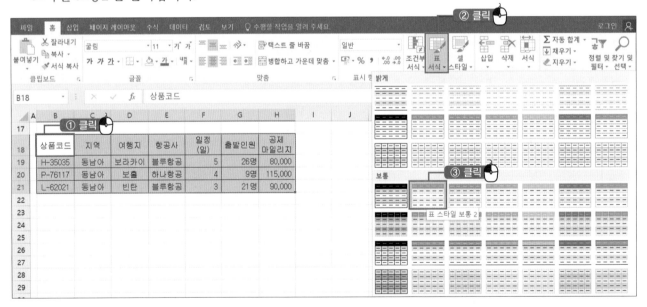

3 [표 서식] 대화상자에서 [B18:H21] 영역이 지정되어 있는지 확인 후 [확인] 단추를 클릭합니다.

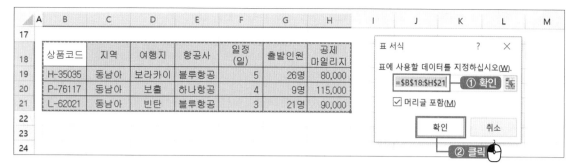

4 [표 도구] – [디자인] 탭의 [표 스타일 옵션]에서 '머리글 행', '줄무늬 행'이 체크가 되어 있는지 확인
하니다.

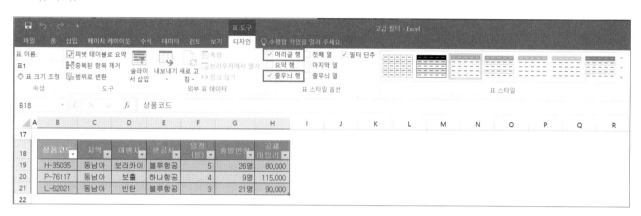

실력 향상을 위한 실전 연습문제

● 예제/정답 파일은 [자료실]에서 다운로드 받으세요.

●예제 파일 : 실전고급1.xlsx, 정답 파일 : 실전고급1(정답).xlsx

22 다음 조건에 따라 엑셀 파일을 작성하시오.

☞ "제1작업" 시트의 「B4:H12」 영역을 복사하여 "제2작업" 시트의 「B2」 셀부터 모두 붙여넣기를 한 후 다음의 조건과 같이 작업하시오.

조건

(1) 고급필터 - 구분이 '소화제'가 아니면서, 평균가격(원)이 '1,000' 이상인 자료의 데이터만 추출하시오.
    - 조건 범위 : 「B13」 셀부터 입력하시오.
    - 복사 위치 : 「B18」 셀부터 나타나도록 하시오.

(2) 표 서식 - 고급필터의 결과 셀을 채우기 없음으로 설정한 후 '표 스타일 보통 6'의 서식을 적용하시오.
    - 머리글 행, 줄무늬 행을 적용하시오.

출력형태

	코드	제품명	제조사	구분	규격 (ml/캡셀/g)	평균가격 (원)	최저가격
	HY1955	챔프	동아제약	해열진통제	10	2,000	1,600원
	SE1987	부루펜시럽	삼일제약	해열진통제	90	4,300	3,900원
	DH1980	후시딘	동화약품	외용연고제	10	5,200	4,500원

●예제 파일 : 실전고급2.xlsx, 정답 파일 : 실전고급2(정답).xlsx

23 다음 조건에 따라 엑셀 파일을 작성하시오.

☞ "제1작업" 시트의 「B4:H12」 영역을 복사하여 "제2작업" 시트의 「B2」 셀부터 모두 붙여넣기를 한 후 다음의 조건과 같이 작업하시오.

조건

(1) 고급필터 - 분류가 '자동차'이거나, 판매가격(단위: 원)이 '100,000' 이상인 자료의 데이터만 추출하시오.
    - 조건 범위 : 「B13」 셀부터 입력하시오.
    - 복사 위치 : 「B18」 셀부터 나타나도록 하시오.

(2) 표 서식 - 고급필터의 결과 셀을 채우기 없음으로 설정한 후 '표 스타일 보통 4'의 서식을 적용하시오.
    - 머리글 행, 줄무늬 행을 적용하시오.

출력형태

	대여코드	제품명	분류	대여기간	판매가격 (단위:원)	4주 대여가격 (단위:원)	대여수량
	GW-03	페달트랙터	자동차	15주	125,000	33,000	17
	CE-13	레이싱카	자동차	5주	65,000	28,000	19
	DW-01	디보쏘서	쏘서	10주	105,000	26,000	12
	CQ-02	미니카	자동차	6주	78,000	28,000	20

[제 3 작업] 정렬 및 부분합

무료 동영상

부분합을 실행하기 전에 반드시 그룹화할 항목을 기준으로 정렬을 해야 합니다. 또한 2차 부분합부터는 '새로운 값으로 대치'의 체크를 해제한 후 실행합니다. 도출된 부분합 결과에 윤곽 지우기를 실행합니다.

[제 3 작업] 피벗 테이블 (80점)   ● 예제 파일 : 부분합.xlsx, 정답 파일 : 부분합(정답).xlsx

☞ "제1작업" 시트의 「B4:H12」영역을 복사하여 "제3작업" 시트의 「B2」셀부터 모두 붙여넣기를 한 후 다음의 조건과 같이 작업하시오.

≪조건≫

(1) 부분합 – ≪출력형태≫처럼 정렬하고, 여행지의 개수와 공제 마일리지의 평균을 구하시오.
(2) 윤곽 – 지우시오.
(3) 나머지 사항은 ≪출력형태≫에 맞게 작성하시오.

≪출력형태≫

	상품코드	지역	여행지	항공사	일정(일)	출발인원	공제 마일리지
	K-85074	유럽	이탈리아	하나항공	7	17명	169,000
	F-51166	미주	뉴욕	하나항공	8	32명	155,000
	P-76117	동남아	보홀	하나항공	4	9명	115,000
				하나항공 평균			146,333
			3	하나항공 개수			
	H-35035	동남아	보라카이	블루항공	5	26명	80,000
	H-94122	유럽	파리	블루항공	7	10명	190,000
	L-62021	동남아	빈탄	블루항공	3	21명	90,000
				블루항공 평균			120,000
			3	블루항공 개수			
	H-34122	동남아	방콕	그린항공	6	12명	70,000
	F-06048	미주	보스턴	그린항공	5	27명	125,000
				그린항공 평균			97,500
			2	그린항공 개수			
				전체 평균			124,250
			8	전체 개수			

핵심 체크

① 그룹화할 항목으로 정렬([데이터] 탭의 [정렬 및 필터] 그룹에서 [텍스트 오름차순(내림) 정렬] 또는 [정렬]
② [데이터] 탭의 [윤곽선] 그룹에서 [부분합]
③ 2차 부분합 실행 시 '새로운 값으로 대치' 항목의 체크를 해제
④ [데이터] 탭의 [윤곽선] 그룹에서 [그룹 해제]-[윤곽 지우기]

> **조건** "제1작업" 시트의 「B4:H12」 영역을 복사하여 "제2작업" 시트의 「B2」 셀부터 모두 붙여넣기를 한 후 다음의 조건과 같이 작업하시오.
>
> (1) 부분합 – 《출력형태》처럼 정렬하고, 여행지의 개수와 공제 마일리지의 평균을 구하시오.

1 '부분합.xlsx' 파일의 '제1작업' 시트에서 [B4:H12] 영역을 범위 지정한 후 Ctrl+C 키를 눌러 복사합니다.

2 '제3작업' 시트의 [B2] 셀을 클릭한 후 Ctrl+V 키를 눌러 붙여넣기를 합니다. 만약, 복사된 내용이 '#####'으로 표시되면 열 머리글 사이에서 더블클릭하여 열 너비를 조절합니다.

3 [E2] 셀의 '항공사'를 선택한 후 [데이터] 탭의 [정렬 및 필터] 그룹에서 [텍스트 내림차순 정렬 힣] 도구를 클릭합니다.

 * 정렬은 《출력형태》에 제시된 그림을 참고하여 그룹화된 항목을 기준으로 정렬 기준이 되고, '오름차순'인지 '내림차순'인지를 판단합니다.

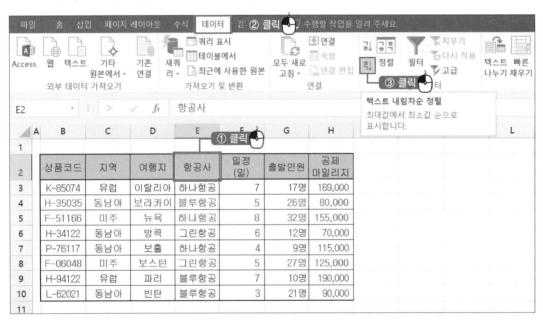

4 '항공사'를 기준으로 내림차순으로 되어 있는지 확인합니다.

상품코드	지역	여행지	항공사	일정(일)	출발인원	공제 마일리지
K-85074	유럽	이탈리아	하나항공	7	17명	169,000
F-51166	미주	뉴욕	하나항공	8	32명	155,000
P-76117	동남아	보홀	하나항공	4	9명	115,000
H-35035	동남아	보라카이	블루항공	5	26명	80,000
H-94122	유럽	파리	블루항공	7	10명	190,000
L-62021	동남아	빈탄	블루항공	3	21명	90,000
H-34122	동남아	방콕	그린항공	6	12명	70,000
F-06048	미주	보스턴	그린항공	5	27명	125,000

조건   (1) 부분합 – ≪출력형태≫처럼 정렬하고, 여행지의 개수와 공제 마일리지의 평균을 구하시오.

1 데이터 안쪽에 커서를 두고 [데이터] 탭의 [윤곽선] 그룹에서 [부분합]을 클릭합니다.

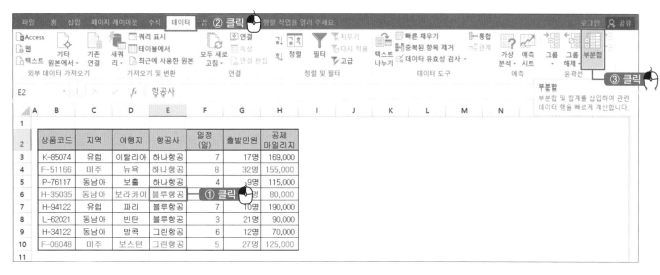

2 [부분합] 대화상자에서 다음과 같이 지정하고 [확인] 단추를 클릭합니다.

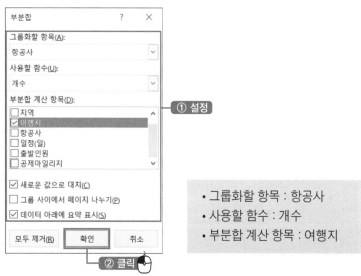

• 그룹화할 항목 : 항공사
• 사용할 함수 : 개수
• 부분합 계산 항목 : 여행지

Check Point

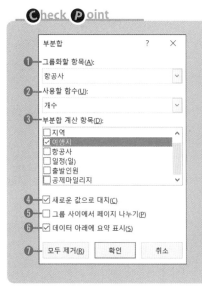

[부분합] 대화상자

❶ 그룹화할 항목 : 부분합을 구할 기준 필드를 지정(정렬이 된 필드)

❷ 사용할 함수 : 부분합을 계산할 때 사용할 함수 선택

❸ 부분합 계산 항목 : 부분합을 계산할 필드를 선택

❹ 새로운 값으로 대치 : 기존 값을 새로운 부분합 값으로 대치할지, 기존 값을 보존하고 새로운 부분합을 추가로 표시할지 선택

❺ 그룹 사이에서 페이지 나누기 : 그룹과 그룹 사이에 페이지를 나누어 인쇄할지, 하나의 용지에 연속적으로 인쇄할지 결정

❻ 데이터 아래에 요약 표시 : 요약 결과를 표시할지 결정

❼ 모두 제거 : 부분합을 해제할 때 사용

3 데이터 안쪽에 커서를 두고 다시 [데이터] 탭의 [윤곽선] 그룹에서 [부분합]을 클릭합니다.

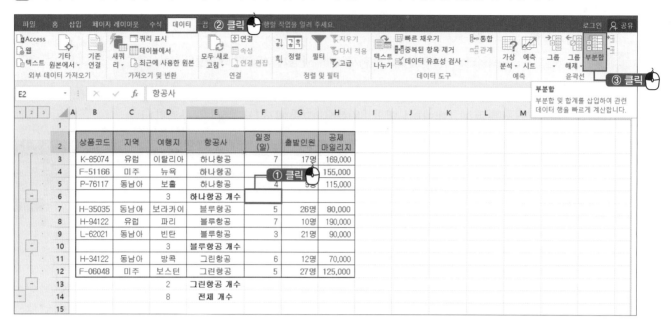

4 [부분합] 대화상자에서 다음과 같이 지정하고 [확인] 단추를 클릭합니다. 개수와 평균을 모두 표시하기 위해서는 꼭 새로운 값으로 대치가 해제되어야 합니다.

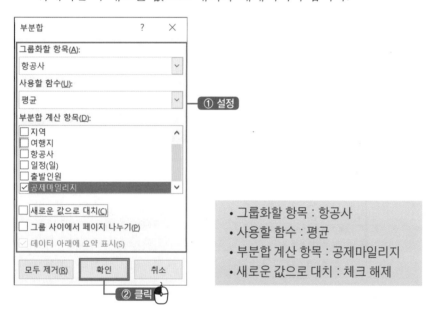

- 그룹화할 항목 : 항공사
- 사용할 함수 : 평균
- 부분합 계산 항목 : 공제마일리지
- 새로운 값으로 대치 : 체크 해제

단계 3 윤곽 지우기

조건 (2) 윤곽 – 지우시오.

1 데이터 안쪽에 커서를 두고 [데이터] 탭의 [윤곽선] 그룹에서 [그룹 해제]-[윤곽 지우기]를 클릭합니다.

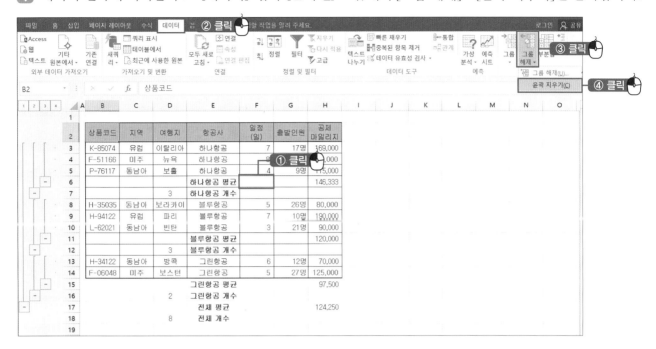

윤곽 기호

- 1 : 전체 결과만 표시
- 2 : 부분합의 결과 표시
- 3 : 부분합의 결과, 데이터를 표시
- − : 하위 그룹 데이터를 숨기고 부분합의 결과만 표시
- + : 하위 그룹 데이터와 부분합의 결과 표시

2 부분합의 윤곽이 지워지면 [파일] - [저장] 또는 [빠른 실행 도구 모음]의 [저장 💾]을 클릭합니다.

부분합 제거

부분합을 잘못 작성하였을 때에는 [데이터] 탭의 [윤곽선] 그룹에서 [부분합]을 클릭하여 [부분합] 대화 상자에서 왼쪽 하단에 [모두 제거] 단추를 클릭합니다.

● 예제/정답 파일은 [자료실]에서 다운로드 받으세요.

●예제 파일 : 실전부분합1.xlsx, 정답 파일 : 실전부분합1(정답).xlsx

24 다음 조건에 따라 엑셀 파일을 작성하시오.

☞ "제1작업" 시트의 「B4:H12」영역을 복사하여 "제3작업" 시트의「B2」셀부터 모두 붙여넣기를 한 후 다음의 조건과 같이 작업하시오.

조건
(1) 부분합 – ≪출력형태≫처럼 정렬하고, 제품명의 개수와 최저가격의 평균을 구하시오.
(2) 윤곽 – 지우시오.
(3) 나머지 사항은 ≪출력형태≫에 맞게 작성하시오.

출력형태

	코드	제품명	제조사	구분	규격 (ml/캅셀/g)	평균가격 (원)	최저가격
HY1955	챔프	동아제약	해열진통제	10	2,000	1,600원
DA1956	판피린큐	동아제약	해열진통제	20	400	350원
SE1987	부루펜시럽	삼일제약	해열진통제	90	4,300	3,900원
			해열진통제 평균			1,950원
	3		해열진통제 개수			
GY1958	포타디연고	삼일제약	외용연고제	75	500	400원
DH1980	후시딘	동화약품	외용연고제	10	5,200	4,500원
			외용연고제 평균			2,450원
	2		외용연고제 개수			
DH1897	위생천	광동제약	소화제	75	580	500원
DG1985	애시논액	동아제약	소화제	10	4,800	4,150원
HD1957	생록천	광동제약	소화제	75	500	420원
			소화제 평균			1,690원
	3		소화제 개수			
			전체 평균			1,978원
	8		전체 개수			

● 예제/정답 파일은 [자료실]에서 다운로드 받으세요.

●예제 파일 : 실전부분합2.xlsx, 정답 파일 : 실전부분합2(정답).xlsx

25 **다음 조건에 따라 엑셀 파일을 작성하시오.**

☞ "제1작업" 시트의 「B4:H12」영역을 복사하여 "제3작업" 시트의「B2」셀부터 모두 붙여넣기를 한 후 다음의 조건과 같이 작업하시오.

조건 ⑴ 부분합 – ≪출력형태≫처럼 정렬하고, 제품명의 개수와 4주 대여가격(단위:원)의 평균을 구하시오.

⑵ 윤곽 – 지우시오.

⑶ 나머지 사항은 ≪출력형태≫에 맞게 작성하시오.

출력형태

A	B	C	D	E	F	G	H	I
1								
2	대여코드	제품명	분류	대여기간	판매가격(단위:원)	4주 대여가격(단위:원)	대여수량	
3	GW-03	페달트랙터	자동차	15주	125,000	33,000	17	
4	CE-13	레이싱카	자동차	5주	65,000	28,000	19	
5	CQ-02	미니카	자동차	6주	78,000	28,000	20	
6			자동차 평균			29,667		
7		3	자동차 개수					
8	DC-12	워크어라운드	쏘서	6주	95,000	33,000	6	
9	DW-01	디보쏘서	쏘서	10주	105,000	26,000	12	
10			쏘서 평균			29,500		
11		2	쏘서 개수					
12	PK-01	물놀이세트	놀이세트	12주	17,000	33,000	15	
13	WB-12	구름빵 놀이터	놀이세트	8주	42,000	23,000	14	
14	PX-02	스포츠센터	놀이세트	10주	56,000	30,000	7	
15			놀이세트 평균			28,667		
16		3	놀이세트 개수					
17			전체 평균			29,250		
18		8	전체 개수					
19								

[제3작업] 피벗 테이블

무료 동영상

문제에서 주어진 내용으로 피벗 테이블을 작성해야 하며, 피벗 테이블 옵션 설정을 이용하여 작성된 피벗 테이블에 부가 기능을 추가해야 합니다.

[제 3 작업] 피벗 테이블 (80점)　　　　●예제 파일 : 피벗테이블.xlsx, 정답 파일 : 피벗테이블(정답).xlsx

☞ "제1작업" 시트를 이용하여 "제3작업" 시트에 조건에 따라 ≪출력형태≫와 같이 작업하시오.

≪조건≫

(1) 출발인원 및 항공사별 지역의 개수와 공제마일리지의 평균을 구하시오.

(2) 출발인원을 그룹화하고, 항공사를 ≪출력형태≫와 같이 정렬하시오.

(3) 레이블이 있는 셀 병합 및 가운데 맞춤 적용과 빈 셀은 '***'로 표시하시오.

(4) 행의 총합계를 지우고, 나머지 사항은 ≪출력형태≫에 맞게 작성하시오.

≪출력형태≫

◢ A	B	C	D	E	F	G	H
1							
2		항공사 ↓					
3			하나항공		블루항공		그린항공	
4	출발인원 ▾	개수 : 지역	평균 : 공제마일리지	개수 : 지역	평균 : 공제마일리지	개수 : 지역	평균 : 공제마일리지
5	1-10	1	115,000	1	190,000	***	***
6	11-20	1	169,000	***	***	1	70,000
7	21-30	***	***	2	85,000	1	125,000
8	31-40	1	155,000	***	***	***	***
9	총합계	3	146,333	3	120,000	2	97,500
10							

핵심 체크

① [삽입] 탭의 [표] 그룹에서 [피벗 테이블] 작성

"제1작업" 시트를 이용하여 "제3작업" 시트에 조건에 따라 ≪출력형태≫와 같이 작업하시오.

(1) 출발인원 및 항공사별 지역의 개수와 공제마일리지의 평균을 구하시오.

1 '피벗테이블.xlsx' 파일 '제1작업' 시트의 [B4:H12] 영역을 범위 지정한 후 [삽입] 탭의 [표] 그룹에서 [피벗 테이블]을 클릭합니다.

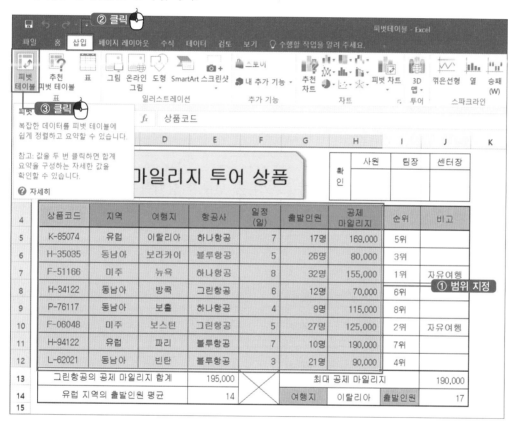

2 [피벗 테이블 만들기] 대화상자에서 '기존 워크시트'를 선택한 후 '제3작업' 시트의 [B2] 셀을 클릭하고 [확인] 단추를 클릭합니다.

3 [피벗 테이블 필드 목록]에서 '출발인원'은 '행 레이블', '항공사'는 '열 레이블', '지역'과 '공제마일리지'는 '값'에 드래그합니다.

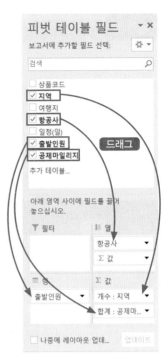

4 [D4] 셀의 '합계 : 공제마일리지'를 클릭한 후 마우스 오른쪽 단추를 클릭하여 [값 필드 설정]을 클릭합니다.

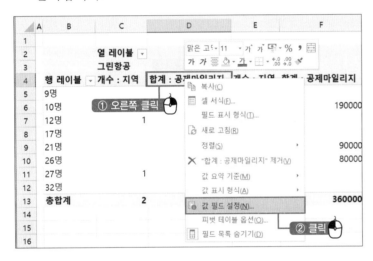

5 [값 필드 설정] 대화상자에서 '평균'을 선택하고, 사용자 지정 이름에 "평균 : 공제마일리지"로 수정하고 [확인] 단추를 클릭합니다.

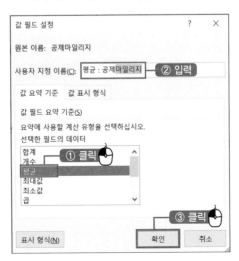

> **조건** (2) 출발인원을 그룹화하고, 항공사를 ≪출력형태≫와 같이 정렬하시오.
>
> (3) 레이블이 있는 셀 병합 및 가운데 맞춤 적용과 빈 셀은 '***'로 표시하시오.
>
> (4) 행의 총합계를 지우고, 나머지 사항은 ≪출력형태≫에 맞게 작성하시오.

1 [B5] 셀에서 마우스 오른쪽 단추를 클릭하여 [그룹]을 클릭합니다.

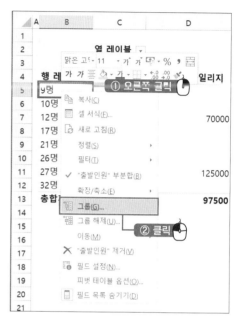

2 [그룹화] 대화상자에서 시작은 「1」, 끝은 「40」, 단위 「10」을 입력하고 [확인] 단추를 클릭합니다.

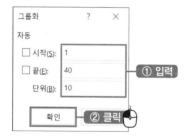

3 피벗 테이블 안쪽에 커서를 두고 [피벗 테이블 도구] − [분석] 탭의 [피벗 테이블] 그룹에서 [옵션]을 클릭합니다.

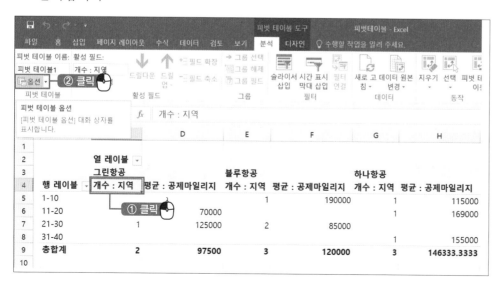

4 [피벗 테이블 옵션] 대화상자의 [레이아웃 및 서식] 탭에서 '레이블이 있는 셀 병합 및 가운데 맞춤'을 체크하고, '빈 셀 표시'에 「＊＊＊」을 입력합니다.

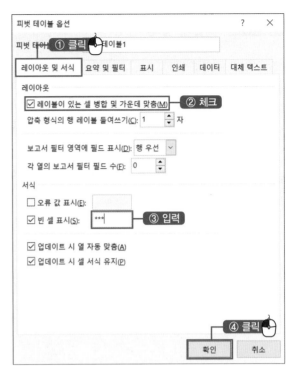

5 [요약 및 필터] 탭에서 '행 총합계 표시' 체크를 해제하고 [확인] 단추를 클릭합니다.

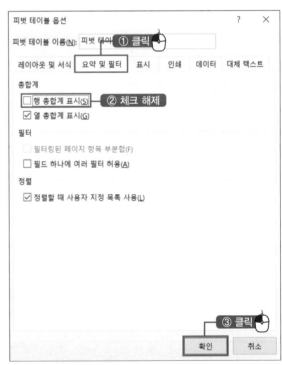

6 열 머리글 [C2] 셀에 「항공사」, 행 머리글 [B4] 셀에 「출발인원」을 입력합니다.

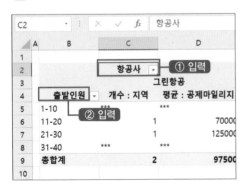

7 [C2] 셀의 '항공사'의 목록 단추 ▼를 클릭하여 [텍스트 내림차순 정렬]을 클릭합니다.

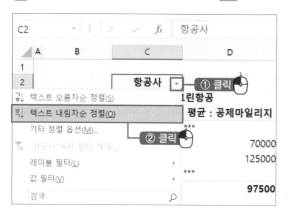

8 [C5:H9] 영역을 범위 지정한 후 [홈] 탭의 [맞춤] 그룹에서 [가운데 맞춤 ▤] 도구를 클릭합니다.

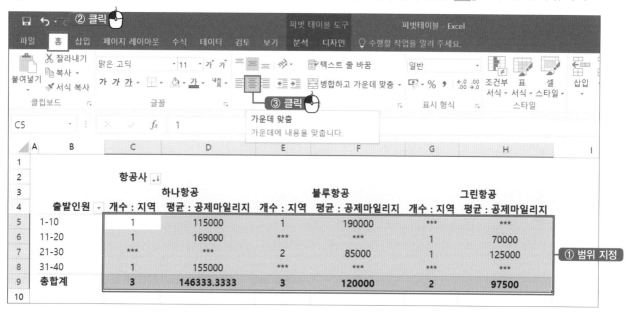

9 [C5:H9] 영역을 범위 지정한 후 [홈] 탭의 [표시 형식] 그룹에서 [쉼표 스타일 ,] 도구를 클릭합니다.

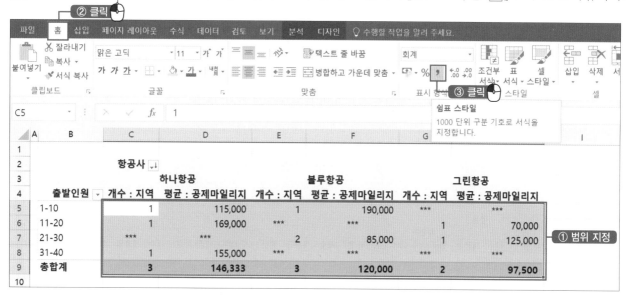

실력 향상을 위한 실전 연습문제

● 예제/정답 파일은 [자료실]에서 다운로드 받으세요.

● 예제 파일 : 실전피벗1.xlsx, 정답 파일 : 실전피벗1(정답).xlsx

26 다음 조건에 따라 엑셀 파일을 작성하시오.

☞ "제1작업" 시트를 이용하여 "제3작업" 시트에 조건에 따라 ≪출력형태≫와 같이 작업하시오.

조건 (1) 최저가격 및 구분별 제품명의 개수와 평균가격(원)의 최소값을 구하시오.
(2) 최저가격을 그룹화하고, 구분을 ≪출력형태≫와 같이 정렬하시오.
(3) 레이블이 있는 셀 병합 및 가운데 맞춤 적용과 빈 셀은 '***'로 표시하시오.
(4) 행의 총합계를 지우고, 나머지 사항은 ≪출력형태≫에 맞게 작성하시오.

출력형태

A	B	구분 ↓						
			해열진통제			외용연고제		소화제
	최저가격 ▾	개수 : 제품명	최소값 : 평균가격(원)	개수 : 제품명	최소값 : 평균가격(원)	개수 : 제품명	최소값 : 평균가격(원)	개수 : 제품명	최소값 : 평균가격(원)
	1-1000	1	400	1	500	2	500
	1001-2000	1	2,000	***	***	***	***
	3001-4000	1	4,300	***	***	***	***
	4001-5000	***	***	1	5,200	1	4,800
	총합계	3	400	2	500	3	500

● 예제 파일 : 실전피벗2.xlsx, 정답 파일 : 실전피벗2(정답).xlsx

27 다음 조건에 따라 엑셀 파일을 작성하시오.

☞ "제1작업" 시트를 이용하여 "제3작업" 시트에 조건에 따라 ≪출력형태≫와 같이 작업하시오.

조건 ≪조건≫
(1) 판매가격(단위: 원) 및 분류별 제품명의 개수와 4주 대여가격(단위: 원)의 평균을 구하시오.
(2) 판매가격(단위:원)을 그룹화하고, 분류를 ≪출력형태≫와 같이 정렬하시오.
(3) 레이블이 있는 셀 병합 및 가운데 맞춤 적용과 빈 셀은 '***'로 표시하시오.
(4) 행의 총합계를 지우고, 나머지 사항은 ≪출력형태≫에 맞게 작성하시오.

출력형태

A	B	분류 ↓						
			자동차			쏘서		놀이세트
	판매가격(단위:원) ▾	개수 : 제품명	평균 : 4주 대여가격(단위:원)	개수 : 제품명	평균 : 4주 대여가격(단위:원)	개수 : 제품명	평균 : 4주 대여가격(단위:원)	개수 : 제품명	평균 : 4주 대여가격(단위:원)
	1-50000	***	***	***	***	2	28,000
	50001-100000	2	28,000	1	33,000	1	30,000
	100001-150000	1	33,000	1	26,000	***	***
	총합계	3	29,667	2	29,500	3	28,667

[제4작업] 그래프

무료 동영상

차트를 작성하고 완성된 차트의 각 영역별 서식을 처리합니다.

[제 4 작업] 그래프 (100점)

● 예제 파일 : 그래프.xlsx, 정답 파일 : 그래프(정답).xlsx

☞ "제1작업" 시트를 이용하여 조건에 따라 ≪출력형태≫와 같이 작업하시오.

≪조건≫

(1) 차트 종류 ⇒ 〈묶은 세로 막대형〉으로 작업하시오.
(2) 데이터 범위 ⇒ "제1작업" 시트의 내용을 이용하여 작업하시오.
(3) 위치 ⇒ "새 시트"로 이동하고, "제4작업"으로 시트 이름을 바꾸시오.
(4) 차트 디자인 도구 ⇒ 레이아웃 3, 스타일 6을 선택하여 ≪출력형태≫에 맞게 작업하시오.
(5) 영역 서식 ⇒ 차트 : 글꼴(굴림, 11pt), 채우기 효과(질감 – 파랑 박엽지), 그림 : 채우기(흰색, 배경1)
(6) 제목 서식 ⇒ 차트 제목 : 글꼴(굴림, 굵게, 20pt), 채우기(흰색, 배경1), 테두리
(7) 서식 ⇒ 출발인원 계열의 차트 종류를 〈표식이 있는 꺾은선형〉으로 변경한 후 보조 축으로 지정하시오.
　　　　　계열 : ≪출력형태≫를 참조하여 표식(네모, 크기 10)과 레이블 값을 표시하시오.
　　　　　눈금선 : 선 스타일 – 파선
　　　　　축 : ≪출력형태≫를 참조하시오.
(8) 범례 ⇒ 범례명을 변경하고 ≪출력형태≫를 참조하시오.
(9) 도형 ⇒ '모서리가 둥근 사각형 설명선'을 삽입한 후 ≪출력형태≫와 같이 내용을 입력하시오.
(10) 나머지 사항은 ≪출력형태≫에 맞게 작성하시오.

≪출력형태≫

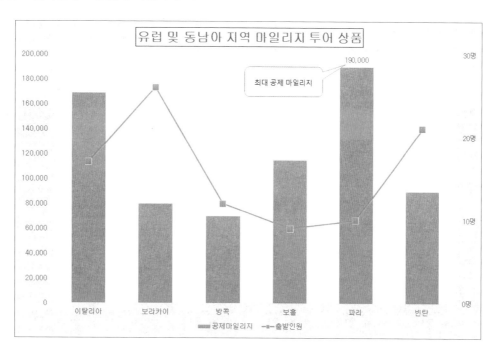

핵심 체크

① 새로운 시트로 작성
② 차트 작성 및 서식 설정

조건
(1) 차트 종류 ⇒ 〈묶은 세로 막대형〉으로 작업하시오.
(2) 데이터 범위 ⇒ "제1작업" 시트의 내용을 이용하여 작업하시오.
(3) 위치 ⇒ "새 시트"로 이동하고, "제4작업"으로 시트 이름을 바꾸시오.

1 '그래프.xlsx' 파일의 '제1작업' 시트의 [D4:D6], [G4:H6], [D8:D9], [G8:H9], [D11:D12], [G11:H12] 영역을 Ctrl 키를 이용하여 범위 지정한 후 [삽입] 탭의 [차트] 그룹에서 [세로 또는 가로 막대형 차트 삽입] – [2차원 세로 막대형] – [묶은 세로 막대형]을 클릭합니다.

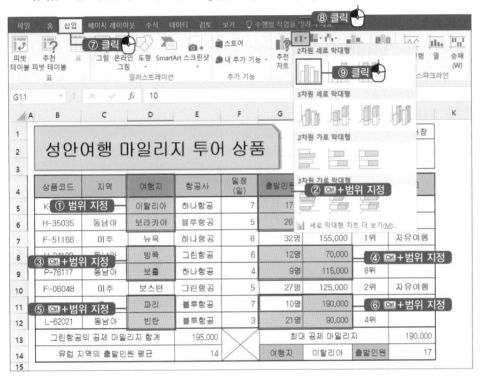

2 차트를 선택한 후 [차트 도구] – [디자인] 탭의 [위치] 그룹에서 [차트 이동]을 클릭합니다.

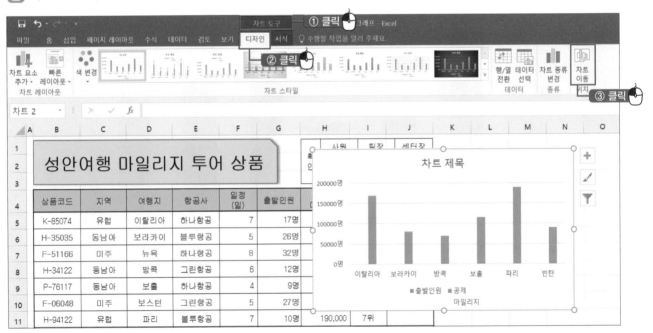

3 [차트 이동] 대화상자에서 '새 시트'를 선택한 후 "제4작업"을 입력하고 [확인] 단추를 클릭합니다.

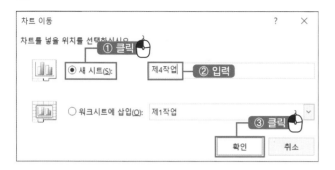

4 '제4작업' 시트명을 드래그하여 '제3작업' 시트 뒤로 이동합니다.

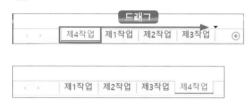

단계 2 차트 레이아웃과 스타일 적용

> **조건** (4) 차트 디자인 도구 ⇒ 레이아웃 3, 스타일 6을 선택하여 ≪출력형태≫에 맞게 작업하시오.

1 차트를 선택하고 [차트 도구] – [디자인] 탭의 [차트 레이아웃] 그룹에서 [빠른 레이아웃]을 클릭하여 '레이아웃 3'을 선택합니다.

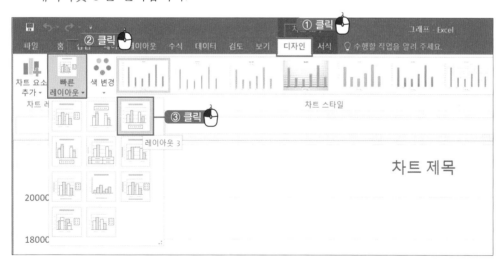

2 [차트 도구] – [디자인] 탭에서 [차트 스타일] 그룹에서 '스타일 6'을 클릭합니다.

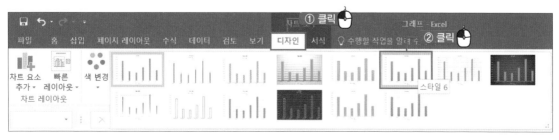

조건　(5) 영역 서식 ⇒ 차트 : 글꼴(굴림, 11pt), 채우기 효과(질감-파랑 박엽지), 그림 : 채우기(흰색, 배경1)

1 차트 영역을 마우스로 클릭한 후 [홈] 탭의 [글꼴] 그룹에서 '글꼴(굴림)', '크기(11)'을 선택합니다.

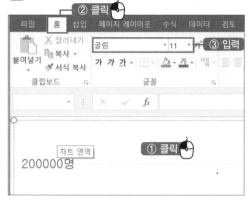

2 차트 영역에서 마우스 오른쪽 버튼을 클릭하여 [채우기]-[질감]을 클릭하여 '파랑 박엽지'를 클릭합니다.

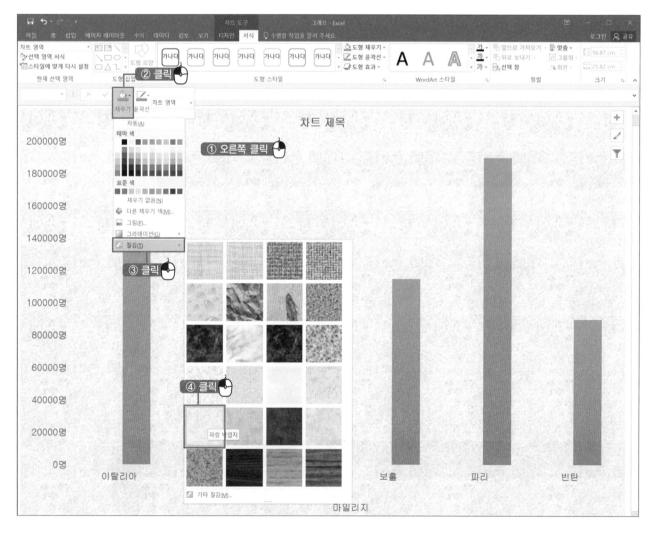

3 그림 영역에서 마우스 오른쪽 버튼을 클릭하여 [채우기]를 클릭하여 '흰색, 배경1'을 클릭합니다.

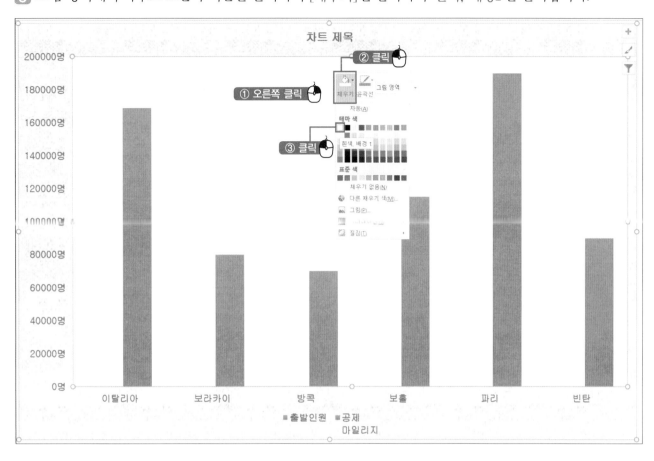

단계 4 차트 제목

조건 (6) 제목 서식 ⇒ 차트 제목 : 글꼴(굴림, 굵게, 20pt), 채우기(흰색, 배경1), 테두리

1 차트 제목 안쪽을 마우스로 클릭한 후 [홈] 탭의 [글꼴] 그룹에서 '글꼴(굴림)', '크기(20),' '굵게'를 지정합니다.

2 '차트 제목' 텍스트를 지우고「유럽 및 동남아 지역 마일리지 투어 상품」을 입력한 후 마우스 오른쪽 버튼을 클릭하고 [채우기]를 클릭하여 '흰색, 배경1'을 선택합니다.

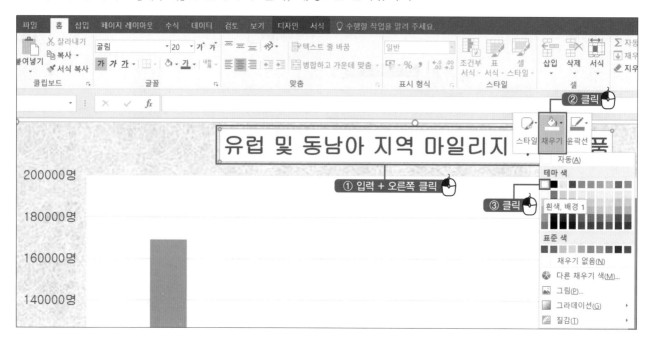

3 차트 제목을 선택한 후 마우스 오른쪽 버튼을 클릭하여 [윤곽선]을 클릭하고 '자동'을 선택합니다.

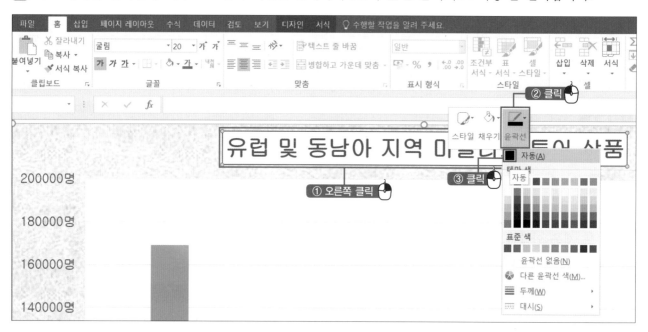

단계 5 **서식**

> **조건** (7) 서식 ⇒ 출발인원 계열의 차트 종류를 〈표식이 있는 꺾은선형〉으로 변경한 후 보조 축으로 지정하시오.
>
> 계열 : ≪출력형태≫를 참조하여 표식(네모, 크기 10)과 레이블 값을 표시하시오.
>
> 눈금선 : 선 스타일–파선
>
> 축 : ≪출력형태≫를 참조하시오.

1 차트를 선택한 후 [차트 도구]-[디자인] 탭의 [종류] 그룹에서 [차트 종류 변경]을 클릭합니다.

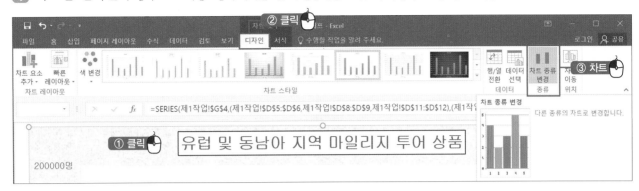

2 [차트 종류 변경] 대화상자에서 '콤보'를 선택한 후 '출발인원'은 '표식이 있는 꺾은선형', '보조 축'을 체크하고, '공제마일리지'는 '묶은 세로 막대형'을 선택한 후 [확인] 단추를 클릭합니다.

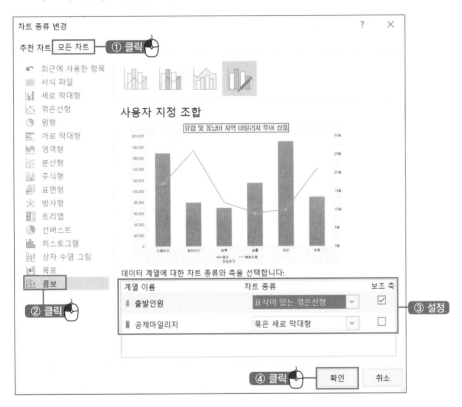

3 꺾은선형을 선택한 후 마우스 오른쪽 버튼을 클릭하여 [데이터 계열 서식] 메뉴를 클릭합니다.

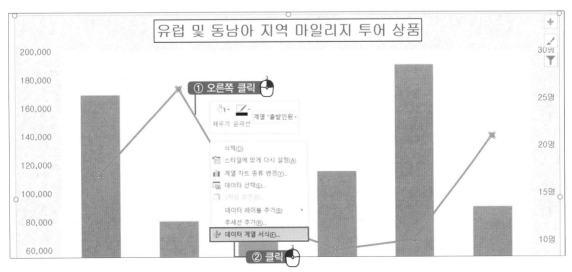

4 [데이터 계열 서식]에서 [채우기 및 선]을 클릭합니다.

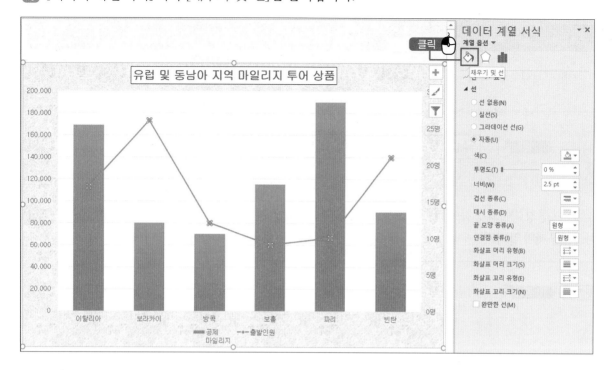

5 '표식'을 선택한 후 '표식 옵션'을 클릭하여 '기본 제공'을 선택하고 형식에서 '네모' 모양을 선택합니다.

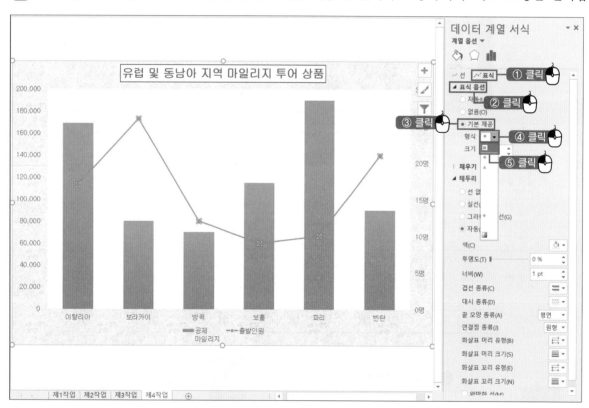

6 '표식 옵션'에서 크기를 '10'으로 수정합니다.

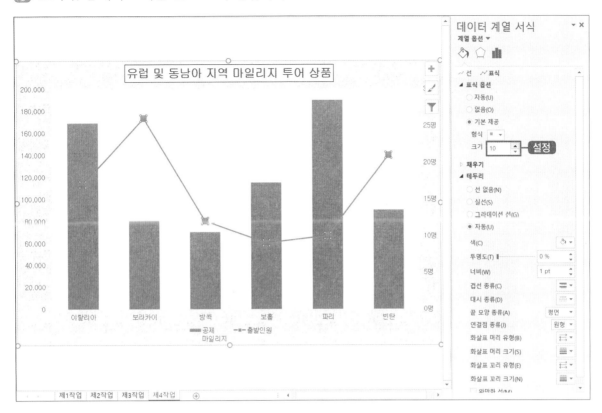

7 '공제마일리지' 계열을 클릭한 후 '파리' 요소를 다시 한번 클릭하여 '파리' 공제마일리지 요소만 선택한 후에 마우스 오른쪽 버튼을 클릭하여 [데이터 레이블 추가]를 클릭합니다.

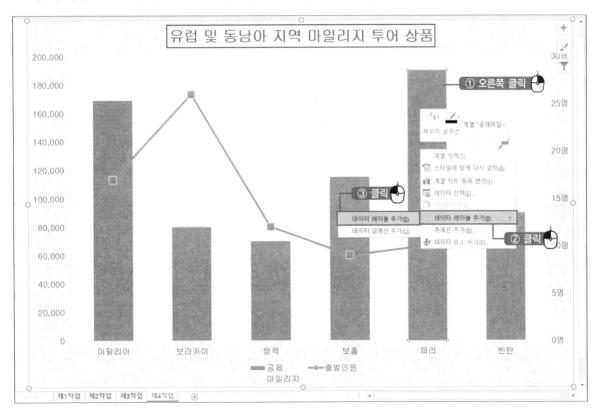

8 '눈금선'을 마우스로 클릭한 후 [주 눈금선 서식]의 [채우기 및 선]에서 '대시 종류(파선)'을 선택합니다.

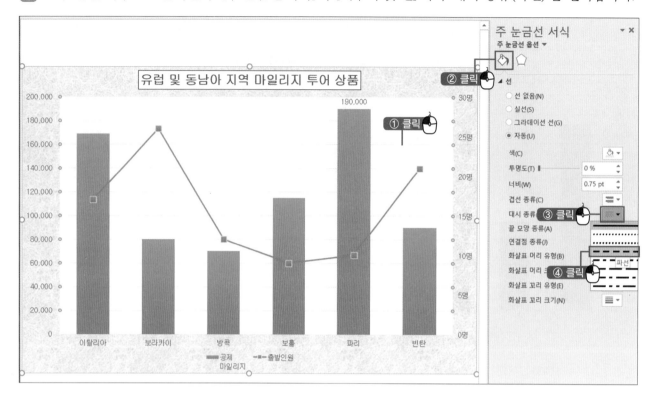

9 '보조 축'을 선택한 후 [축 서식]의 '축 옵션'을 클릭합니다.

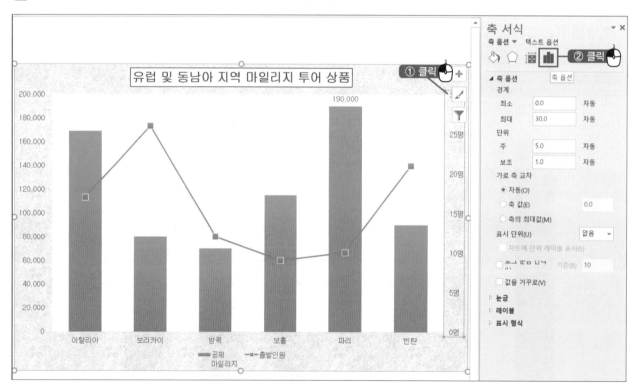

🔟 0명, 10명, 20명... 으로 표시하기 위해서 [축 옵션]에서 '단위'의 '주'에 「10」을 입력합니다.

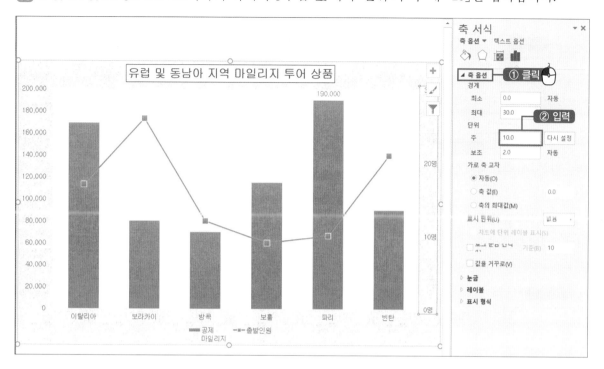

단계 6 범례명 변경

조건 (8) 범례 ⇒ 범례명을 변경하고 ≪출력형태≫를 참조하시오.

1️⃣ 차트를 선택한 후 [차트 도구] – [디자인] 탭에서 [데이터] 그룹에서 [데이터 선택]을 클릭합니다.

2️⃣ [데이터 원본 선택] 대화상자에서 '범례 항목(계열)'의 '출발인원'을 선택하고 [편집] 단추를 클릭합니다.

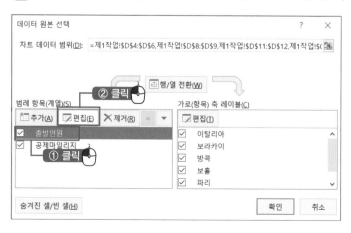

3 [계열 편집] 대화상자에서 '계열 이름'은「출발인원」을 입력하고 [확인] 단추를 클릭합니다.

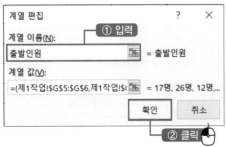

4 [데이터 원본 선택] 대화상자에서 '범례 항목(계열)'의 '공제마일리지'를 선택하고 [편집] 단추를 클릭합니다.

5 [계열 편집] 대화상자에서 '계열 이름'은「공제마일리지」를 입력하고 [확인] 단추를 클릭한 후 [데이터 원본 선택] 대화상자에서 [확인] 단추를 클릭합니다.

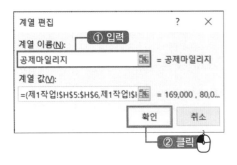

단계 7　도형 삽입

> **조건**　(9) 도형 ⇒ '모서리가 둥근 사각형 설명선'을 삽입한 후 ≪출력형태≫와 같이 내용을 입력하시오.

1 차트를 선택한 후 [차트 도구] – [서식] 탭의 [도형 삽입] 그룹에서 '자세히'를 클릭합니다.

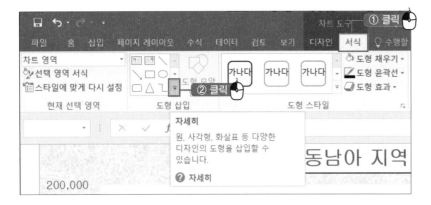

2 '설명선'의 '모서리가 둥근 사각형 설명선'을 선택합니다.

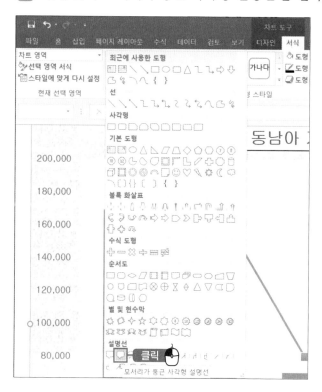

3 '모서리가 둥근 사각형 설명선'을 문제에 제시된 위치에 드래그하여 그린 후 조절점(●, ○)을 이용하여 모양을 수정합니다.

4 도형이 선택된 상태에서 키보드를 이용하여 「최대 공제 마일리지」를 입력합니다. [홈] 탭의 [글꼴] 그룹에서 [채우기 색] 도구를 클릭하여 '흰색, 배경1'을 선택합니다.

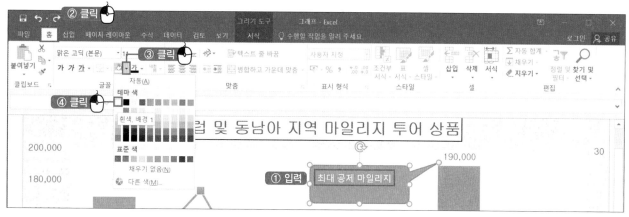

5 '모서리가 둥근 사각형 설명선' 도형의 경계라인을 클릭하여 모든 텍스트가 선택될 수 있도록 선택한 후 [홈] 탭의 [글꼴] 그룹에서 [글꼴 색 ‍] 도구를 클릭하여 '자동'을 선택합니다.

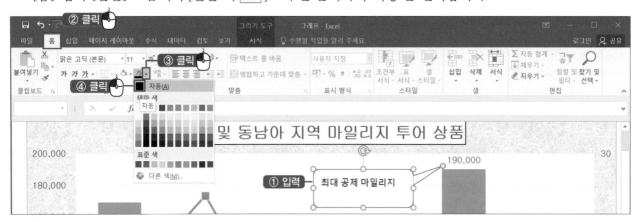

6 '모서리가 둥근 사각형 설명선' 도형의 경계라인이 선택된 상태에서 [홈] 탭의 [맞춤] 그룹의 [세로 가운데 맞춤 ‍] 도구, [가로 가운데 맞춤 ‍] 도구를 각각 클릭합니다.

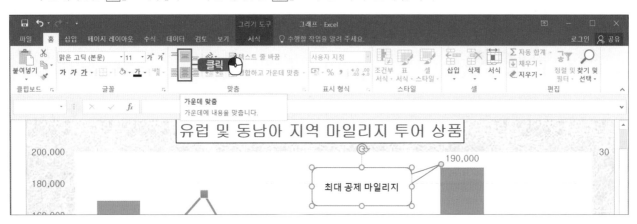

단계 8 **파일 저장 및 답안 전송**

1 [파일]-[저장] 메뉴를 클릭하여 저장합니다.

2 저장 경로 [내 PC₩문서₩ITQ]에 답안 파일이 있는지 확인한 후 답안작성 프로그램 (KOAS 수험자용)의 [답안 전송] 단추를 클릭하여 답안을 전송합니다. 상태에 성공이 라는 표시가 보이면 모든 시험이 마무리 됩니다.

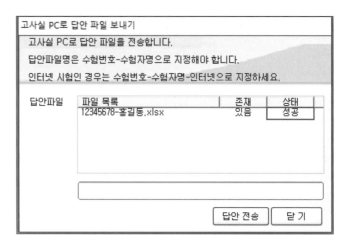

실력 향상을 위한 실전 연습문제

● 예제/정답 파일은 [자료실]에서 다운로드 받으세요.

●예제 파일 : 실전차트1.xlsx, 정답 파일 : 실전차트1(정답).xlsx

28 **다음 조건에 따라 엑셀 파일을 작성하시오.**

☞ "제1작업" 시트를 이용하여 조건에 따라 ≪출력형태≫와 같이 작업하시오.

조건

(1) 차트 종류 ⇒ 〈묶은 세로 막대형〉으로 작업하시오.

(2) 데이터 범위 ⇒ "제1작업" 시트의 내용을 이용하여 작업하시오.

(3) 위치 ⇒ "새시트"로 이동하고, "제4작업"으로 시트 이름을 바꾸시오.

(4) 차트 디자인 도구 ⇒ 레이아웃 3, 스타일 14를 선택하여 ≪출력형태≫에 맞게 작업하시오.

(5) 영역 서식 ⇒ 차트 : 글꼴(굴림 11pt), 채우기 효과(질감–파랑 박엽지)
　　　　　　　 그림 : 채우기(흰색, 배경1)

(6) 제목 서식 ⇒ 차트 제목 : 글꼴(굴림, 굵게, 20pt), 채우기(흰색, 배경1), 테두리

(7) 서식 ⇒ 평균가격(원) 계열의 차트 종류를 〈표식이 있는 꺾은선형〉으로 변경한 후 보조 축으로 지정하시오.
　　　　　 레이블 : ≪출력형태≫를 참조하여 표식(마름모, 크기 8)과 레이블 값을 표시하시오.
　　　　　 눈금선 : 선 스타일–파선
　　　　　 축 : ≪출력형태≫를 참조하시오

(8) 범례 ⇒ 범례명을 변경하고 ≪출력형태≫를 참조하시오.

(9) 도형 ⇒ '위쪽 리본'을 삽입하고 ≪출력형태≫와 같이 내용을 입력하시오.

(10) 나머지 사항은 ≪출력형태≫에 맞게 작성하시오.

출력형태

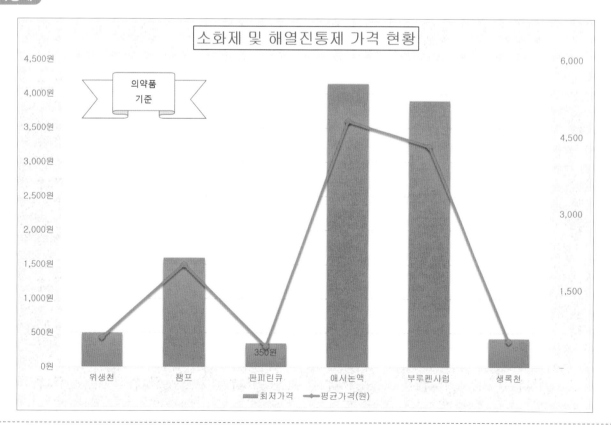

● 예제/정답 파일은 [자료실]에서 다운로드 받으세요.

●예제 파일 : 실전차트2.xlsx, 정답 파일 : 실전차트2(정답).xlsx

29 다음 조건에 따라 엑셀 파일을 작성하시오.

☞ "제1작업" 시트를 이용하여 조건에 따라 ≪출력형태≫와 같이 작업하시오.

조건

(1) 차트 종류 ⇒ 〈묶은 세로 막대형〉으로 작업하시오.

(2) 데이터 범위 ⇒ "제1작업" 시트의 내용을 이용하여 작업하시오.

(3) 위치 ⇒ "새시트"로 이동하고, "제4작업"으로 시트 이름을 바꾸시오.

(4) 차트 디자인 도구 ⇒ 레이아웃 3, 스타일 5를 선택하여 ≪출력형태≫에 맞게 작업하시오.

(5) 영역 서식 ⇒ 차트 : 글꼴(굴림 11pt), 채우기 효과(질감−파랑 박엽지)
　　　　　　　　그림 : 채우기(흰색, 배경1)

(6) 제목 서식 ⇒ 차트 제목 : 글꼴(굴림, 굵게, 20pt), 채우기(흰색, 배경1), 테두리

(7) 서식 ⇒ 대여기간 계열의 차트 종류를 〈표식이 있는 꺾은선형〉으로 변경한 후 보조 축으로 지정하시오.
　　　　　레이블 : ≪출력형태≫를 참조하여 표식(네모, 크기 8)과 레이블 값을 표시하시오.
　　　　　눈금선 : 선 스타일−파선
　　　　　축 : ≪출력형태≫를 참조하시오.

(8) 범례 ⇒ ≪출력형태≫를 참조하시오.

(9) 도형 ⇒ '모서리가 둥근 사각형 설명선'을 삽입하고 ≪출력형태≫와 같이 내용을 입력하시오.

(10) 나머지 사항은 ≪출력형태≫에 맞게 작성하시오.

출력형태

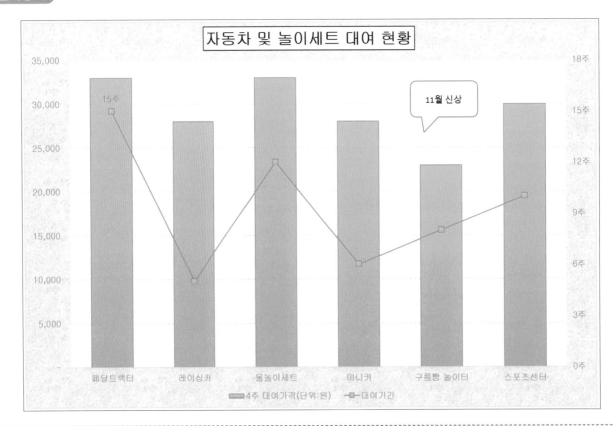

PART 2

기출유형
모의고사

Part 1에서 배운 시험에 나오는 엑셀 기능을 토대로 시험에 출제되는
다양한 기능과 형태를 익혀 어떠한 문제가 출제되더라도
해결할 수 있도록 학습효과를 높입니다.

※정답 파일과 동영상 강의는 [자료실]에서 다운로드하세요.

기출유형 모의고사

과목	코드	문제유형	시험시간	수험번호	성 명
한글엑셀	1122	A	60분	22006001	

수 험 자 유 의 사 항

◉ 수험자는 문제지를 받는 즉시 문제지와 **수험표상의 시험과목(프로그램)이 동일한지 반드시 확인**하여야 합니다.

◉ 파일명은 본인의 "수험번호-성명"으로 입력하여 답안폴더(내 PC₩문서₩ITQ)에 하나의 파일로 저장해야 하며, 답안문서 파일명이 "수험번호-성명"과 일치하지 않거나, 답안파일을 전송하지 않아 미제출로 처리될 경우 실격 처리합니다(예 : 내 PC₩ 문서₩ITQ₩12345678-홍길동.xlsx).

◉ 답안 작성을 마치면 파일을 저장하고, '답안 전송' 버튼을 선택하여 감독위원 PC로 답안을 전송하십시오. 수험생 정보와 저장한 파일명이 다를 경우 전송되지 않으므로 주의하시기 바랍니다.

◉ 답안 작성 중에도 **주기적으로 저장하고 답안을 전송**하여야 문제 발생을 줄일 수 있습니다. 작업한 내용을 저장하지 않고 전송할 경우 이전에 저장된 내용이 전송되오니 이점 유의하시기 바랍니다.

◉ 답안문서는 지정된 경로 외의 다른 보조기억장치에 저장하는 경우, 지정된 시험 시간 외에 작성된 파일을 활용할 경우, 기타 통신 수단(이메일, 메신저, 네트워크 등)을 이용하여 타인에게 전달 또는 외부 반출하는 경우는 부정 처리합니다.

◉ 시험 중 부주의 또는 고의로 시스템을 파손한 경우는 수험자가 변상해야 하며, 〈수험자 유의사항〉에 기재된 방법대로 이행하지 않아 생기는 불이익은 수험생 당사자의 책임임을 알려 드립니다.

◉ 문제의 조건은 MS-Office 2016버전으로 설정되어 있으니 유의하시기 바랍니다.

◉ 시험을 완료한 수험자는 답안파일이 전송되었는지 확인한 후 감독위원의 지시에 따라 문제지를 제출하고 퇴실합니다.

답 안 작 성 요 령

◉ 온라인 답안 작성 절차
  수험자 등록 ⇒ 시험 시작 ⇒ 답안파일 저장 ⇒ 답안 전송 ⇒ 시험 종료

◉ 문제는 총 4단계, 즉 제1작업부터 제4작업까지 구성되어 있으며 반드시 제1작업부터 순서대로 작성하고 조건대로 작업하시오.

◉ 모든 작업시트의 A열은 열 너비 '1'로, 나머지 열은 적당하게 조절하시오.

◉ 모든 작업시트의 테두리는 《출력형태》와 같이 작업하시오.

◉ 해당 작업란에서는 각각 제시된 조건에 따라 《출력형태》와 같이 작업하시오.

◉ 답안 시트 이름은 "제1작업", "제2작업", "제3작업", "제4작업"이어야 하며 답안 시트 이외의 것은 감점 처리됩니다.

◉ 각 시트를 파일로 나누어 작업해서 저장할 경우 실격 처리됩니다.

☞ 다음은 '제주도 객실 요금 및 예약 현황'에 대한 자료이다. 자료를 입력하고 조건에 맞도록 작업하시오.

출력형태

관리코드	장소	객실수	성수기 요금	비수기 요금	9월 예약인원	10월 예약인원	순위	구분
						결재 담당 / 대리 / 과장		
제주도 객실 요금 및 예약 현황								
BE-001	서귀포	35	210,000	130,000	995	250	(1)	(2)
FE-002	중문	210	385,000	240,000	7,282	3,334	(1)	(2)
SC-002	서귀포	41	385,000	230,000	1,328	586	(1)	(2)
GW-001	중문	419	490,000	330,000	12,950	5,985	(1)	(2)
SE-002	서귀포	13	164,000	99,000	419	238	(1)	(2)
XG-001	성산	90	175,000	150,000	2,498	1,126	(1)	(2)
XY-003	성산	13	157,000	100,000	340	130	(1)	(2)
ST-003	서귀포	390	305,000	210,000	11,104	5,098	(1)	(2)
중문을 제외한 지역의 10월 예약인원 평균		(3)			최저 성수기 요금			(5)
서귀포지역의 9월 예약인원 평균		(4)			관리코드	BE-001	성수기 요금	(6)

조건

○ 모든 데이터의 서식에는 글꼴(굴림, 11pt), 정렬은 숫자 및 회계 서식은 오른쪽 정렬, 나머지 서식은 가운데 정렬로 작성하며 예외적인 것은 《출력형태》를 참조하시오.

○ 제목 ⇒ 양쪽 모서리가 둥근 사각형과 바깥쪽 그림자 스타일(오프셋 오른쪽)을 이용하여 작성하고 "제주도 객실 요금 및 예약 현황"을 입력한 후 다음 서식을 적용하시오(글꼴–굴림, 24pt, 검정, 굵게, 채우기–노랑).

○ 임의의 셀에 결재란을 작성하여 그림으로 복사 기능을 이용하여 붙이기 하시오(단, 원본 삭제).

○ 「B4:J4, G14, I14」 영역은 '주황'으로 채우기 하시오.

○ 유효성 검사를 이용하여 「H14」 셀에 관리코드(「B5:B12」 영역)가 선택 표시되도록 하시오.

○ 셀 서식⇒ 「E5:F12」 영역에 셀 서식을 이용하여 숫자 뒤에 '원'을 표시하시오(예 : 200,000원).

○ 「E5:E12」 영역에 대해 '성수기요금'으로 이름정의를 하시오.

⊙ (1)~(6) 셀은 반드시 <u>주어진 함수</u>를 이용하여 값을 구하시오(결과 값을 직접 입력하면 해당 셀은 0점 처리됨).

(1) 순위 ⇒ 10월 예약인원의 내림차순 순위를 구한 결과값에 '위'를 붙이시오(RANK.EQ 함수, & 연산자)(예 : 1위).

(2) 구분 ⇒ 관리코드의 마지막 글자가 1이면 '호텔', 2이면 '리조트', 3이면 '펜션'으로 구하시오(CHOOSE, RIGHT 함수).

(3) 중문을 제외한 지역의 10월 예약인원 평균 ⇒ (SUMIF, COUNTIF 함수)

(4) 서귀포지역의 9월 예약인원 평균 ⇒ 조건은 입력데이터를 이용하시오(DAVERAGE 함수).

(5) 최저 성수기 요금 ⇒ 정의된 이름(성수기요금)을 이용하여 구하시오(MIN 함수).

(6) 성수기 요금 ⇒ 「H14」 셀에서 선택한 관리코드에 대한 성수기 요금을 구하시오(VLOOKUP 함수).

(7) 조건부 서식의 수식을 이용하여 9월 예약인원이 '10,000' 이상인 행 전체에 다음의 서식을 적용하시오(글꼴 : 파랑, 굵게).

☞ "제1작업" 시트의 「B4:H12」 영역을 복사하여 "제2작업" 시트의 「B2」 셀부터 모두 붙여넣기를 한 후 다음의 조건과 같이 작업하시오.

【 조건 】

(1) 목표값 찾기 – 「B11:G11」 셀을 병합하여 "10월 예약인원의 전체 평균"을 입력한 후 「H11」 셀에 10월 예약인원의 전체 평균을 구하시오(AVERAGE 함수, 테두리).

- '10월 예약인원의 전체 평균'이 '2,100'이 되려면 XY-003의 10월 예약인원이 얼마가 되어야 하는지 목표값을 구하시오.

(2) 고급필터 – 장소가 '중문'이거나 비수기 요금이 '200,000' 이상인 자료의 관리코드, 장소, 9월 예약인원, 10월 예약인원 데이터만 추출하시오.

- 조건 범위 : 「B14」 셀부터 입력하시오.
- 복사 위치 : 「B18」 셀부터 나타나도록 하시오.

☞ "제1작업" 시트의 「B4:H12」 영역을 복사하여 "제3작업" 시트의 「B2」 셀부터 모두 붙여넣기를 한 후 다음의 조건과 같이 작업하시오.

【 조건 】

(1) 부분합 – ≪출력형태≫처럼 정렬하고, 관리코드의 개수와 9월 예약인원의 최소값을 구하시오.
(2) 윤곽 – 지우시오.
(3) 나머지 사항은 ≪출력형태≫에 맞게 작성하시오.

【 출력형태 】

	A	B	C	D	E	F	G	H	I
1									
2		관리코드	장소	객실수	성수기 요금	비수기 요금	9월 예약인원	10월 예약인원	
3		FE-002	중문	210	385,000원	240,000원	7,282	3,334	
4		GW-001	중문	419	490,000원	330,000원	12,950	5,985	
5			중문 최소값				7,282		
6		2	중문 개수						
7		XG-001	성산	90	175,000원	150,000원	2,498	1,126	
8		XY-003	성산	13	157,000원	100,000원	340	130	
9			성산 최소값				340		
10		2	성산 개수						
11		BE-001	서귀포	35	210,000원	130,000원	925	250	
12		SC-002	서귀포	41	385,000원	230,000원	1,328	586	
13		SE-002	서귀포	13	164,000원	99,000원	419	238	
14		ST-003	서귀포	390	305,000원	210,000원	11,104	5,098	
15			서귀포 최소값				419		
16		4	서귀포 개수						
17			전체 최소값				340		
18		8	전체 개수						
19									

☞ "제1작업" 시트를 이용하여 조건에 따라 《출력형태》와 같이 작업하시오.

조건

(1) 차트 종류 ⇒ 〈묶은 세로 막대형〉으로 작업하시오.

(2) 데이터 범위 ⇒ "제1작업" 시트의 내용을 이용하여 작업하시오.

(3) 위치 ⇒ "새 시트"로 이동하고, "제4작업"으로 시트 이름을 바꾸시오.

(4) 차트 디자인 도구 ⇒ 레이아웃 3, 스타일 14를 선택하여 《출력형태》에 맞게 작업하시오.

(5) 영역 서식 ⇒ 차트 : 글꼴(굴림, 11pt), 채우기 효과(질감–파랑 박엽지)

　　　　　　그림 : 채우기(흰색, 배경1)

(6) 제목 서식 ⇒ 차트 제목 : 글꼴(굴림, 굵게, 20pt), 채우기(흰색, 배경1), 테두리

(7) 서식 ⇒ 비수기 요금 계열의 차트 종류를 〈표식이 있는 꺾은선형〉으로 변경한 후 보조 축으로 지정하시오.

　　　　계열 : 《출력형태》를 참조하여 표식(세모, 크기 8)과 레이블 값을 표시하시오.

　　　　눈금선 : 선 스타일 – 파선

　　　　축 : 《출력형태》를 참조하시오.

(8) 범례 ⇒ 범례명을 변경하고 《출력형태》를 참조하시오.

(9) 도형 ⇒ '모서리가 둥근 사각형 설명선'을 삽입하고 《출력형태》와 같이 내용을 입력하시오.

(10) 나머지 사항은 《출력형태》에 맞게 작성하시오.

출력형태

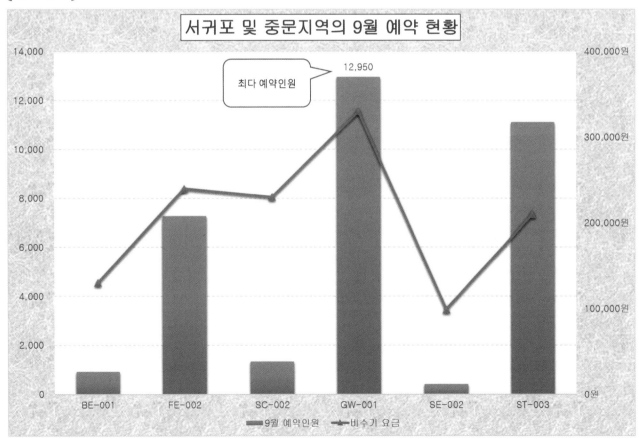

주의 시트명 순서가 차례대로 "제1작업", "제2작업", "제3작업", "제4작업"이 되도록 할 것.

2회 기출유형 모의고사

| 무료 동영상 |

과목	코드	문제유형	시험시간	수험번호	성 명
한글엑셀	1122	A	60분	31466002	

수 험 자 유 의 사 항

- 수험자는 문제지를 받는 즉시 문제지와 **수험표상의 시험과목(프로그램)이 동일한지 반드시 확인**하여야 합니다.

- 파일명은 본인의 "수험번호-성명"으로 입력하여 답안폴더(내 PC₩문서₩ITQ)에 하나의 파일로 저장해야 하며, 답안문서 파일명이 "수험번호-성명"과 일치하지 않거나, 답안파일을 전송하지 않아 미제출로 처리될 경우 실격 처리합니다(예 : 내 PC₩ 문서₩ITQ₩12345678-홍길동.xlsx).

- 답안 작성을 마치면 파일을 저장하고, '답안 전송' 버튼을 선택하여 감독위원 PC로 답안을 전송하십시오. 수험생 정보와 저장한 파일명이 다를 경우 전송되지 않으므로 주의하시기 바랍니다.

- 답안 작성 중에도 **주기적으로 저장하고 답안을 전송**하여야 문제 발생을 줄일 수 있습니다. 작업한 내용을 저장하지 않고 전송할 경우 이전에 저장된 내용이 전송되오니 이점 유의하시기 바랍니다.

- 답안문서는 지정된 경로 외의 다른 보조기억장치에 저장하는 경우, 지정된 시험 시간 외에 작성된 파일을 활용할 경우, 기타 통신 수단(이메일, 메신저, 네트워크 등)을 이용하여 타인에게 전달 또는 외부 반출하는 경우는 부정 처리합니다.

- 시험 중 부주의 또는 고의로 시스템을 파손한 경우는 수험자가 변상해야 하며, <수험자 유의사항>에 기재된 방법대로 이행하지 않아 생기는 불이익은 수험생 당사자의 책임임을 알려 드립니다.

- 문제의 조건은 MS-Office 2016버전으로 설정되어 있으니 유의하시기 바랍니다.

- 시험을 완료한 수험자는 답안파일이 전송되었는지 확인한 후 감독위원의 지시에 따라 문제지를 제출하고 퇴실합니다.

답 안 작 성 요 령

- 온라인 답안 작성 절차
  수험자 등록 ⇒ 시험 시작 ⇒ 답안파일 저장 ⇒ 답안 전송 ⇒ 시험 종료

- 문제는 총 4단계, 즉 제1작업부터 제4작업까지 구성되어 있으며 반드시 제1작업부터 순서대로 작성하고 조건대로 작업하시오.

- 모든 작업시트의 A열은 열 너비 '1'로, 나머지 열은 적당하게 조절하시오.

- 모든 작업시트의 테두리는 《출력형태》와 같이 작업하시오.

- 해당 작업란에서는 각각 제시된 조건에 따라 《출력형태》와 같이 작업하시오.

- 답안 시트 이름은 "제1작업", "제2작업", "제3작업", "제4작업"이어야 하며 답안 시트 이외의 것은 감점 처리됩니다.

- 각 시트를 파일로 나누어 작업해서 저장할 경우 실격 처리됩니다.

The Insight KPC
kpc 한국생산성본부

☞ 다음은 '온라인 카페 현황'에 대한 자료이다. 자료를 입력하고 조건에 맞도록 작업하시오.

출력형태

	담당	대리	과장
결재			

온라인 카페 현황

카페명	분류	개설일	회원 수	게시글 수	게시판 구독 수	하반기 조회 건수	포털 순위	개설연수
바이트레인	여행	2018-07-06	370,240	550,012	1,232	6,766	(1)	(2)
스윙댄스	취미	2019-09-17	529,588	549,385	3,090	5,813	(1)	(2)
카이트	취미	2017-12-11	164,056	410,904	17,817	6,315	(1)	(2)
유랑	여행	2018-06-04	265,265	147,056	3,930	6,537	(1)	(2)
요리쿡	요리	2017-12-12	807,475	902,103	55,830	5,491	(1)	(2)
여행홀릭	여행	2018-04-15	405,395	785,678	34,130	8,739	(1)	(2)
오늘요리	요리	2019-05-14	220,186	268,612	9,654	7,719	(1)	(2)
우드워커	취미	2019-12-02	368,271	755,304	23,037	6,933	(1)	(2)
여행 분야 중 최고 회원 수			(3)			여행 분야 평균 게시글 수		(5)
분류가 요리인 카페 수			(4)			카페명	바이트레인	회원 수	(6)

조건

○ 모든 데이터의 서식에는 글꼴(굴림, 11pt), 정렬은 숫자 및 회계 서식은 오른쪽 정렬, 나머지 서식은 가운데 정렬로 작성하며 예외적인 것은 ≪출력형태≫를 참조하시오.

○ 제목 ⇒ 육각형 도형과 바깥쪽 그림자 스타일(오프셋 아래쪽)을 이용하여 작성하고 "온라인 카페 현황"을 입력한 후 다음 서식을 적용하시오(글꼴-굴림, 24pt, 검정, 굵게, 채우기-노랑).

○ 임의의 셀에 결재란을 작성하여 그림으로 복사 기능을 이용하여 붙이기 하시오(단, 원본 삭제).

○ 「B4:J4, G14, I14」 영역은 '주황'으로 채우기 하시오.

○ 유효성 검사를 이용하여 「H14」 셀에 카페명(「B5:B12」영역)이 선택 표시되도록 하시오.

○ 셀 서식⇒「E5:E12」 영역에 셀 서식을 이용하여 숫자 뒤에 '명'를 표시하시오 (예 : 370,240명).

○ 「C5:C12」 영역에 대해 '분류'로 이름정의를 하시오.

⊙ (1)~(6) 셀은 반드시 <u>주어진 함수</u>를 이용하여 값을 구하시오(결과 값을 직접 입력하면 해당 셀은 0점 처리됨).

⑴ 포털 순위 ⇒ 하반기 조회 건수의 내림차순 순위를 '1~4'만 표시하고 그 외에는 공백으로 구하시오(IF, RANK.EQ 함수).

⑵ 개설연수 ⇒ 「2021-개설일의 연도」로 구한 결과값에 '년'을 붙이시오(YEAR 함수, & 연산자)(예 : 1년).

⑶ 여행 분야 중 최고 회원 수 ⇒ 조건은 입력데이터를 이용하여 구하시오(DMAX 함수).

⑷ 분류가 요리인 카페 수 ⇒ 정의된 이름(분류)을 이용하여 구하시오(COUNTIF 함수).

⑸ 여행 분야 평균 게시글 수 ⇒ 조건은 입력데이터를 이용하고, 반올림하여 정수로 구하시오(ROUND, DAVERAGE 함수)(예 : 156,251.6 → 156,252).

⑹ 회원 수 ⇒ 「H14」 셀에서 선택한 카페명에 대한 회원 수를 구하시오(VLOOKUP 함수).

⑺ 조건부 서식을 이용하여 하반기 조회 건수 셀에 데이터 막대 스타일(녹색)을 최소값 및 최대값으로 적용하시오.

☞ "제1작업" 시트의 「B4:H12」 영역을 복사하여 "제2작업" 시트의 「B2」 셀부터 모두 붙여넣기를 한 후 다음의 조건과 같이 작업하시오.

조건

(1) 고급필터 – 분류가 '취미'이거나 회원 수가 '400,000' 이하인 자료의 데이터만 추출하시오.
　　　　　　– 조건 범위 : 「B13」 셀부터 입력하시오.
　　　　　　– 복사 위치 : 「B18」 셀부터 나타나도록 하시오.
(2) 표 서식 – 고급필터의 결과 셀을 채우기 없음으로 설정한 후 '표 스타일 보통 2'의 서식을 적용하시오.
　　　　　　– 머리글 행, 줄무늬 행을 적용하시오.

☞ "제1작업" 시트의 「B4:H12」 영역을 복사하여 "제3작업" 시트의 「B2」 셀부터 모두 붙여넣기를 한 후 다음의 조건과 같이 작업하시오.

조건

(1) 부분합– ≪출력형태≫처럼 정렬하고, 카페명의 개수와 게시글 수의 최소값을 구하시오.
(2) 윤곽 – 지우시오.
(3) 나머지 사항은 ≪출력형태≫에 맞게 작성하시오.

출력형태

	A	B	C	D	E	F	G	H	I
1									
2		카페명	분류	개설일	회원 수	게시글 수	게시판 구독 수	하반기 조회 건수	
3		스윙댄스	취미	2019-09-17	529,588명	549,385	3,090	5,813	
4		카이트	취미	2017-12-11	164,056명	410,904	17,817	6,315	
5		우드워커	취미	2019-12-02	368,271명	755,304	23,037	6,933	
6			취미 최소값			410,904			
7		3	취미 개수						
8		요리쿡	요리	2017-12-12	807,475명	902,103	55,830	5,491	
9		오늘요리	요리	2019-05-14	220,186명	268,612	9,654	7,719	
10			요리 최소값			268,612			
11		2	요리 개수						
12		바이트레인	여행	2018-07-06	370,240명	550,012	1,232	6,766	
13		유랑	여행	2018-06-04	265,265명	147,056	3,930	6,537	
14		여행홀릭	여행	2018-04-15	405,395명	785,678	34,130	8,739	
15			여행 최소값			147,056			
16		3	여행 개수						
17			전체 최소값			147,056			
18		8	전체 개수						
19									

☞ "제1작업" 시트를 이용하여 조건에 따라 《출력형태》와 같이 작업하시오.

조건

(1) 차트 종류 ⇒ 〈묶은 세로 막대형〉으로 작업하시오.

(2) 데이터 범위 ⇒ "제1작업" 시트의 내용을 이용하여 작업하시오.

(3) 위치 ⇒ "새 시트"로 이동하고, "제4작업"으로 시트 이름을 바꾸시오.

(4) 차트 디자인 도구 ⇒ 레이아웃 3, 스타일 6을 선택하여 《출력형태》에 맞게 작업하시오.

(5) 영역 서식 ⇒ 차트 : 글꼴(굴림, 11pt), 채우기 효과(질감–파랑 박엽지)

　　　　　　　그림 : 채우기(흰색, 배경1)

(6) 제목 서식 ⇒ 차트 제목 : 글꼴(굴림, 굵게, 20pt), 채우기(흰색, 배경1), 테두리

(7) 서식 ⇒ 회원 수 계열의 차트 종류를 〈표식이 있는 꺾은선형〉으로 변경한 후 보조 축으로 지정하시오.

　　　　계열 : 《출력형태》를 참조하여 표식(세모, 크기 10)과 레이블 값을 표시하시오.

　　　　눈금선 : 선 스타일 – 파선

　　　　축 : 《출력형태》를 참조하시오.

(8) 범례 ⇒ 범례명을 변경하고 《출력형태》를 참조하시오.

(9) 도형 ⇒ '사각형 설명선'을 삽입하고 《출력형태》와 같이 내용을 입력하시오.

(10) 나머지 사항은 《출력형태》에 맞게 작성하시오.

출력형태

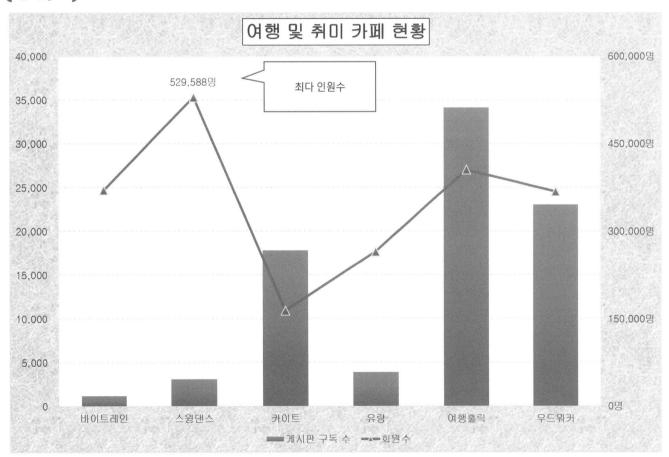

주의 시트명 순서가 차례대로 "제1작업", "제2작업", "제3작업", "제4작업"이 되도록 할 것.

3회 기출유형 모의고사

과목	코드	문제유형	시험시간	수험번호	성 명
한글엑셀	1122	A	60분	10196003	

수 험 자 유 의 사 항

- 수험자는 문제지를 받는 즉시 문제지와 **수험표상의 시험과목(프로그램)이 동일한지 반드시 확인**하여야 합니다.
- 파일명은 본인의 "수험번호-성명"으로 입력하여 답안폴더(내 PC\문서\ITQ)에 하나의 파일로 저장해야 하며, 답안문서 파일명이 "수험번호-성명"과 일치하지 않거나, 답안파일을 전송하지 않아 미제출로 처리될 경우 실격 처리합니다(예 : 내 PC\ 문서\ITQ\12345678-홍길동.xlsx).
- 답안 작성을 마치면 파일을 저장하고, '답안 전송' 버튼을 선택하여 감독위원 PC로 답안을 전송하십시오. 수험생 정보와 저장한 파일명이 다를 경우 전송되지 않으므로 주의하시기 바랍니다.
- 답안 작성 중에도 **주기적으로 저장하고 답안을 전송**하여야 문제 발생을 줄일 수 있습니다. 작업한 내용을 저장하지 않고 전송할 경우 이전에 저장된 내용이 전송되오니 이점 유의하시기 바랍니다.
- 답안문서는 지정된 경로 외의 다른 보조기억장치에 저장하는 경우, 지정된 시험 시간 외에 작성된 파일을 활용할 경우, 기타 통신 수단(이메일, 메신저, 네트워크 등)을 이용하여 타인에게 전달 또는 외부 반출하는 경우는 부정 처리합니다.
- 시험 중 부주의 또는 고의로 시스템을 파손한 경우는 수험자가 변상해야 하며, 〈수험자 유의사항〉에 기재된 방법대로 이행하지 않아 생기는 불이익은 수험생 당사자의 책임임을 알려 드립니다.
- 문제의 조건은 MS-Office 2016버전으로 설정되어 있으니 유의하시기 바랍니다.
- 시험을 완료한 수험자는 답안파일이 전송되었는지 확인한 후 감독위원의 지시에 따라 문제지를 제출하고 퇴실합니다.

답 안 작 성 요 령

- 온라인 답안 작성 절차
  수험자 등록 ⇒ 시험 시작 ⇒ 답안파일 저장 ⇒ 답안 전송 ⇒ 시험 종료
- 문제는 총 4단계, 즉 제1작업부터 제4작업까지 구성되어 있으며 반드시 제1작업부터 순서대로 작성하고 조건대로 작업하시오.
- 모든 작업시트의 A열은 열 너비 '1'로, 나머지 열은 적당하게 조절하시오.
- 모든 작업시트의 테두리는 《출력형태》와 같이 작업하시오.
- 해당 작업란에서는 각각 제시된 조건에 따라 《출력형태》와 같이 작업하시오.
- 답안 시트 이름은 "제1작업", "제2작업", "제3작업", "제4작업"이어야 하며 답안 시트 이외의 것은 감점 처리됩니다.
- 각 시트를 파일로 나누어 작업해서 저장할 경우 실격 처리됩니다.

The Insight KPC
kpc 한국생산성본부

☞ 다음은 '여성 의류 판매실적 현황'에 대한 자료이다. 자료를 입력하고 조건에 맞도록 작업하시오.

출력형태

	상품코드	분류	상품명	담당자	상반기목표 (단위:천원)	상반기실적 (단위:천원)	반품건수	협찬	반품순위
			여성 의류 판매실적 현황					담당 / 팀장 / 본부장 결재	
5	VS-21A	원피스	퓨엘르 반팔	홍용호	22,730	30,130	25	(1)	(2)
6	FS-11S	가디건	레이슨 로브	김성은	31,130	41,190	34	(1)	(2)
7	FE-32A	티셔츠	벨버튼 레터링	천정우	43,030	30,430	8	(1)	(2)
8	MS-02S	원피스	플라워 러브	방서찬	67,740	52,830	15	(1)	(2)
9	CE-89B	가디건	린넨 7부	김진영	10,180	10,300	6	(1)	(2)
10	MS-37A	원피스	컨시 하이텍 버클	길현지	15,730	15,030	23	(1)	(2)
11	CA-34S	티셔츠	버터플라이 호일티	김시내	61,330	91,790	17	(1)	(2)
12	EX-36B	티셔츠	하트레터링 라운드	한여정	21,770	19,830	21	(1)	(2)
13	원피스 상반기목표(단위:천원) 평균			(3)		가디건 상반기실적(단위:천원) 합계			(5)
14	티셔츠 개수			(4)		상품코드	VS-21A	반품건수	(6)

조건

○ 모든 데이터의 서식에는 글꼴(굴림, 11pt), 정렬은 숫자 및 회계 서식은 오른쪽 정렬, 나머지 서식은 가운데 정렬로 작성하며 예외적인 것은 ≪출력형태≫를 참조하시오.

○ 제목 ⇒ 갈매기형 수장 도형과 바깥쪽 그림자 스타일(오프셋 오른쪽)을 이용하여 작성하고 "여성 의류 판매실적 현황"을 입력한 후 다음 서식을 적용하시오(글꼴-굴림, 24pt, 검정, 굵게, 채우기-노랑).

○ 임의의 셀에 결재란을 작성하여 그림으로 복사 기능을 이용하여 붙이기 하시오(단, 원본 삭제).

○ 「B4:J4, G14, I14」 영역은 '주황'으로 채우기 하시오.

○ 유효성 검사를 이용하여 「H14」 셀에 상품코드(「B5:B12」 영역)가 선택 표시되도록 하시오.

○ 셀 서식⇒「H5:H12」 영역에 셀 서식을 이용하여 숫자 뒤에 '건'을 표시하시오(예 : 25건).

○ 「H5:H12」 영역에 대해 '반품건수'로 이름정의를 하시오.

⊙ (1)~(6) 셀은 반드시 <u>주어진 함수</u>를 이용하여 값을 구하시오(결과 값을 직접 입력하면 해당 셀은 0점 처리됨).

(1) 협찬 ⇒ 상품코드의 마지막 글자가 S이면 '연예인 협찬', 그 외에는 공백으로 구하시오(IF, RIGHT 함수).

(2) 반품순위 ⇒ 정의된 이름(반품건수)을 이용하여 반품건수의 내림차순 순위를 구한 결과값에 '위'를 붙이시오 (RANK.EQ 함수, & 연산자)(예 : 1위).

(3) 원피스 상반기목표(단위:천원) 평균 ⇒ 내림하여 천원 단위로 구하시오. 단, 조건은 입력데이터를 이용하시오 (ROUNDDOWN, DAVERAGE 함수)(예 : 12,365 → 12,000).

(4) 티셔츠 개수 ⇒ (COUNTIF 함수)

(5) 가디건 상반기실적(단위 : 천원) 합계 ⇒ (SUMIF 함수)

(6) 반품건수 ⇒「H14」 셀에서 선택한 상품코드에 대한 반품건수를 표시하시오(VLOOKUP 함수).

(7) 조건부 서식의 수식을 이용하여 상반기목표(단위:천원)이 '60,000' 이상인 행 전체에 다음의 서식을 적용하시오 (글꼴 : 파랑, 굵게).

☞ "제1작업" 시트의 「B4:H12」 영역을 복사하여 "제2작업" 시트의 「B2」 셀부터 모두 붙여넣기를 한 후 다음의 조건과 같이 작업하시오.

┃조건┃

(1) 목표값 찾기 – 「B11:G11」 셀을 병합하여 "상반기실적(단위:천원)의 전체 평균"을 입력한 후 「H11」 셀에 상반기실적(단위 : 천원)의 전체 평균을 구하시오(AVERAGE 함수, 테두리, 가운데 맞춤).
　　　　– '상반기실적(단위:천원)의 전체 평균'이 '36,500'이 되려면 린넨 7부의 상반기실적(단위:천원)이 얼마가 되어야 하는지 목표값을 구하시오.
(2) 고급필터 – 분류가 '원피스'이면서, 반품건수가 '20' 이상인 자료의 상품명, 상반기목표(단위:천원), 상반기실적(단위:천원), 반품건수의 데이터만 추출하시오.
　　　　– 조건 범위 : 「B14」 셀부터 입력하시오.
　　　　– 복사 위치 : 「B18」 셀부터 나타나도록 하시오.

☞ "제1작업" 시트의 「B4:H12」 영역을 복사하여 "제3작업" 시트의 「B2」 셀부터 모두 붙여넣기를 한 후 다음의 조건과 같이 작업하시오.

┃조건┃

(1) 부분합– ≪출력형태≫처럼 정렬하고, 담당자의 개수와 상반기목표(단위:천원)의 평균을 구하시오.
(2) 윤곽 – 지우시오.
(3) 나머지 사항은 ≪출력형태≫에 맞게 작성하시오.

┃출력형태┃

	A	B	C	D	E	F	G	H	I
1									
2		상품코드	분류	상품명	담당자	상반기목표 (단위:천원)	상반기실적 (단위:천원)	반품건수	
3		FE-32A	티셔츠	벨버른 레터링	천정우	43,030	30,430	8건	
4		CA-34S	티셔츠	버터플라이 호일티	김시내	61,330	91,790	17건	
5		EX-36B	티셔츠	하트레터링 라운드	한여정	21,770	19,830	21건	
6			티셔츠 평균			42,043			
7			티셔츠 개수		3				
8		VS-21A	원피스	퓨엘르 반팔	홍용호	22,730	30,130	25건	
9		MS-02S	원피스	플라워 러브	방서찬	67,740	52,830	15건	
10		MS-37A	원피스	컨시 하이텍 버클	길현지	15,730	15,030	23건	
11			원피스 평균			35,400			
12			원피스 개수		3				
13		FS-11S	가디건	레이슨 로브	김성은	31,130	41,190	34건	
14		CE-89B	가디건	린넨 7부	김진영	10,180	10,300	6건	
15			가디건 평균			20,655			
16			가디건 개수		2				
17			전체 평균			34,205			
18			전체 개수		8				
19									

☞ "제1작업" 시트를 이용하여 조건에 따라 《출력형태》와 같이 작업하시오.

【조건】

(1) 차트 종류 ⇒ 〈묶은 세로 막대형〉으로 작업하시오.

(2) 데이터 범위 ⇒ "제1작업" 시트의 내용을 이용하여 작업하시오.

(3) 위치 ⇒ "새 시트"로 이동하고, "제4작업"으로 시트 이름을 바꾸시오.

(4) 차트 디자인 도구 ⇒ 레이아웃 3, 스타일 14를 선택하여 《출력형태》에 맞게 작업하시오.

(5) 영역 서식 ⇒ 차트 : 글꼴(굴림, 11pt), 채우기 효과(질감-분홍 박엽지)

  그림 : 채우기(흰색, 배경1)

(6) 제목 서식 ⇒ 차트 제목 : 글꼴(굴림, 굵게, 20pt), 채우기(흰색, 배경1), 테두리

(7) 서식 ⇒ 상반기실적(단위:천원) 계열의 차트 종류를 〈표식이 있는 꺾은선형〉으로 변경한 후 보조 축으로 지정하시오.

  열 : 《출력형태》를 참조하여 표식(세모, 크기 8)과 레이블 값을 표시하시오.

  눈금선 : 선 스타일 - 파선

  축 : 《출력형태》를 참조하시오.

(8) 범례 ⇒ 범례명을 변경하고 《출력형태》를 참조하시오.

(9) 도형 ⇒ '모서리가 둥근 사각형 설명선'을 삽입하고 《출력형태》와 같이 내용을 입력하시오.

(10) 나머지 사항은 《출력형태》에 맞게 작성하시오.

【출력형태】

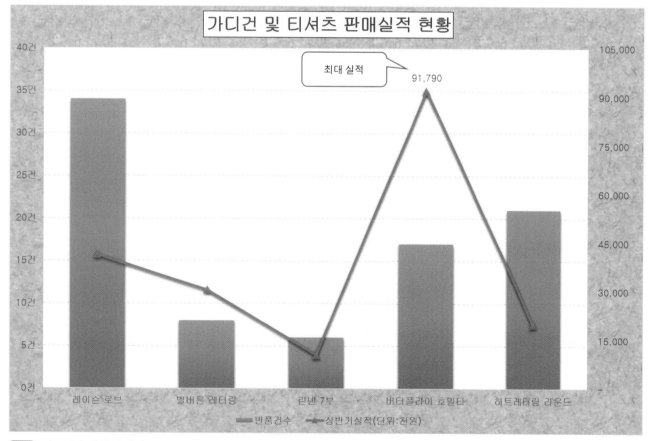

주의 시트명 순서가 차례대로 "제1작업", "제2작업", "제3작업", "제4작업"이 되도록 할 것.

기출유형 모의고사

과목	코드	문제유형	시험시간	수험번호	성 명
한글엑셀	1122	A	60분	11796004	

수 험 자 유 의 사 항

- ◎ 수험자는 문제지를 받는 즉시 문제지와 **수험표상의 시험과목(프로그램)이 동일한지 반드시 확인**하여야 합니다.
- ◎ 파일명은 본인의 "수험번호-성명"으로 입력하여 답안폴더(내 PC₩문서₩ITQ)에 하나의 파일로 저장해야 하며, 답안문서 파일명이 "수험번호-성명"과 일치하지 않거나, 답안파일을 전송하지 않아 미제출로 처리될 경우 실격 처리합니다(예 : 내 PC₩ 문서₩ITQ₩12345678-홍길동.xlsx).
- ◎ 답안 작성을 마치면 파일을 저장하고, '답안 전송' 버튼을 선택하여 감독위원 PC로 답안을 전송하십시오. 수험생 정보와 저장한 파일명이 다를 경우 전송되지 않으므로 주의하시기 바랍니다.
- ◎ 답안 작성 중에도 **주기적으로 저장하고 답안을 전송**하여야 문제 발생을 줄일 수 있습니다. 작업한 내용을 저장하지 않고 전송할 경우 이전에 저장된 내용이 전송되오니 이점 유의하시기 바랍니다.
- ◎ 답안문서는 지정된 경로 외의 다른 보조기억장치에 저장하는 경우, 지정된 시험 시간 외에 작성된 파일을 활용할 경우, 기타 통신 수단(이메일, 메신저, 네트워크 등)을 이용하여 타인에게 전달 또는 외부 반출하는 경우는 부정 처리합니다.
- ◎ 시험 중 부주의 또는 고의로 시스템을 파손한 경우는 수험자가 변상해야 하며, 〈수험자 유의사항〉에 기재된 방법대로 이행하지 않아 생기는 불이익은 수험생 당사자의 책임임을 알려 드립니다.
- ◎ 문제의 조건은 MS-Office 2016버전으로 설정되어 있으니 유의하시기 바랍니다.
- ◎ 시험을 완료한 수험자는 답안파일이 전송되었는지 확인한 후 감독위원의 지시에 따라 문제지를 제출하고 퇴실합니다.

답 안 작 성 요 령

- ◎ 온라인 답안 작성 절차
  수험자 등록 ⇒ 시험 시작 ⇒ 답안파일 저장 ⇒ 답안 전송 ⇒ 시험 종료
- ◎ 문제는 총 4단계, 즉 제1작업부터 제4작업까지 구성되어 있으며 반드시 제1작업부터 순서대로 작성하고 조건대로 작업하시오.
- ◎ 모든 작업시트의 A열은 열 너비 '1'로, 나머지 열은 적당하게 조절하시오.
- ◎ 모든 작업시트의 테두리는《출력형태》와 같이 작업하시오.
- ◎ 해당 작업란에서는 각각 제시된 조건에 따라《출력형태》와 같이 작업하시오.
- ◎ 답안 시트 이름은 "제1작업", "제2작업", "제3작업", "제4작업"이어야 하며 답안 시트 이외의 것은 감점 처리됩니다.
- ◎ 각 시트를 파일로 나누어 작업해서 저장할 경우 실격 처리됩니다.

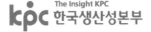
The Insight KPC
kpc 한국생산성본부

☞ 다음은 '수제버거 일일 판매 현황'에 대한 자료이다. 자료를 입력하고 조건에 맞도록 작업하시오.

출력형태

제품코드	메뉴	구분	원산지	가격	판매수량 (단위:EA)	열량 (단위:Kcal)	판매순위	비고
RA-051	통새우버거세트	세트	베트남	8,900원	580	1,060	(1)	(2)
CB-102	클래식치즈버거	단품	덴마크	5,500원	430	850	(1)	(2)
FR-103	프렌치프라이	사이드	한국	3,000원	350	330	(1)	(2)
BE-502	베이컨에그버거	단품	독일	6,000원	650	950	(1)	(2)
BA-031	바베큐버거세트	세트	미국	9,100원	178	1,100	(1)	(2)
HA-402	하와이안버거	단품	호주	6,500원	423	920	(1)	(2)
KO-071	한우버거세트	세트	한국	8,500원	950	1,080	(1)	(2)
CH-503	치즈스틱	사이드	덴마크	2,500원	657	250	(1)	(2)
최저 열량(단위:Kcal)			(3)			세트 메뉴 판매수량 최대값		(5)
수제버거 일일 총 판매금액			(4)			메뉴	통새우버거세트	판매금액	(6)

확인 / 담당 / 팀장 / 지점장

조건

○ 모든 데이터의 서식에는 글꼴(굴림, 11pt), 정렬은 숫자 및 회계 서식은 오른쪽 정렬, 나머지 서식은 가운데 정렬로 작성하며 예외적인 것은 《출력형태》를 참조하시오.

○ 제목 ⇒ 대각선 방향의 모서리가 둥근 사각형과 바깥쪽 그림자 스타일(오프셋 대각선 오른쪽 아래)을 이용하여 작성하고 "수제버거 일일 판매 현황"을 입력한 후 다음 서식을 적용하시오(글꼴-굴림, 24pt, 검정, 굵게, 채우기-노랑).

○ 임의의 셀에 결재란을 작성하여 그림으로 복사 기능을 이용하여 붙이기 하시오(단, 원본 삭제).

○ 「B4:J4, G14, I14」 영역은 '주황'으로 채우기 하시오.

○ 유효성 검사를 이용하여 「H14」 셀에 메뉴(「C5:C12」 영역)가 선택 표시되도록 하시오.

○ 셀 서식 ⇒ 「F5:F12」 영역에 셀 서식을 이용하여 숫자 뒤에 '원'을 표시하시오(예 : 8,900원).

○ 「H5:H12」 영역에 대해 '열량'으로 이름정의를 하시오.

⊙ (1)~(6) 셀은 반드시 <u>주어진 함수</u>를 <u>이용</u>하여 값을 구하시오(결과 값을 직접 입력하면 해당 셀은 0점 처리됨).

(1) 판매순위 ⇒ 판매수량(단위:EA)의 내림차순 순위를 1~3까지 구한 값에 '위'를 붙이고, 그 외에는 공백으로 나타내시오(IF, RANK.EQ 함수, & 연산자)(예 : 1위).

(2) 비고 ⇒ 제품코드의 마지막 글자가 1이면 '할인쿠폰', 2이면 '음료리필', 3이면 공백으로 표시하시오(CHOOSE, RIGHT 함수).

(3) 최저 열량(단위:Kcal) ⇒ 정의된 이름(열량)을 이용하여 구하시오(MIN 함수).

(4) 수제버거 일일 총 판매금액 ⇒ 「가격×판매수량(단위:EA)」으로 구하시오(SUMPRODUCT 함수).

(5) 세트 메뉴 판매수량 최대값 ⇒ 조건은 입력데이터를 이용하여 구하시오(DMAX 함수).

(6) 판매금액 ⇒ 「H14」 셀에서 선택한 메뉴에 대한 판매금액을 「가격×판매수량(단위 : EA)」으로 구하시오(VLOOKUP 함수).

(7) 조건부 서식을 이용하여 열량(단위:Kcal) 셀에 데이터 막대 스타일(녹색)을 최소값 및 최대값으로 적용하시오.

☞ "제1작업" 시트의 「B4:H12」 영역을 복사하여 "제2작업" 시트의 「B2」 셀부터 모두 붙여넣기를 한 후 다음의 조건과 같이 작업하시오.

【조건】

(1) 고급필터 – 원산지가 '한국'이거나, 판매수량(단위:EA)이 '600' 이상인 자료의 데이터만 추출하시오.
　　　　　 – 조건 범위 : 「B13」 셀부터 입력하시오.
　　　　　 – 복사 위치 : 「B18」 셀부터 나타나도록 하시오.
(2) 표 서식 – 고급필터의 결과 셀을 채우기 없음으로 설정한 후 '표 스타일 보통 3'의 서식을 적용하시오.
　　　　　 – 머리글 행, 줄무늬 행을 적용하시오.

☞ "제1작업" 시트를 이용하여 "제3작업" 시트에 조건에 따라 《출력형태》와 같이 작업하시오.

【조건】

(1) 가격 및 구분별 제품코드의 개수와 판매수량(단위 : EA)의 평균을 구하시오.
(2) 가격을 그룹화하고, 구분을 《출력형태》와 같이 정렬하시오.
(3) 레이블이 있는 셀 병합 및 가운데 맞춤 적용 및 빈 셀은 '***'로 표시하시오.
(4) 행의 총합계를 지우고, 나머지 사항은 《출력형태》에 맞게 작성하시오.

【출력형태】

A	B	C	D	E	F	G	H
1							
2		구분 ↓					
3			세트		사이드		단품	
4	가격 ▼	개수 : 제품코드	평균 : 판매수량(단위:EA)	개수 : 제품코드	평균 : 판매수량(단위:EA)	개수 : 제품코드	평균 : 판매수량(단위:EA)
5	2001-4000	***	***	2	504	***	***
6	4001-6000	***	***	***	***	2	540
7	6001-8000	***	***	***	***	1	423
8	8001-10000	3	569	***	***	***	***
9	총합계	3	569	2	504	3	501
10							

☞ "제1작업" 시트를 이용하여 조건에 따라 《출력형태》와 같이 작업하시오.

조건

(1) 차트 종류 ⇒ 〈묶은 세로 막대형〉으로 작업하시오.

(2) 데이터 범위 ⇒ "제1작업" 시트의 내용을 이용하여 작업하시오.

(3) 위치 ⇒ "새 시트"로 이동하고, "제4작업"으로 시트 이름을 바꾸시오.

(4) 차트 디자인 도구 ⇒ 레이아웃 3, 스타일 14를 선택하여 《출력형태》에 맞게 작업하시오.

(5) 영역 서식 ⇒ 차트 : 글꼴(굴림, 11pt), 채우기 효과(질감-양피지)

　　　　　　　 그림 : 채우기(흰색, 배경1)

(6) 제목 서식 ⇒ 차트 제목 : 글꼴(굴림, 굵게, 20pt), 채우기(흰색, 배경1), 테두리

(7) 서식 ⇒ 가격 계열의 차트 종류를 〈표식이 있는 꺾은선형〉으로 변경한 후 보조 축으로 지정하시오.

　　　　계열 : 《출력형태》를 참조하여 표식(마름모, 크기 10)과 레이블 값을 표시하시오.

　　　　눈금선 : 선 스타일 - 파선

　　　　축 : 《출력형태》를 참조하시오.

(8) 범례 ⇒ 범례명을 변경하고 《출력형태》를 참조하시오.

(9) 도형 ⇒ '타원형 설명선'을 삽입하고 《출력형태》와 같이 내용을 입력하시오.

(10) 나머지 사항은 《출력형태》에 맞게 작성하시오.

출력형태

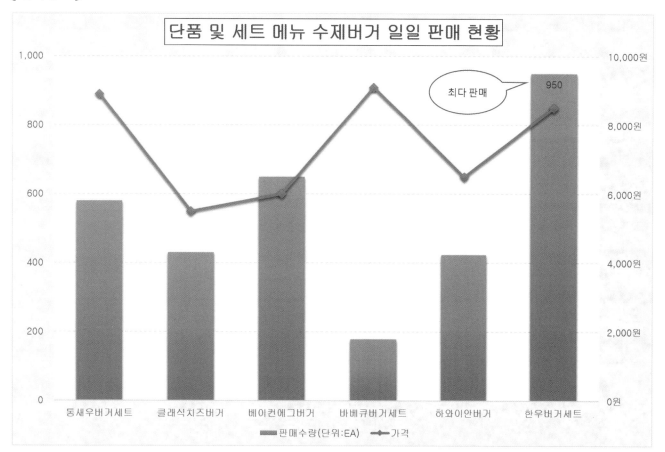

주의 시트명 순서가 차례대로 "제1작업", "제2작업", "제3작업", "제4작업"이 되도록 할 것.

기출유형 모의고사

과목	코드	문제유형	시험시간	수험번호	성 명
한글엑셀	1122	A	60분	50146005	

수 험 자 유 의 사 항

- 수험자는 문제지를 받는 즉시 문제지와 **수험표상의 시험과목(프로그램)이 동일한지 반드시 확인**하여야 합니다.
- 파일명은 본인의 "수험번호-성명"으로 입력하여 답안폴더(내 PC₩문서₩ITQ)에 하나의 파일로 저장해야 하며, 답안문서 파일명이 "수험번호-성명"과 일치하지 않거나, 답안파일을 전송하지 않아 미제출로 처리될 경우 실격 처리합니다(예 : 내 PC₩ 문서₩ITQ₩12345678-홍길동.xlsx).
- 답안 작성을 마치면 파일을 저장하고, '답안 전송' 버튼을 선택하여 감독위원 PC로 답안을 전송하십시오. 수험생 정보와 저장한 파일명이 다를 경우 전송되지 않으므로 주의하시기 바랍니다.
- 답안 작성 중에도 **주기적으로 저장하고 답안을 전송**하여야 문제 발생을 줄일 수 있습니다. 작업한 내용을 저장하지 않고 전송할 경우 이전에 저장된 내용이 전송되오니 이점 유의하시기 바랍니다.
- 답안문서는 지정된 경로 외의 다른 보조기억장치에 저장하는 경우, 지정된 시험 시간 외에 작성된 파일을 활용할 경우, 기타 통신 수단(이메일, 메신저, 네트워크 등)을 이용하여 타인에게 전달 또는 외부 반출하는 경우는 부정 처리합니다.
- 시험 중 부주의 또는 고의로 시스템을 파손한 경우는 수험자가 변상해야 하며, <수험자 유의사항>에 기재된 방법대로 이행하지 않아 생기는 불이익은 수험생 당사자의 책임임을 알려 드립니다.
- 문제의 조건은 MS-Office 2016버전으로 설정되어 있으니 유의하시기 바랍니다.
- 시험을 완료한 수험자는 답안파일이 전송되었는지 확인한 후 감독위원의 지시에 따라 문제지를 제출하고 퇴실합니다.

답 안 작 성 요 령

- 온라인 답안 작성 절차
  수험자 등록 ⇒ 시험 시작 ⇒ 답안파일 저장 ⇒ 답안 전송 ⇒ 시험 종료
- 문제는 총 4단계, 즉 제1작업부터 제4작업까지 구성되어 있으며 반드시 제1작업부터 순서대로 작성하고 조건대로 작업하시오.
- 모든 작업시트의 A열은 열 너비 '1'로, 나머지 열은 적당하게 조절하시오.
- 모든 작업시트의 테두리는《출력형태》와 같이 작업하시오.
- 해당 작업란에서는 각각 제시된 조건에 따라《출력형태》와 같이 작업하시오.
- 답안 시트 이름은 "제1작업", "제2작업", "제3작업", "제4작업"이어야 하며 답안 시트 이외의 것은 감점 처리됩니다.
- 각 시트를 파일로 나누어 작업해서 저장할 경우 실격 처리됩니다.

The Insight KPC
kpc 한국생산성본부

☞ 다음은 '국내 수상 태양광 설치 현황'에 대한 자료이다. 자료를 입력하고 조건에 맞도록 작업하시오.

출력형태

A	B	C	D	E	F	G	H	I	J
							결재	담당	팀장	부장
	국내 수상 태양광 설치 현황									
	사업장	형태	설치 시공사	설치일	용량 (Kw)	발전규모 (Kw)	설치비용	보조 지원금	설치 요일
	경남합천댐	부력일체형	그린에너지	2019-03-08	800	2,100	15,000,000	(1)	(2)
	지평저수지	구조체형	미래전자	2020-03-15	1,500	4,200	27,860,000	(1)	(2)
	운문댐	부력일체형	한국전자	2020-04-13	500	1,830	8,830,000	(1)	(2)
	청호저수지	구조체형	미래전자	2018-10-09	300	1,150	5,500,000	(1)	(2)
	보령댐	부력일체형	그린에너지	2019-11-15	1,800	4,540	32,760,000	(1)	(2)
	오창저수지	프레임형	그린에너지	2018-11-10	200	870	4,520,000	(1)	(2)
	용당저수지	프레임형	한국전자	2019-02-10	1,350	3,950	21,960,000	(1)	(2)
	당진화력발전소	구조체형	미래전자	2020-06-12	1,000	3,540	18,120,000	(1)	(2)
	부력일체형 설치비용의 평균			(3)			최저 용량(Kw)		(5)
	용당저수지의 발전규모(Kw) 순위			(4)		사업장	경남합천댐	설치일	(6)

조건

○ 모든 데이터의 서식에는 글꼴(굴림, 11pt), 정렬은 숫자 및 회계 서식은 오른쪽 정렬, 나머지 서식은 가운데 정렬로 작성하며 예외적인 것은 ≪출력형태≫를 참조하시오.

○ 제목 ⇒ 사다리꼴과 바깥쪽 그림자 스타일(오프셋 오른쪽)을 이용하여 작성하고 "국내 수상 태양광 설치 현황"을 입력한 후 다음 서식을 적용하시오(글꼴 – 굴림, 24pt, 검정, 굵게, 채우기 – 노랑).

○ 임의의 셀에 결재란을 작성하여 그림으로 복사 기능을 이용하여 붙이기 하시오(단, 원본 삭제).

○ 「B4:J4, G14, I14」영역은 '주황'으로 채우기 하시오.

○ 유효성 검사를 이용하여 「H14」셀에 사업장 「B5:B12」영역이 선택 표시되도록 하시오.

○ 셀 서식 ⇒ 「H5:H12」영역에 셀 서식을 이용하여 숫자 뒤에 '원'을 표시하시오(예 : 15,360,000원).

○ 「F5:F12」영역에 대해 '용량'으로 이름정의를 하시오.

◎ (1)~(6) 셀은 반드시 주어진 함수를 이용하여 값을 구하시오(결과 값을 직접 입력하면 해당 셀은 0점 처리됨).

(1) 보조 지원금 ⇒ 「설치비용×지원비율」로 구하되, 지원비율은 용량(Kw)이 1,000 이상이면 '50%', 500 이상이면 '30%', 그 외에는 '20%'로 지정하여 구하시오(IF 함수).

(2) 설치 요일 ⇒ 설치일의 요일을 구하시오(CHOOSE, WEEKDAY 함수)(예 : 월요일).

(3) 부력일체형 설치비용의 평균 ⇒ 반올림하여 천원 단위까지 구하시오. 단, 조건은 입력데이터를 이용하시오(ROUND, DAVERAGE 함수)(예 : 23,456,700 → 23,457,000).

(4) 용당저수지의 발전규모(Kw) 순위 ⇒ 내림차순으로 구한 결과값 뒤에 '위'를 붙이시오
(RANK.EQ 함수, & 연산자)(예 : 2위).

(5) 최저 용량(Kw) ⇒ 정의된 이름(용량)을 이용하여 구하시오(SMALL 함수).

(6) 설치일 ⇒ 「H14」셀에서 선택한 사업장에 대한 설치일을 구하시오(VLOOKUP 함수)(예 : 2019-01-01).

(7) 조건부 서식의 수식을 이용하여 용량(Kw)이 '1,000' 이상인 행 전체에 다음 서식을 적용하시오(글꼴 : 파랑, 굵게).

☞ "제1작업" 시트의 「B4:H12」 영역을 복사하여 "제2작업" 시트의 「B2」 셀부터 모두 붙여넣기를 한 후 다음의 조건과 같이 작업하시오.

【조건】

(1) 고급필터 – 설치 시공사가 '미래전자'가 아니면서, 용량(Kw)이 '1,000' 이하이거나 발전규모(Kw)가 '4,000' 이상인 자료의 사업장, 설치 시공사, 설치일, 발전규모(Kw), 설치비용 데이터만 추출하시오.

    – 조건 범위 : 「B13」 셀부터 입력하시오.

    – 복사 위치 : 「B18」 셀부터 나타나도록 하시오.

(2) 표 서식 – 고급필터의 결과 셀을 채우기 없음으로 설정한 후 '표 스타일 보통 9'의 서식을 적용하시오.

    – 머리글 행, 줄무늬 행을 적용하시오.

☞ "제1작업" 시트를 이용하여 "제3작업" 시트에 조건에 따라 《출력형태》와 같이 작업하시오.

【조건】

(1) 설치일 및 형태별 사업장의 개수와 발전규모(Kw)의 최대값을 구하시오.

(2) 설치일을 그룹화하고, 형태를 《출력형태》와 같이 정렬하시오.

(3) 레이블이 있는 셀 병합 및 가운데 맞춤 적용 및 빈 셀은 '**'로 표시하시오.

(4) 행의 총합계를 지우고, 나머지 사항은 《출력형태》에 맞게 작성하시오.

【출력형태】

	형태						
		프레임형		부력일체형		구조체형	
설치일	개수 : 사업장	최대값 : 발전규모(Kw)	개수 : 사업장	최대값 : 발전규모(Kw)	개수 : 사업장	최대값 : 발전규모(Kw)	
2018년	1	870	**	**	1	1,150
2019년	1	3,950	2	4,540	**	**
2020년	**	**	1	1,830	2	4,200
총합계	2	3,950	3	4,540	3	4,200

☞ "제1작업" 시트를 이용하여 조건에 따라 《출력형태》와 같이 작업하시오.

조건

(1) 차트 종류 ⇒ 〈묶은 세로 막대형〉으로 작업하시오.

(2) 데이터 범위 ⇒ "제1작업" 시트의 내용을 이용하여 작업하시오.

(3) 위치 ⇒ "새 시트"로 이동하고, "제4작업"으로 시트 이름을 바꾸시오.

(4) 차트 디자인 도구 ⇒ 레이아웃 3, 스타일 14를 선택하여 《출력형태》에 맞게 작업하시오.

(5) 영역 서식 ⇒ 차트 : 글꼴(굴림, 11pt), 채우기 효과(질감—파랑 박엽지),

　　　　　　　 그림 . 채우기(흰색, 배경1)

(6) 제목 서식 ⇒ 차트 제목 : 글꼴(굴림, 굵게, 20pt), 채우기(흰색, 배경1), 테두리

(7) 서식 ⇒ 발전규모(Kw) 계열의 차트 종류를 〈표식이 있는 꺾은선형〉으로 변경한 후 보조 축으로 지정하시오.

　　　계열 : 《출력형태》를 참조하여 표식(마름모, 크기 10)과 레이블 값을 표시하시오.

　　　눈금선 : 선 스타일—파선

　　　축 : 《출력형태》를 참조하시오.

(8) 범례 ⇒ 범례명을 변경하고, 《출력형태》를 참조하시오.

(9) 도형 ⇒ '모서리가 둥근 사각형 설명선'을 삽입하고 《출력형태》와 같이 내용을 입력하시오.

(10) 나머지 사항은 《출력형태》에 맞게 작성하시오.

출력형태

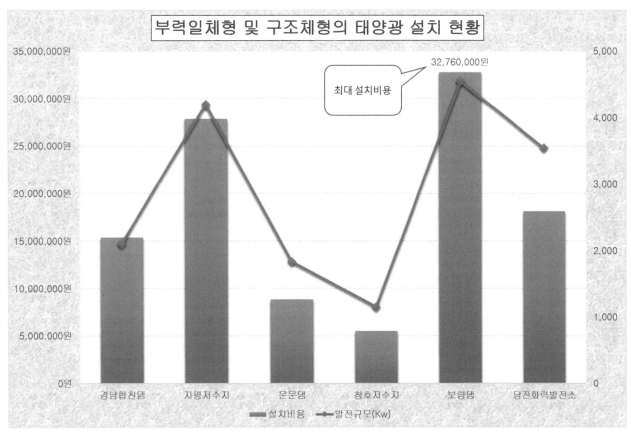

주의 시트명 순서가 차례대로 "제1작업", "제2작업", "제3작업", "제4작업"이 되도록 할 것.

6회 기출유형 모의고사

과목	코드	문제유형	시험시간	수험번호	성 명
한글엑셀	1122	A	60분	11006006	

수 험 자 유 의 사 항

- 수험자는 문제지를 받는 즉시 문제지와 **수험표상의 시험과목(프로그램)이 동일한지 반드시 확인**하여야 합니다.
- 파일명은 본인의 "수험번호-성명"으로 입력하여 답안폴더(내 PC\문서\ITQ)에 하나의 파일로 저장해야 하며, 답안문서 파일명이 "수험번호-성명"과 일치하지 않거나, 답안파일을 전송하지 않아 미제출로 처리될 경우 실격 처리합니다(예 : 내 PC\ 문서\ITQ\12345678-홍길동.xlsx).
- 답안 작성을 마치면 파일을 저장하고, '답안 전송' 버튼을 선택하여 감독위원 PC로 답안을 전송하십시오. 수험생 정보와 저장한 파일명이 다를 경우 전송되지 않으므로 주의하시기 바랍니다.
- 답안 작성 중에도 **주기적으로 저장하고 답안을 전송**하여야 문제 발생을 줄일 수 있습니다. 작업한 내용을 저장하지 않고 전송할 경우 이전에 저장된 내용이 전송되오니 이점 유의하시기 바랍니다.
- 답안문서는 지정된 경로 외의 다른 보조기억장치에 저장하는 경우, 지정된 시험 시간 외에 작성된 파일을 활용할 경우, 기타 통신 수단(이메일, 메신저, 네트워크 등)을 이용하여 타인에게 전달 또는 외부 반출하는 경우는 부정 처리합니다.
- 시험 중 부주의 또는 고의로 시스템을 파손한 경우는 수험자가 변상해야 하며, <수험자 유의사항>에 기재된 방법대로 이행하지 않아 생기는 불이익은 수험생 당사자의 책임임을 알려 드립니다.
- 문제의 조건은 MS-Office 2016버전으로 설정되어 있으니 유의하시기 바랍니다.
- 시험을 완료한 수험자는 답안파일이 전송되었는지 확인한 후 감독위원의 지시에 따라 문제지를 제출하고 퇴실합니다.

답 안 작 성 요 령

- 온라인 답안 작성 절차
  수험자 등록 ⇒ 시험 시작 ⇒ 답안파일 저장 ⇒ 답안 전송 ⇒ 시험 종료
- 문제는 총 4단계, 즉 제1작업부터 제4작업까지 구성되어 있으며 반드시 제1작업부터 순서대로 작성하고 조건대로 작업하시오.
- 모든 작업시트의 A열은 열 너비 '1'로, 나머지 열은 적당하게 조절하시오.
- 모든 작업시트의 테두리는 《출력형태》와 같이 작업하시오.
- 해당 작업란에서는 각각 제시된 조건에 따라 《출력형태》와 같이 작업하시오.
- 답안 시트 이름은 "제1작업", "제2작업", "제3작업", "제4작업"이어야 하며 답안 시트 이외의 것은 감점 처리됩니다.
- 각 시트를 파일로 나누어 작업해서 저장할 경우 실격 처리됩니다.

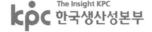

The Insight KPC
kpc 한국생산성본부

☞ 다음은 '학부모 추천 도서 구입 현황'에 대한 자료이다. 자료를 입력하고 조건에 맞도록 작업하시오.

출력형태

	B	C	D	E	F	G	H	I	J
							결재	담당	과장	부장
4	관리코드	도서명	지은이	구입권수(권)	출판사	구입일자	구입가격	학부모 추천 인기도	구입월
5	D111	호기 두 씨리	긴영이	1	문학동네	2021-07-23	10,500	(1)	(2)
6	C323	보이나? 보이네!	이상희	5	웅진	2021-07-21	7,500	(1)	(2)
7	A204	토토를 찾아라	홍건국	4	한국헤밍웨이	2021-07-06	8,500	(1)	(2)
8	D141	달님의 선물	홍윤희	5	한국헤밍웨이	2021-09-01	9,500	(1)	(2)
9	B141	수상한 북클럽	박현희	4	문학동네	2021-08-25	11,500	(1)	(2)
10	A322	도깨비 콘서트	다무라 시게루	3	웅진	2021-08-15	8,700	(1)	(2)
11	A932	만약은 없다	남궁인	2	문학동네	2021-08-21	10,800	(1)	(2)
12	B204	종지기 할아버지	김현정	3	한국헤밍웨이	2021-09-02	9,800	(1)	(2)
13	웅진 도서 종류 개수			(3)			최고 구입가격		(5)
14	문학동네 도서 평균 구입가격			(4)		도서명	오직 두 사람	총구입금액	(6)

제목: 학부모 추천 도서 구입 현황

조건

○ 모든 데이터의 서식에는 글꼴(굴림, 11pt), 정렬은 숫자 및 회계서식은 오른쪽 정렬, 나머지 서식은 가운데 정렬로 작성하며 예외적인 것은 ≪출력형태≫를 참조하시오.

○ 제목 ⇒ 배지와 바깥쪽 그림자 스타일(오프셋 대각선 왼쪽 아래)을 이용하여 작성하고 "학부모 추천 도서 구입 현황"을 입력한 후 다음 서식을 적용하시오(글꼴 – 굴림, 24pt, 검정, 굵게, 채우기 – 노랑).

○ 임의의 셀에 결재란을 작성하여 그림으로 복사 기능을 이용하여 붙이기 하시오(단, 원본 삭제).

○ 「B4:J4, G14, I14」 영역은 '주황'으로 채우기 하시오.

○ 유효성 검사를 이용하여 「H14」 셀에 도서명 「C5:C12」 영역이 선택 표시되도록 하시오.

○ 셀 서식 ⇒ 「H5:H12」 영역에 셀 서식을 이용하여 숫자 뒤에 '원'을 표시하시오(예: 10,500원).

○ 「F5:F12」 영역에 대해 '출판사'로 이름정의를 하시오.

◎ (1)~(6) 셀은 반드시 주어진 함수를 이용하여 값을 구하시오(결과 값을 직접 입력하면 해당 셀은 0점 처리됨).

(1) 학부모 추천 인기도 ⇒ 관리코드의 첫 번째 글자가 A이면 '★★', B이면 '★', 그 외에는 공백으로 구하시오(IF, LEFT 함수).

(2) 구입월 ⇒ 구입일자의 월을 추출하여 결과값에 '월'을 붙이시오(MONTH 함수, & 연산자)(예 : 2020-07-23 → 7월).

(3) 웅진 도서 종류 개수 ⇒ 정의된 이름(출판사)을 이용하여 구하시오(COUNTIF 함수).

(4) 문학동네 도서 평균 구입가격 ⇒ 반올림하여 백원 단위까지 구하시오. 단, 조건은 입력데이터를 이용하시오(ROUND, DAVERAGE 함수)(예 : 10,567 → 10,600).

(5) 최고 구입가격 ⇒ (MAX 함수)

(6) 총구입금액 ⇒ 「H14」 셀에서 선택한 도서명에 대한 총구입금액을 「구입권수(권)×구입가격」으로 구하시오(VLOOKUP 함수).

(7) 조건부 서식의 수식을 이용하여 구입가격이 '10,000' 이상인 행 전체에 다음 서식을 적용하시오(글꼴 : 파랑, 굵게)

☞ "제1작업" 시트의 「B4:H12」 영역을 복사하여 "제2작업" 시트의 「B2」 셀부터 모두 붙여넣기를 한 후 다음의 조건과 같이 작업하시오.

【조건】

(1) 고급필터 – 출판사가 '한국헤밍웨이'이면서 구입가격이 '9,000' 이상이거나, 출판사가 '웅진'인 자료의 '도서명', '지은이', '구입권수(권)', '구입가격' 데이터만 추출하시오.
　　　– 조건 범위 : 「B13」 셀부터 입력하시오.
　　　– 복사 위치 : 「B18」 셀부터 나타나도록 하시오.

(2) 표 서식 – 고급필터의 결과 셀을 채우기 없음으로 설정한 후 '표 스타일 보통 7'의 서식을 적용하시오.
　　　– 머리글 행, 줄무늬 행을 적용하시오.

☞ "제1작업" 시트를 이용하여 "제3작업" 시트에 조건에 따라 ≪출력형태≫와 같이 작업하시오.

【조건】

(1) 구입일자 및 출판사별 관리코드의 개수와 구입권수(권)의 평균을 구하시오.
(2) 구입일자를 그룹화하고, 출판사를 ≪출력형태≫와 같이 정렬하시오.
(3) 레이블이 있는 셀 병합 및 가운데 맞춤 적용 및 빈 셀은 '**'로 표시하시오.
(4) 행의 총합계를 지우고, 나머지 사항은 ≪출력형태≫에 맞게 작성하시오.

【출력형태】

구입일자	출판사 ↓						
	한국헤밍웨이		웅진		문학동네		
	개수 : 관리코드	평균 : 구입권수(권)	개수 : 관리코드	평균 : 구입권수(권)	개수 : 관리코드	평균 : 구입권수(권)	
7월	1	4	1	5	1	4
8월	**	**	1	3	2	3
9월	2	4	**	**	**	**
총합계	3	4	2	4	3	3

☞ "제1작업" 시트를 이용하여 조건에 따라 《출력형태》와 같이 작업하시오.

조건

(1) 차트 종류 ⇒ 〈묶은 세로 막대형〉으로 작업하시오.

(2) 데이터 범위 ⇒ "제1작업" 시트의 내용을 이용하여 작업하시오.

(3) 위치 ⇒ "새 시트"로 이동하고, "제4작업"으로 시트 이름을 바꾸시오.

(4) 차트 디자인 도구 ⇒ 레이아웃 3, 스타일 6을 선택하여 《출력형태》에 맞게 작업하시오.

(5) 영역 서식 ⇒ 차트 : 글꼴(굴림, 11pt), 채우기 효과(질감−분홍 박엽지)

　　　　　　　　그림 : 채우기(흰색, 배경1)

(6) 제목 서식 ⇒ 차트 제목 : 글꼴(돋움, 굵게, 20pt), 채우기(흰색, 배경1), 테두리

(7) 서식 ⇒ 구입권수(권) 계열의 차트 종류를 〈표식이 있는 꺾은선형〉으로 변경한 후 보조 축으로 지정하시오.

　　　　계열 : 《출력형태》를 참조하여 표식(마름모, 크기 10)과 레이블 값을 표시하시오.

　　　　눈금선 : 선 스타일−파선

　　　　축 : 《출력형태》를 참조하시오.

(8) 범례 ⇒ 범례명을 변경하고 《출력형태》를 참조하시오.

(9) 도형 ⇒ '타원형 설명선'을 삽입하고 《출력형태》와 같이 내용을 입력하시오.

(10) 나머지 사항은 《출력형태》에 맞게 작성하시오.

출력형태

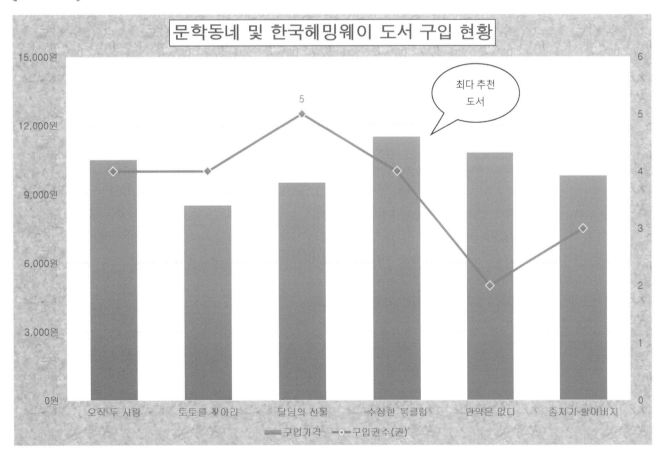

주의 시트명 순서가 차례대로 "제1작업", "제2작업", "제3작업", "제4작업"이 되도록 할 것.

7회 **기출유형 모의고사**

Information Technology Qualification

과목	코드	문제유형	시험시간	수험번호	성 명
한글엑셀	1122	A	60분	74326007	

수 험 자 유 의 사 항

- 수험자는 문제지를 받는 즉시 문제지와 **수험표상의 시험과목(프로그램)이 동일한지 반드시 확인**하여야 합니다.
- 파일명은 본인의 "수험번호-성명"으로 입력하여 답안폴더(내 PC₩문서₩ITQ)에 하나의 파일로 저장해야 하며, 답안문서 파일명이 "수험번호-성명"과 일치하지 않거나, 답안파일을 전송하지 않아 미제출로 처리될 경우 실격 처리합니다(예 : 내 PC₩문서₩ITQ₩12345678-홍길동.xlsx).
- 답안 작성을 마치면 파일을 저장하고, '답안 전송' 버튼을 선택하여 감독위원 PC로 답안을 전송하십시오. 수험생 정보와 저장한 파일명이 다를 경우 전송되지 않으므로 주의하시기 바랍니다.
- 답안 작성 중에도 **주기적으로 저장하고 답안을 전송**하여야 문제 발생을 줄일 수 있습니다. 작업한 내용을 저장하지 않고 전송할 경우 이전에 저장된 내용이 전송되오니 이점 유의하시기 바랍니다.
- 답안문서는 지정된 경로 외의 다른 보조기억장치에 저장하는 경우, 지정된 시험 시간 외에 작성된 파일을 활용할 경우, 기타 통신 수단(이메일, 메신저, 네트워크 등)을 이용하여 타인에게 전달 또는 외부 반출하는 경우는 부정 처리합니다.
- 시험 중 부주의 또는 고의로 시스템을 파손한 경우는 수험자가 변상해야 하며, 〈수험자 유의사항〉에 기재된 방법대로 이행하지 않아 생기는 불이익은 수험생 당사자의 책임임을 알려 드립니다.
- 문제의 조건은 MS-Office 2016버전으로 설정되어 있으니 유의하시기 바랍니다.
- 시험을 완료한 수험자는 답안파일이 전송되었는지 확인한 후 감독위원의 지시에 따라 문제지를 제출하고 퇴실합니다.

답 안 작 성 요 령

- 온라인 답안 작성 절차
  수험자 등록 ⇒ 시험 시작 ⇒ 답안파일 저장 ⇒ 답안 전송 ⇒ 시험 종료
- 문제는 총 4단계, 즉 제1작업부터 제4작업까지 구성되어 있으며 반드시 제1작업부터 순서대로 작성하고 조건대로 작업하시오.
- 모든 작업시트의 A열은 열 너비 '1'로, 나머지 열은 적당하게 조절하시오.
- 모든 작업시트의 테두리는《출력형태》와 같이 작업하시오.
- 해당 작업란에서는 각각 제시된 조건에 따라《출력형태》와 같이 작업하시오.
- 답안 시트 이름은 "제1작업", "제2작업", "제3작업", "제4작업"이어야 하며 답안 시트 이외의 것은 감점 처리됩니다.
- 각 시트를 파일로 나누어 작업해서 저장할 경우 실격 처리됩니다.

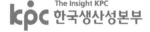

The Insight KPC
kpc 한국생산성본부

☞ 다음은 '해외 어학연수 모집 현황'에 대한 자료이다. 자료를 입력하고 조건에 맞도록 작업하시오.

출력형태

	연수국가	도시	대상	출발일	연수기간	모집인원	연수비용 (단위:원)	순위	출발요일
							담당	팀장	과장
결재									
	미국	보스턴	초등학생	2021-12-20	8주	76	4,500,000	(1)	(2)
	영국	런던	대학생	2021-12-30	8주	54	4,600,000	(1)	(2)
	호주	시드니	중등학생	2022-01-01	4주	135	2,800,000	(1)	(2)
	필리핀	세부	중등학생	2021-12-10	6주	180	1,500,000	(1)	(2)
	호주	골드코스트	대학생	2021-11-30	8주	60	3,950,000	(1)	(2)
	캐나다	토론토	초등학생	2022-01-10	6주	35	3,800,000	(1)	(2)
	영국	이스트본	대학생	2021-12-01	8주	80	4,200,000	(1)	(2)
	필리핀	마닐라	초등학생	2021-12-26	8주	100	2,200,000	(1)	(2)
	최대 연수비용(단위:원)			(3)			초등학생 평균 모집인원		(5)
	총 연수비용(단위:원)			(4)		도시	보스턴	연수기간	(6)

조건

○ 모든 데이터의 서식에는 글꼴(굴림, 11pt), 정렬은 숫자 및 회계 서식은 오른쪽 정렬, 나머지 서식은 가운데 정렬로 작성하며 예외적인 것은 ≪출력형태≫를 참조하시오.

○ 제목 ⇒ 모서리가 둥근 직사각형과 바깥쪽 그림자 스타일(오프셋 대각선 왼쪽 위)을 이용하여 작성하고 "해외 어학연수 모집 현황"을 입력한 후 다음 서식을 적용하시오(글꼴 – 굴림, 24pt, 검정, 굵게, 채우기 – 노랑).

○ 임의의 셀에 결재란을 작성하여 그림으로 복사 기능을 이용하여 붙이기 하시오(단, 원본 삭제).

○ 「B4:J4, G14, I14」 영역은 '주황'으로 채우기 하시오.

○ 유효성 검사를 이용하여 「H14」 셀에 도시(「C5:C12」 영역)가 선택 표시되도록 하시오.

○ 셀 서식 ⇒ 「G5:G12」 영역에 셀 서식을 이용하여 '명'을 표시하시오(예 : 25 → 25명).

○ 「G5:G12」 영역에 대해 '모집인원'으로 이름정의를 하시오.

◎ (1)~(6) 셀은 반드시 <u>주어진 함수를 이용</u>하여 값을 구하시오(결과값을 직접 입력하면 해당 셀은 0점 처리됨).

(1) 순위 ⇒ 모집인원의 내림차순 순위를 구하시오(RANK.EQ 함수).

(2) 출발요일 ⇒ 출발일의 요일을 예와 같이 구하시오(CHOOSE, WEEKDAY 함수)(예 : 월요일).

(3) 최대 연수비용(단위:원) ⇒ (MAX 함수)

(4) 총 연수비용(단위:원) ⇒ 정의된 이름(모집인원)을 이용하여 「모집인원×연수비용(단위:원)」의 합계를 구하고, 천 단위 콤마 형식으로 표시하시오(SUMPRODUCT 함수).

(5) 초등학생 평균 모집인원 ⇒ 결과값을 반올림하여 정수로 구하시오. 단, 조건은 입력데이터를 이용하시오(ROUND, DAVERAGE 함수)(예 : 12.3 → 12).

(6) 연수기간 ⇒ 「H14」 셀에서 선택한 도시에 대한 연수기간을 표시하시오(VLOOKUP 함수).

(7) 조건부 서식을 이용하여 '연수비용(단위:원)' 셀에 데이터 막대 스타일(빨강)을 최소값 및 최대값으로 적용하시오.

☞ "제1작업" 시트의 「B4:H12」 영역을 복사하여 "제2작업" 시트의 「B2」 셀부터 모두 붙여넣기를 한 후 다음의 조건과 같이 작업하시오.

조건

(1) 고급필터 – 대상이 '초등학생'이 아니면서 모집인원이 '60명' 이상인 자료의 데이터만 추출하시오.
　　　　 – 조건 범위 : 「B13」 셀부터 입력하시오.
　　　　 – 복사 위치 : 「B18」 셀부터 나타나도록 하시오.
(2) 표 서식 – 고급필터의 결과 셀을 채우기 없음으로 설정한 후 '표 스타일 밝게 11'의 서식을 적용하시오.
　　　　 – 머리글 행, 줄무늬 행을 적용하시오.

[제 3 작업]　　피벗 테이블　　80점

☞ "제1작업" 시트를 이용하여 "제3작업" 시트에 조건에 따라 《출력형태》와 같이 작업하시오.

조건

(1) 연수국가 및 출발일별 모집인원과 연수비용(단위:원)의 평균을 구하시오.
(2) 출발일을 그룹화하고, 연수국가를 《출력형태》와 같이 정렬하시오.
(3) 레이블이 있는 셀 병합 및 가운데 맞춤 적용 및 빈 셀은 '**'로 표시하시오.
(4) 행의 총합계를 지우고, 나머지 사항은 《출력형태》에 맞게 작성하시오.

출력형태

연수국가	출발일 1월 평균 : 모집인원	평균 : 연수비용(단위:원)	11월 평균 : 모집인원	평균 : 연수비용(단위:원)	12월 평균 : 모집인원	평균 : 연수비용(단위:원)
호주	135	2,800,000	60	3,950,000	**	**
필리핀	**	**	**	**	140	1,850,000
캐나다	35	3,800,000	**	**	**	**
영국	**	**	**	**	67	4,400,000
미국	**	**	**	**	76	4,500,000
총합계	85	3,300,000	60	3,950,000	98	3,400,000

☞ "제1작업" 시트를 이용하여 조건에 따라 《출력형태》와 같이 작업하시오.

조건

(1) 차트 종류 ⇒ 〈묶은 세로 막대형〉으로 작업하시오.

(2) 데이터 범위 ⇒ "제1작업" 시트의 내용을 이용하여 작업하시오.

(3) 위치 ⇒ "새 시트"로 이동하고, "제4작업"으로 시트 이름을 바꾸시오.

(4) 차트 디자인 도구 ⇒ 레이아웃 3, 스타일 5를 선택하여 《출력형태》에 맞게 작업하시오.

(5) 영역 서식 ⇒ 차트 : 글꼴(굴림, 11pt), 채우기 효과(질감 – 신문 용지)

　　　　　　　 그림 : 채우기(흰색, 배경1)

(6) 제목 서식 ⇒ 차트 제목 : 글꼴(굴림, 굵게, 20pt), 채우기(흰색, 배경1), 테두리

(7) 서식 ⇒ 연수비용(단위:원) 계열의 차트 종류를 〈표식이 있는 꺾은선형〉으로 변경한 후 보조축으로 지정하시오.

　　　　계열 : 《출력형태》를 참조하여 표식(동그라미, 크기 10)과 레이블 값을 표시하시오.

　　　　눈금선 : 선 스타일 – 파선

　　　　축 : 《출력형태》를 참조하시오.

(8) 범례 ⇒ 범례명을 변경하고 《출력형태》를 참조하시오.

(9) 도형 ⇒ '구름 모양 설명선'을 삽입하고, 《출력형태》와 같이 내용을 입력하시오.

(10) 나머지 사항은 《출력형태》에 맞게 작성하시오.

출력형태

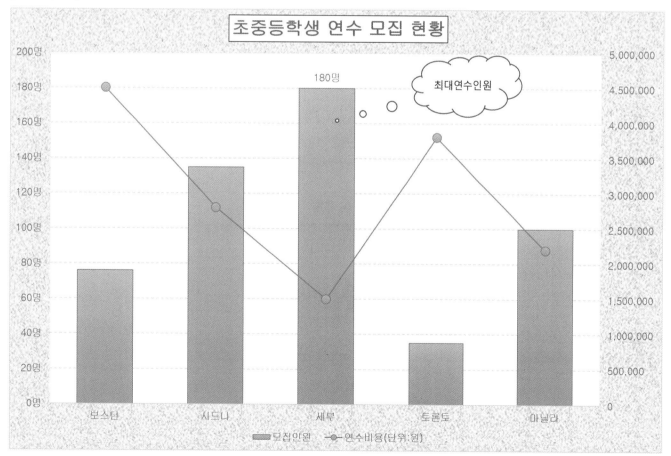

주의 시트명 순서가 차례대로 "제1작업", "제2작업", "제3작업", "제4작업"이 되도록 할 것.

8회 기출유형 모의고사

과목	코드	문제유형	시험시간	수험번호	성 명
한글엑셀	1122	A	60분	40936008	

수 험 자 유 의 사 항

- 수험자는 문제지를 받는 즉시 문제지와 **수험표상의 시험과목(프로그램)이 동일한지 반드시 확인**하여야 합니다.
- 파일명은 본인의 "수험번호-성명"으로 입력하여 답안폴더(내 PC₩문서₩ITQ)에 하나의 파일로 저장해야 하며, 답안문서 파일명이 "수험번호-성명"과 일치하지 않거나, 답안파일을 전송하지 않아 미제출로 처리될 경우 실격 처리합니다(예 : 내 PC₩ 문서₩ITQ₩12345678-홍길동.xlsx).
- 답안 작성을 마치면 파일을 저장하고, '답안 전송' 버튼을 선택하여 감독위원 PC로 답안을 전송하십시오. 수험생 정보와 저장한 파일명이 다를 경우 전송되지 않으므로 주의하시기 바랍니다.
- 답안 작성 중에도 **주기적으로 저장하고 답안을 전송**하여야 문제 발생을 줄일 수 있습니다. 작업한 내용을 저장하지 않고 전송할 경우 이전에 저장된 내용이 전송되오니 이점 유의하시기 바랍니다.
- 답안문서는 지정된 경로 외의 다른 보조기억장치에 저장하는 경우, 지정된 시험 시간 외에 작성된 파일을 활용할 경우, 기타 통신 수단(이메일, 메신저, 네트워크 등)을 이용하여 타인에게 전달 또는 외부 반출하는 경우는 부정 처리합니다.
- 시험 중 부주의 또는 고의로 시스템을 파손한 경우는 수험자가 변상해야 하며, <수험자 유의사항>에 기재된 방법대로 이행하지 않아 생기는 불이익은 수험생 당사자의 책임임을 알려 드립니다.
- 문제의 조건은 MS-Office 2016버전으로 설정되어 있으니 유의하시기 바랍니다.
- 시험을 완료한 수험자는 답안파일이 전송되었는지 확인한 후 감독위원의 지시에 따라 문제지를 제출하고 퇴실합니다.

답 안 작 성 요 령

- 온라인 답안 작성 절차
  수험자 등록 ⇒ 시험 시작 ⇒ 답안파일 저장 ⇒ 답안 전송 ⇒ 시험 종료
- 문제는 총 4단계, 즉 제1작업부터 제4작업까지 구성되어 있으며 반드시 제1작업부터 순서대로 작성하고 조건대로 작업하시오.
- 모든 작업시트의 A열은 열 너비 '1'로, 나머지 열은 적당하게 조절하시오.
- 모든 작업시트의 테두리는《출력형태》와 같이 작업하시오.
- 해당 작업란에서는 각각 제시된 조건에 따라《출력형태》와 같이 작업하시오.
- 답안 시트 이름은 "제1작업", "제2작업", "제3작업", "제4작업"이어야 하며 답안 시트 이외의 것은 감점 처리됩니다.
- 각 시트를 파일로 나누어 작업해서 저장할 경우 실격 처리됩니다.

The Insight KPC
kpc 한국생산성본부

☞ 다음은 '10월 사원별 급여 현황'에 대한 자료이다. 자료를 입력하고 조건에 맞도록 작업하시오.

출력형태

A	B	C	D	E	F	G	H	I	J
							결재	담당	팀장	부장

사원번호	이름	부서	직위	기본급 (단위:원)	상여비율	수당(단위:원)	총급여액 (단위:원)	입사연도
KT-202005	김우진	관리	사원	1,000,000	6%	160,000	(1)	(2)
KT-201803	우영주	영업	대리	1,400,000	9%	180,000	(1)	(2)
KJ-201803	정준호	영업	과장	1,600,000	14%	210,000	(1)	(2)
KJ-200103	박은기	기획	부장	2,000,000	20%	300,000	(1)	(2)
KD-201012	서영은	영업	차장	1,800,000	18%	320,000	(1)	(2)
KY-201903	이찬희	기획	대리	1,400,000	10%	180,000	(1)	(2)
KG-202003	한현숙	총무	사원	1,000,000	5%	150,000	(1)	(2)
KD-201601	이수정	기획	과장	1,600,000	15%	200,000	(1)	(2)
관리부의 수당 평균			(3)			최고 기본급		(5)
사원의 평균 상여비율			(4)		사원명	황우정	수당(단위:원)	(6)

조건

○ 모든 데이터의 서식에는 글꼴(굴림, 11pt), 정렬은 숫자 및 회계 서식은 오른쪽 정렬, 나머지 서식은 가운데 정렬로 작성하며 예외적인 것은 《출력형태》를 참조하시오.

○ 제목 ⇒ 모서리가 둥근 직사각형과 바깥쪽 그림자 스타일(오프셋 오른쪽)을 이용하여 작성하고 "10월 사원별 급여 현황"을 입력한 후 다음 서식을 적용하시오(글꼴 – 굴림, 24pt, 검정, 굵게, 채우기 – 노랑).

○ 임의의 셀에 결재란을 작성하여 그림으로 복사 기능을 이용하여 붙이기 하시오(단, 원본 삭제).

○ 「B4:J4, G14, I14」 영역은 '주황'으로 채우고, 「G5:G12」 영역은 백분율 서식으로 작성하시오.

○ 유효성 검사를 이용하여 「H14」 셀에 사원명(「C5:C12」 영역)이 선택 표시되도록 하시오.

○ 셀 서식 ⇒ 「D5:D12」 영역에 셀 서식을 이용하여 글자 뒤에 '부'를 표시하시오(예 : 영업부).

○ 「F5:F12」 영역에 대해 '기본급'으로 이름정의를 하시오.

◎ (1)~(6) 셀은 반드시 주어진 함수를 이용하여 값을 구하시오(결과값을 직접 입력하면 해당 셀은 0점 처리됨).

(1) 총급여액(단위:원) ⇒ 「기본급(단위:원) + 기본급(단위:원) × 상여비율 + 수당(단위:원)」을 반올림하여 천원 단위로 구하시오(ROUND 함수)(예 : 1,121,320 → 1,121,000).

(2) 입사연도 ⇒ 사원번호의 4번째 글자부터 4글자를 추출하여 '년'을 붙이시오(MID 함수, & 연산자)(예 : 2013년).

(3) 관리부의 수당 평균 ⇒ 올림하여 십원 단위로 구하시오. 단, 조건은 입력데이터를 이용하시오(ROUNDUP, DAVERAGE 함수) (예 : 1,121,321.4 → 1,121,330).

(4) 사원의 평균 상여비율 ⇒ 사원의 상여비율 평균을 구한 후 백분율 스타일로 표시하시오(SUMIF, COUNTIF 함수)(예 : 1.3%).

(5) 최고 기본급 ⇒ 정의된 이름(기본급)을 이용하여 구하시오(MAX 함수).

(6) 수당(단위:원) ⇒ 「H14」 셀에서 선택한 사원명에 대한 수당(단위:원)을 구하시오(VLOOKUP 함수).

(7) 조건부 서식의 수식을 이용하여 기본급(단위:원)이 '1,000,000' 이하인 행 전체에 다음 서식을 적용하시오(글꼴 : 파랑).

[제 2 작업] 필터 및 서식 80점

☞ "제1작업" 시트의 「B4:H12」 영역을 복사하여 "제2작업" 시트의 「B2」 셀부터 모두 붙여넣기를 한 후 다음의 조건과 같이 작업하시오.

【조건】

(1) 고급필터 – 부서가 '기획부' 이거나 직위가 '사원'인 자료의 데이터만 추출하시오.
    – 조건 범위 : 「B13」 셀부터 입력하시오.
    – 복사 위치 : 「B18」 셀부터 나타나도록 하시오.
(2) 표 서식 – 고급필터의 결과 셀을 채우기 없음으로 설정한 후 '표 스타일 밝게 13'의 서식을 적용하시오.
    – 머리글 행, 줄무늬 행을 적용하시오.

[제 3 작업] 정렬 및 부분합 80점

☞ "제1작업" 시트의 「B4:H12」 영역을 복사하여 "제3작업" 시트의 「B2」 셀부터 모두 붙여넣기를 한 후 다음의 조건과 같이 작업하시오.

【조건】

(1) 부분합 – ≪출력형태≫처럼 정렬하고 이름의 개수와 수당(단위:원)의 평균을 구하시오.
(2) 윤곽 – 지우시오.
(3) 나머지 사항은 ≪출력형태≫에 맞게 작성하시오.

【출력형태】

	B	C	D	E	F	G	H	I
2	사원번호	이름	부서	직위	기본급(단위:원)	상여비율	수당(단위:원)	
3	KT-202003	황우정	관리부	사원	1,000,000	6%	150,000	
4	KG-202003	한현숙	총무부	사원	1,000,000	5%	150,000	
5				사원 평균			150,000	
6		2		사원 개수				
7	KT-201803	우영주	영업부	대리	1,400,000	9%	180,000	
8	KY-201903	이찬희	기획부	대리	1,400,000	10%	180,000	
9				대리 평균			180,000	
10		2		대리 개수				
11	KJ-201803	정준호	영업부	과장	1,600,000	14%	210,000	
12	KD-201601	이수정	기획부	과장	1,600,000	15%	200,000	
13				과장 평균			205,000	
14		2		과장 개수				
15	KD-201012	서영은	영업부	차장	1,800,000	18%	320,000	
16				차장 평균			320,000	
17		1		차장 개수				
18	KJ-200103	박은기	기획부	부장	2,000,000	20%	300,000	
19				부장 평균			300,000	
20		1		부장 개수				
21				전체 평균			211,250	
22		8		전체 개수				

☞ "제1작업" 시트를 이용하여 조건에 따라 《출력형태》와 같이 작업하시오.

조건

(1) 차트 종류 ⇒ 〈묶은 세로 막대형〉으로 작업하시오.

(2) 데이터 범위 ⇒ "제1작업" 시트의 내용을 이용하여 작업하시오.

(3) 위치 ⇒ "새 시트"로 이동하고, "제4작업"으로 시트 이름을 바꾸시오.

(4) 차트 디자인 도구 ⇒ 레이아웃 3, 스타일 6을 선택하여 《출력형태》에 맞게 작업하시오.

(5) 영역 서식 ⇒ 차트 : 글꼴(굴림, 11pt), 채우기 효과(질감 – 파랑 박엽지)

　　　　　　　 그림 : 채우기(흰색, 배경1)

(6) 제목 서식 ⇒ 차트 제목 : 글꼴(굴림, 굵게, 20pt), 채우기(흰색, 배경1), 테두리

(7) 서식 ⇒ 기본급(단위:원) 계열의 차트 종류를 〈표식이 있는 꺾은선형〉으로 변경한 후 보조축으로 지정하시오.

　　　 계열 : 《출력형태》를 참조하여 표식(네모, 크기 10)과 레이블 값을 표시하시오.

　　　 눈금선 : 선 스타일 – 파선

　　　 축 : 《출력형태》를 참조하시오.

(8) 범례 ⇒ 범례명을 변경하고 《출력형태》를 참조하시오.

(9) 도형 ⇒ '구름 모양 설명선'을 삽입하고, 《출력형태》와 같이 내용을 입력하시오.

(10) 나머지 사항은 《출력형태》에 맞게 작성하시오.

출력형태

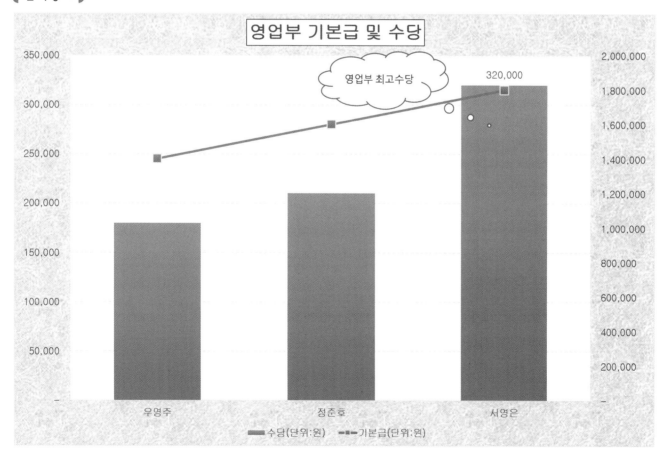

주의 시트명 순서가 차례대로 "제1작업", "제2작업", "제3작업", "제4작업"이 되도록 할 것.

9회 기출유형 모의고사

과목	코드	문제유형	시험시간	수험번호	성 명
한글엑셀	1122	A	60분	21366009	

수 험 자 유 의 사 항

◉ 수험자는 문제지를 받는 즉시 문제지와 **수험표상의 시험과목(프로그램)이 동일한지 반드시 확인**하여야 합니다.

◉ 파일명은 본인의 "수험번호-성명"으로 입력하여 답안폴더(내 PC₩문서₩ITQ)에 하나의 파일로 저장해야 하며, 답안문서 파일명이 "수험번호-성명"과 일치하지 않거나, 답안파일을 전송하지 않아 미제출로 처리될 경우 실격 처리합니다(예 : 내 PC₩ 문서₩ITQ₩12345678-홍길동.xlsx).

◉ 답안 작성을 마치면 파일을 저장하고, '답안 전송' 버튼을 선택하여 감독위원 PC로 답안을 전송하십시오. 수험생 정보와 저장한 파일명이 다를 경우 전송되지 않으므로 주의하시기 바랍니다.

◉ 답안 작성 중에도 **주기적으로 저장하고 답안을 전송**하여야 문제 발생을 줄일 수 있습니다. 작업한 내용을 저장하지 않고 전송할 경우 이전에 저장된 내용이 전송되오니 이점 유의하시기 바랍니다.

◉ 답안문서는 지정된 경로 외의 다른 보조기억장치에 저장하는 경우, 지정된 시험 시간 외에 작성된 파일을 활용할 경우, 기타 통신 수단(이메일, 메신저, 네트워크 등)을 이용하여 타인에게 전달 또는 외부 반출하는 경우는 부정 처리합니다.

◉ 시험 중 부주의 또는 고의로 시스템을 파손한 경우는 수험자가 변상해야 하며, <수험자 유의사항>에 기재된 방법대로 이행하지 않아 생기는 불이익은 수험생 당사자의 책임임을 알려 드립니다.

◉ 문제의 조건은 MS-Office 2016버전으로 설정되어 있으니 유의하시기 바랍니다.

◉ 시험을 완료한 수험자는 답안파일이 전송되었는지 확인한 후 감독위원의 지시에 따라 문제지를 제출하고 퇴실합니다.

답 안 작 성 요 령

◉ 온라인 답안 작성 절차
  수험자 등록 ⇒ 시험 시작 ⇒ 답안파일 저장 ⇒ 답안 전송 ⇒ 시험 종료

◉ 문제는 총 4단계, 즉 제1작업부터 제4작업까지 구성되어 있으며 반드시 제1작업부터 순서대로 작성하고 조건대로 작업하시오.

◉ 모든 작업시트의 A열은 열 너비 '1'로, 나머지 열은 적당하게 조절하시오.

◉ 모든 작업시트의 테두리는《출력형태》와 같이 작업하시오.

◉ 해당 작업란에서는 각각 제시된 조건에 따라《출력형태》와 같이 작업하시오.

◉ 답안 시트 이름은 "제1작업", "제2작업", "제3작업", "제4작업"이어야 하며 답안 시트 이외의 것은 감점 처리됩니다.

◉ 각 시트를 파일로 나누어 작업해서 저장할 경우 실격 처리됩니다.

The Insight KPC
kpc 한국생산성본부

☞ 다음은 '꾸미다 의류 판매 현황'에 대한 자료이다. 자료를 입력하고 조건에 맞도록 작업하시오.

출력형태

	제품코드	제품명	구분	판매수량 (단위:점)	재고수량 (단위:점)	판매가	제조사	비고	판매순위
							결재	담당	팀장	본부장

제품코드	제품명	구분	판매수량 (단위:점)	재고수량 (단위:점)	판매가	제조사	비고	판매순위
SS1048	마카롱 T	유아	372	267	51,000	기린	(1)	(2)
ST1003	에이스줄 T	성인	351	158	26,000	우주	(1)	(2)
DS3113	11트레이닝	어린이	168	172	13,000	기린	(1)	(2)
SS1061	제로니정글	어린이	250	349	47,000	달팽이	(1)	(2)
ST9770	트윙클 T	성인	453	256	6,900	우주	(1)	(2)
DE7021	카야세모팬츠	유아	168	171	14,900	달팽이	(1)	(2)
SE6021	그렌카모팬츠	유아	61	248	7,900	달팽이	(1)	(2)
DE3201	초코별	어린이	260	149	78,800	기린	(1)	(2)
성인 제품 판매수량(단위:점) 평균			(3)		유아 제품의 판매수량(단위:점) 합계			(5)
최저 재고수량(단위:점)			(4)		제품코드	SS1048	판매가	(6)

조건

○ 모든 데이터의 서식에는 글꼴(굴림, 11pt), 정렬은 숫자 및 회계 서식은 오른쪽 정렬, 나머지 서식은 가운데 정렬로 작성하며 예외적인 것은 《출력형태》를 참조하시오.

○ 제목 ⇒ 순서도 : 저장 데이터 도형과 바깥쪽 그림자 스타일(오프셋 오른쪽)을 이용하여 작성하고 "꾸미다 의류 판매 현황"을 입력한 후 다음 서식을 적용하시오(글꼴−굴림, 24pt, 검정, 굵게, 채우기−노랑).

○ 임의의 셀에 결재란을 작성하여 그림으로 복사 기능을 이용하여 붙이기 하시오(단, 원본 삭제).

○ 「B4:J4, G14, I14」 영역은 '주황'으로 채우기 하시오.

○ 유효성 검사를 이용하여 「H14」 셀에 제품코드(「B5:B12」 영역)가 선택 표시되도록 하시오.

○ 셀 서식⇒「G5:G12」 영역에 셀 서식을 이용하여 숫자 뒤에 '원'을 표시하시오(예 : 52,000원).

○ 「F5:F12」 영역에 대해 '재고수량'으로 이름정의를 하시오.

⊙ (1)∼(6) 셀은 반드시 주어진 함수를 이용하여 값을 구하시오(결과 값을 직접 입력하면 해당 셀은 0점 처리됨).

(1) 비고 ⇒ 재고수량(단위:점)이 200 이상이거나 판매가가 50,000을 초과하면 '15% 할인', 그 외에는 공백으로 표시하시오(IF, OR 함수).

(2) 판매순위 ⇒ 판매수량(단위:점)의 내림차순 순위를 구한 결과값에 '위'를 붙이시오(RANK.EQ 함수, & 연산자)(예 : 1위).

(3) 성인 제품 판매수량(단위:점) 평균 ⇒ (SUMIF, COUNTIF 함수)

(4) 최저 재고수량(단위:점) ⇒ 정의된 이름(재고수량)을 이용하여 구하시오(MIN 함수).

(5) 유아 제품의 판매수량(단위:점) 합계 ⇒ 조건은 입력데이터를 이용하시오(DSUM 함수).

(6) 판매가 ⇒「H14」 셀에서 선택한 제품코드에 대한 판매가를 구하시오(VLOOKUP 함수).

(7) 조건부 서식을 이용하여 재고수량(단위:점) 셀에 데이터 막대 스타일(빨강)을 최소값 및 최대값으로 적용하시오.

[제 2 작업] 필터 및 서식 | 80점

☞ "제1작업" 시트의 「B4:H12」 영역을 복사하여 "제2작업" 시트의 「B2」 셀부터 모두 붙여넣기를 한 후 다음의 조건과 같이 작업하시오.

조건

(1) 고급필터 – 구분이 '어린이' 이거나 판매가가 '50,000' 이상인 자료의 데이터만 추출하시오.
- 조건 범위 : 「B13」 셀부터 입력하시오.
- 복사 위치 : 「B18」 셀부터 나타나도록 하시오.

(2) 표 서식 – 고급필터의 결과 셀을 채우기 없음으로 설정한 후 '표 스타일 보통 6'의 서식을 적용하시오.
- 머리글 행, 줄무늬 행을 적용하시오.

[제 3 작업] 피벗 테이블 | 80점

☞ "제1작업" 시트를 이용하여 "제3작업" 시트에 조건에 따라 《출력형태》와 같이 작업하시오.

조건

(1) 판매가 및 구분별 제품명의 개수와 판매수량(단위:점)의 최소값을 구하시오.
(2) 판매가를 그룹화하고, 구분을 《출력형태》와 같이 정렬하시오.
(3) 레이블이 있는 셀 병합 및 가운데 맞춤 적용 및 빈 셀은 '**'로 표시하시오.
(4) 행의 총합계를 지우고, 나머지 사항은 《출력형태》에 맞게 작성하시오.

출력형태

A	B	C	D	E	F	G	H
1							
2		구분 ↓					
3			유아		어린이		성인	
4	판매가 ▾	개수 : 제품명	최소값 : 판매수량(단위:점)	개수 : 제품명	최소값 : 판매수량(단위:점)	개수 : 제품명	최소값 : 판매수량(단위:점)
5	1-20000	2	61	1	168	1	453
6	20001-40000	**	**	**	**	1	351
7	40001-60000	1	372	1	250	**	**
8	60001-80000	**	**	1	260	**	**
9	총합계	3	61	3	168	2	351
10							

☞ "제1작업" 시트를 이용하여 조건에 따라 《출력형태》와 같이 작업하시오.

【조건】

⑴ 차트 종류 ⇒ 〈묶은 세로 막대형〉으로 작업하시오.

⑵ 데이터 범위 ⇒ "제1작업" 시트의 내용을 이용하여 작업하시오.

⑶ 위치 ⇒ "새 시트"로 이동하고, "제4작업"으로 시트 이름을 바꾸시오.

⑷ 차트 디자인 도구 ⇒ 레이아웃 3, 색 변경(단색형 색5), 스타일 14를 선택하여 《출력형태》에 맞게 작업하시오.

⑸ 영역 서식 ⇒ 차트 : 글꼴(굴림, 11pt), 채우기 효과(질감–양피지)

　　　　　　　　　그림 : 채우기(흰색, 배경1)

⑹ 제목 서식 ⇒ 차트 제목 : 글꼴(굴림, 굵게, 20pt), 채우기(흰색, 배경1), 테두리

⑺ 서식 ⇒ 판매수량(단위:점) 계열의 차트 종류를 〈표식이 있는 꺾은선형〉으로 변경한 후 보조 축으로 지정하시오.

　　　계열 : 《출력형태》를 참조하여 표식(동그라미, 크기 10)과 레이블 값을 표시하시오.

　　　눈금선 : 선 스타일 – 파선

　　　축 : 《출력형태》를 참조하시오.

⑻ 범례 ⇒ 범례명을 변경하고 《출력형태》를 참조하시오.

⑼ 도형 ⇒ '사각형 설명선'을 삽입하고 《출력형태》와 같이 내용을 입력하시오.

⑽ 나머지 사항은 《출력형태》에 맞게 작성하시오.

【출력형태】

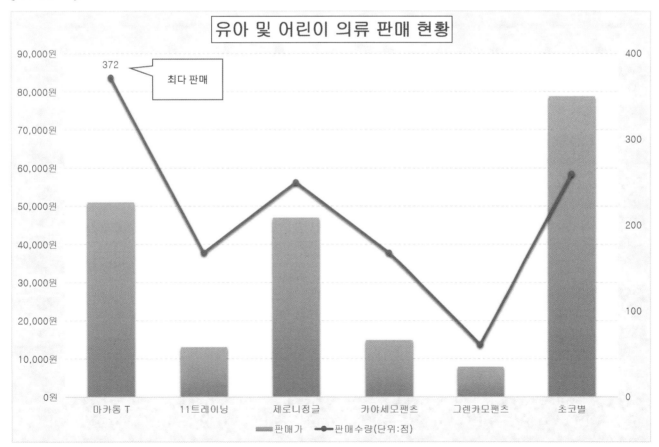

주의 시트명 순서가 차례대로 "제1작업", "제2작업", "제3작업", "제4작업"이 되도록 할 것.

기출유형 모의고사

10_회

무료 동영상

과목	코드	문제유형	시험시간	수험번호	성 명
한글엑셀	1122	A	60분	10306010	

수 험 자 유 의 사 항

◎ 수험자는 문제지를 받는 즉시 문제지와 **수험표상의 시험과목(프로그램)이 동일한지 반드시 확인**하여야 합니다.

◎ 파일명은 본인의 "수험번호-성명"으로 입력하여 답안폴더(내 PC₩문서₩ITQ)에 하나의 파일로 저장해야 하며, 답안문서 파일명이 "수험번호-성명"과 일치하지 않거나, 답안파일을 전송하지 않아 미제출로 처리될 경우 실격 처리합니다(예 : 내 PC₩ 문서₩ITQ₩12345678-홍길동.xlsx).

◎ 답안 작성을 마치면 파일을 저장하고, '답안 전송' 버튼을 선택하여 감독위원 PC로 답안을 전송하십시오. 수험생 정보와 저장한 파일명이 다를 경우 전송되지 않으므로 주의하시기 바랍니다.

◎ 답안 작성 중에도 **주기적으로 저장하고 답안을 전송**하여야 문제 발생을 줄일 수 있습니다. 작업한 내용을 저장하지 않고 전송할 경우 이전에 저장된 내용이 전송되오니 이점 유의하시기 바랍니다.

◎ 답안문서는 지정된 경로 외의 다른 보조기억장치에 저장하는 경우, 지정된 시험 시간 외에 작성된 파일을 활용할 경우, 기타 통신 수단(이메일, 메신저, 네트워크 등)을 이용하여 타인에게 전달 또는 외부 반출하는 경우는 부정 처리합니다.

◎ 시험 중 부주의 또는 고의로 시스템을 파손한 경우는 수험자가 변상해야 하며, 〈수험자 유의사항〉에 기재된 방법대로 이행하지 않아 생기는 불이익은 수험생 당사자의 책임임을 알려 드립니다.

◎ 문제의 조건은 MS-Office 2016버전으로 설정되어 있으니 유의하시기 바랍니다.

◎ 시험을 완료한 수험자는 답안파일이 전송되었는지 확인한 후 감독위원의 지시에 따라 문제지를 제출하고 퇴실합니다.

답 안 작 성 요 령

◎ 온라인 답안 작성 절차
　수험자 등록 ⇒ 시험 시작 ⇒ 답안파일 저장 ⇒ 답안 전송 ⇒ 시험 종료

◎ 문제는 총 4단계, 즉 제1작업부터 제4작업까지 구성되어 있으며 반드시 제1작업부터 순서대로 작성하고 조건대로 작업하시오.

◎ 모든 작업시트의 A열은 열 너비 '1'로, 나머지 열은 적당하게 조절하시오.

◎ 모든 작업시트의 테두리는 《출력형태》와 같이 작업하시오.

◎ 해당 작업란에서는 각각 제시된 조건에 따라 《출력형태》와 같이 작업하시오.

◎ 답안 시트 이름은 "제1작업", "제2작업", "제3작업", "제4작업"이어야 하며 답안 시트 이외의 것은 감점 처리됩니다.

◎ 각 시트를 파일로 나누어 작업해서 저장할 경우 실격 처리됩니다.

The Insight KPC
kpc 한국생산성본부

☞ 다음은 '지역특산물 판매 현황'에 대한 자료이다. 자료를 입력하고 조건에 맞도록 작업하시오.

출력형태

	담당	대리	팀장
결재			

지역특산물 판매 현황

상품코드	상품명	구분	단가 (단위:원)	전월판매량	당월판매량	포장 단위	지역	비고
M25-02	해나루 쌀	농산물	70,000	1,820	2,045	20kg	(1)	(2)
B29-03	살치살 스테이크	축산물	30,000	1,892	1,520	500g	(1)	(2)
B32-02	딱새우	수산물	13,900	891	950	1kg	(1)	(2)
S19-01	등심 스테이크	축산물	36,000	1,020	805	500g	(1)	(2)
M20-02	돌산 갓김치	농산물	19,000	1,457	1,852	2kg	(1)	(2)
B37-02	랍스터 테일	수산물	32,000	824	1,820	480g	(1)	(2)
M15-01	대봉 곶감	농산물	80,000	2,361	2,505	30구	(1)	(2)
M14-03	황토 고구마	농산물	27,500	941	1,653	10kg	(1)	(2)
최저 당월판매량			(3)		농산물 전월판매량의 평균			(5)
축산물 특산품 수			(4)		상품명	해나루 쌀	당월판매량	(6)

조건

○ 모든 데이터의 서식에는 글꼴(굴림, 11pt), 정렬은 숫자 및 회계 서식은 오른쪽 정렬, 나머지 서식은 가운데 정렬로 작성하며 예외적인 것은 ≪출력형태≫를 참조하시오.

○ 제목 ⇒ 이중 물결 도형과 바깥쪽 그림자 스타일(오프셋 왼쪽)을 이용하여 작성하고 "지역특산물 판매 현황"을 입력한 후 다음 서식을 적용하시오(글꼴-굴림, 24pt, 검정, 굵게, 채우기-노랑).

○ 임의의 셀에 결재란을 작성하여 그림으로 복사 기능을 이용하여 붙이기 하시오(단, 원본 삭제).

○ 「B4:J4, G14, I14」 영역은 '주황'으로 채우기 하시오.

○ 유효성 검사를 이용하여 「H14」 셀에 상품명(「C5:C12」 영역)이 선택 표시되도록 하시오.

○ 셀 서식⇒「F5:G12」 영역에 셀 서식을 이용하여 숫자 뒤에 'EA'를 표시하시오(예 : 1,820EA).

○ 「G5:G12」 영역에 대해 '당월판매량'으로 이름정의를 하시오.

◉ (1)~(6) 셀은 반드시 주어진 함수를 이용하여 값을 구하시오(결과 값을 직접 입력하면 해당 셀은 0점 처리됨).

(1) 지역 ⇒ 상품코드의 마지막 글자가 1이면 '경기', 2이면 '전라', 3이면 '충청'으로 구하시오(CHOOSE, RIGHT 함수).

(2) 비고 ⇒ 전월판매량이 당월판매량보다 크면 '▼', 그 외에는 공백으로 구하시오(IF 함수).

(3) 최저 당월판매량 ⇒ 정의된 이름(당월판매량)을 이용하여 구하시오(MIN 함수).

(4) 축산물 특산품 수⇒ 구분이 '축산물'인 상품 개수를 구하고, 결과값 뒤에 '개'를 붙이시오(COUNTIF 함수, & 연산자)(예 : 10 → 10개).

(5) 농산물 전월판매량의 평균 ⇒ 농산물의 전월판매량 평균을 내림하여 정수로 구하시오. 단, 조건은 입력 데이터를 이용하시오(ROUNDDOWN, DAVERAGE 함수)(예 : 12.3 → 12).

(6) 당월판매량 ⇒ 「H14」 셀에서 선택한 상품명에 대한 당월판매량을 구하시오(VLOOKUP 함수).

(7) 조건부 서식의 수식을 이용하여 당월판매량이 '2,000' 이상인 행 전체에 다음 서식을 적용하시오(글꼴 : 녹색, 굵게).

[제 2 작업]　필터 및 서식　80점

☞ "제1작업" 시트의 「B4:H12」 영역을 복사하여 "제2작업" 시트의 「B2」 셀부터 모두 붙여넣기를 한 후 다음의 조건과 같이 작업하시오.

조건

(1) 고급필터 – 구분이 '농산물'이 아니면서, 전월판매량이 '2,000' 이하인 자료의 상품코드, 구분, 단가(단위 : 원), 전월판매량 데이터만 추출하시오.

  　– 조건 범위 : 「B13」 셀부터 입력하시오.

  　– 복사 위치 : 「B18」 셀부터 나타나도록 하시오.

(2) 표 서식 – 고급필터의 결과셀을 채우기 없음으로 설정한 후 '표 스타일 보통 11'의 서식을 적용하시오.

  　– 머리글 행, 줄무늬 행을 적용하시오.

[제 3 작업]　피벗 테이블　80점

☞ "제1작업" 시트를 이용하여 "제3작업" 시트에 조건에 따라 《출력형태》와 같이 작업하시오.

조건

(1) 당월판매량 및 구분별 상품명의 개수와 단가(단위:원)의 평균을 구하시오.

(2) 당월판매량을 그룹화하고, 구분을 《출력형태》와 같이 정렬하시오.

(3) 레이블이 있는 셀 병합 및 가운데 맞춤 적용 및 빈 셀은 '***'로 표시하시오.

(4) 행의 총합계를 지우고, 나머지 사항은 《출력형태》에 맞게 작성하시오.

출력형태

	B	C	D	E	F	G	H
2		구분 ↓					
3		축산물		수산물		농산물	
4	당월판매량 ▼	개수 : 상품명	평균 : 단가(단위:원)	개수 : 상품명	평균 : 단가(단위:원)	개수 : 상품명	평균 : 단가(단위:원)
5	1-1000	1	36,000	1	13,900	***	***
6	1001-2000	1	30,000	1	32,000	2	23,250
7	2001-3000	***	***	***	***	2	75,000
8	총합계	2	33,000	2	22,950	4	49,125

☞ "제1작업" 시트를 이용하여 조건에 따라 《출력형태》와 같이 작업하시오.

조건

(1) 차트 종류 ⇒ 〈묶은 세로 막대형〉으로 작업하시오.

(2) 데이터 범위 ⇒ "제1작업" 시트의 내용을 이용하여 작업하시오.

(3) 위치 ⇒ "새 시트"로 이동하고, "제4작업"으로 시트 이름을 바꾸시오.

(4) 차트 디자인 도구 ⇒ 레이아웃 3, 색 변경(색상형 색2), 스타일 6을 선택하여 《출력형태》에 맞게 작업하시오.

(5) 영역 서식 ⇒ 차트 : 글꼴(굴림, 11pt), 채우기 효과(질감-파랑 박엽지)

　　　　　　　　　그림 : 게우기(흰색, 배경1)

(6) 제목 서식 ⇒ 차트 제목 : 글꼴(굴림, 굵게, 20pt), 채우기(흰색, 배경1), 테두리

(7) 서식 ⇒ 당월판매량 계열의 차트 종류를 〈표식이 있는 꺾은선형〉으로 변경한 후 보조 축으로 지정하시오.

　　　　계열 : 《출력형태》를 참조하여 표식(네모, 크기 10)과 레이블 값을 표시하시오.

　　　　눈금선 : 선 스타일 – 파선

　　　　축 : 《출력형태》를 참조하시오.

(8) 범례 ⇒ 범례명을 변경하고 《출력형태》를 참조하시오.

(9) 도형 ⇒ '모서리가 둥근 사각형 설명선'을 삽입하고 《출력형태》와 같이 내용을 입력하시오.

(10) 나머지 사항은 《출력형태》에 맞게 작성하시오.

출력형태

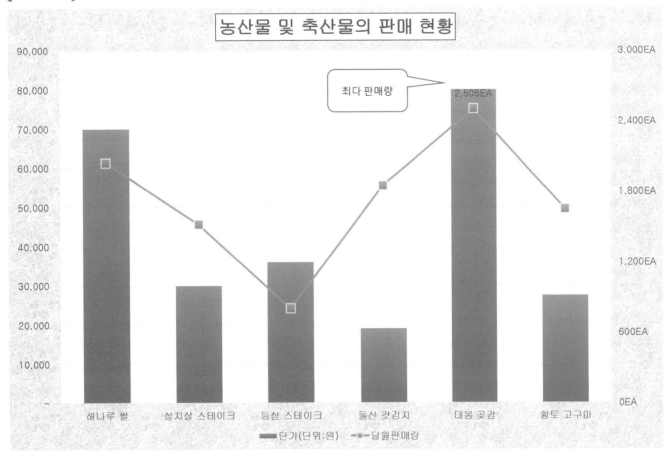

주의 시트명 순서가 차례대로 "제1작업", "제2작업", "제3작업", "제4작업"이 되도록 할 것.

<u>MEMO</u>

PART 3

기출문제

기출문제를 풀어봄으로써 최근 출제경향을 파악하고
수검자의 실력을 확인하도록 합니다.

※정답 파일과 동영상 강의는 [자료실]에서 다운로드하세요.

기출문제

과목	코드	문제유형	시험시간	수험번호	성 명
한글엑셀	1122	A	60분	32406021	

수 험 자 유 의 사 항

◎ 수험자는 문제지를 받는 즉시 문제지와 **수험표상의 시험과목(프로그램)이 동일한지 반드시 확인**하여야 합니다.

◎ 파일명은 본인의 "수험번호-성명"으로 입력하여 답안폴더(내 PC₩문서₩ITQ)에 하나의 파일로 저장해야 하며, 답안문서 파일명이 "수험번호-성명"과 일치하지 않거나, 답안파일을 전송하지 않아 미제출로 처리될 경우 실격 처리합니다(예 : 내 PC₩ 문서₩ITQ₩12345678-홍길동.xlsx).

◎ 답안 작성을 마치면 파일을 저장하고, '답안 전송' 버튼을 선택하여 감독위원 PC로 답안을 전송하십시오. 수험생 정보와 저장한 파일명이 다를 경우 전송되지 않으므로 주의하시기 바랍니다.

◎ 답안 작성 중에도 **주기적으로 저장하고 답안을 전송**하여야 문제 발생을 줄일 수 있습니다. 작업한 내용을 저장하지 않고 전송할 경우 이전에 저장된 내용이 전송되오니 이점 유의하시기 바랍니다.

◎ 답안문서는 지정된 경로 외의 다른 보조기억장치에 저장하는 경우, 지정된 시험 시간 외에 작성된 파일을 활용할 경우, 기타 통신 수단(이메일, 메신저, 네트워크 등)을 이용하여 타인에게 전달 또는 외부 반출하는 경우는 부정 처리합니다.

◎ 시험 중 부주의 또는 고의로 시스템을 파손한 경우는 수험자가 변상해야 하며, 〈수험자 유의사항〉에 기재된 방법대로 이행하지 않아 생기는 불이익은 수험생 당사자의 책임임을 알려 드립니다.

◎ 문제의 조건은 MS-Office 2016버전으로 설정되어 있으니 유의하시기 바랍니다.

◎ 시험을 완료한 수험자는 답안파일이 전송되었는지 확인한 후 감독위원의 지시에 따라 문제지를 제출하고 퇴실합니다.

답 안 작 성 요 령

◎ 온라인 답안 작성 절차
  수험자 등록 ⇒ 시험 시작 ⇒ 답안파일 저장 ⇒ 답안 전송 ⇒ 시험 종료

◎ 문제는 총 4단계, 즉 제1작업부터 제4작업까지 구성되어 있으며 반드시 제1작업부터 순서대로 작성하고 조건대로 작업하시오.

◎ 모든 작업시트의 A열은 열 너비 '1'로, 나머지 열은 적당하게 조절하시오.

◎ 모든 작업시트의 테두리는《출력형태》와 같이 작업하시오.

◎ 해당 작업란에서는 각각 제시된 조건에 따라《출력형태》와 같이 작업하시오.

◎ 답안 시트 이름은 "제1작업", "제2작업", "제3작업", "제4작업"이어야 하며 답안 시트 이외의 것은 감점 처리됩니다.

◎ 각 시트를 파일로 나누어 작업해서 저장할 경우 실격 처리됩니다.

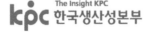

☞ 다음은 '입주자 박람회 이사 계약 현황'에 대한 자료이다. 자료를 입력하고 조건에 맞도록 작업하시오.

출력형태

계약코드	입주자	이사형태	작업인원	견적금액 (단위:원)	사은품	예정물량(톤)	입주 동호수	비고
AM103-003	김선호	포장이사	4	1,700,000	새집증후군	5/1.5	(1)	(2)
PM106-204	이종로	일반이사	6	2,800,000	입주선물세트	8	(1)	(2)
AM207-908	원낙원	포장이사	3	1,700,000	입주청소	5	(1)	(2)
AM103-606	박금호	지방이사	6	2,900,000	새집증후군	8	(1)	(2)
PA109-508	정한남	포장이사	5	2,500,000	입주선물세트	8	(1)	(2)
AM111-121	임강남	포장이사	2	1,000,000	입주청소	3	(1)	(2)
AM102-159	최강북	일반이사	4	1,600,000	새집증후군	5/1.5	(1)	(2)
AM103-610	고양재	지방이사	3	2,650,000	입주선물세트	5	(1)	(2)
최소 작업인원			(3)		포장이사 계약 건수			(5)
포장이사 견적금액(단위:원) 평균			(4)		입주자	김천호	사은품	(6)

제목 확인란: 담당 / 대리 / 과장

조건

○ 모든 데이터의 서식에는 글꼴(굴림, 11pt), 정렬은 숫자 및 회계 서식은 오른쪽 정렬, 나머지 서식은 가운데 정렬로 작성하며 예외적인 것은 《출력형태》를 참조하시오.

○ 제목 ⇒ 모서리가 둥근 직사각형과 바깥쪽 그림자 스타일(오프셋 대각선 오른쪽 아래)을 이용하여 작성하고 "입주자 박람회 이사 계약 현황"을 입력한 후 다음 서식을 적용하시오(글꼴-굴림, 24pt, 검정, 굵게, 채우기-노랑).

○ 임의의 셀에 결재란을 작성하여 그림으로 복사 기능을 이용하여 붙이기 하시오(단, 원본 삭제).

○ 「B4:J4, G14, I14」영역은 '주황'으로 채우기 하시오.

○ 유효성 검사를 이용하여 「H14」셀에 입주자(「C5:C12」영역)가 선택 표시되도록 하시오.

○ 셀 서식⇒「E5:E12」영역에 셀 서식을 이용하여 숫자 뒤에 '명'을 표시하시오(예 : 4명).

○ 「F5:F12」영역에 대해 '견적금액'으로 이름정의를 하시오.

⊙ (1)~(6) 셀은 반드시 주어진 함수를 이용하여 값을 구하시오(결과 값을 직접 입력하면 해당 셀은 0점 처리됨).

(1) 입주 동호수 ⇒ 계약코드의 마지막 7개 글자를 구하시오(RIGHT 함수).

(2) 비고 ⇒ 작업인원이 '4' 이상이면서 견적금액(단위:원)이 '2,000,000' 이하이면 '★', 그 외에는 공백으로 나타내시오(IF, AND 함수).

(3) 최소 작업인원 ⇒ 작업인원의 최소값을 구하시오(MIN 함수).

(4) 포장이사 견적금액(단위:원) 평균 ⇒ 정의된 이름(견적금액)을 이용하여 구하시오(SUMIF, COUNTIF 함수).

(5) 포장이사 계약 건수 ⇒ 단, 조건은 입력데이터를 이용하고, 결과값 뒤에 '건'을 붙이시오(DCOUNTA 함수, & 연산자)(예 : 2건).

(6) 사은품 ⇒「H14」셀에서 선택한 입주자에 대한 사은품을 구하시오(VLOOKUP 함수).

(7) 조건부 서식의 수식을 이용하여 작업인원이 '6' 이상인 행 전체에 다음의 서식을 적용하시오(글꼴 : 굵게, 파랑).

☞ "제1작업" 시트의 「B4:H12」 영역을 복사하여 "제2작업" 시트의 「B2」 셀부터 모두 붙여넣기를 한 후 다음의 조건과 같이 작업하시오.

【조건】

(1) 목표값 찾기 – 「B11:G11」 셀을 병합하여 "견적금액(단위:원)의 전체 평균"을 입력한 후 「H11」 셀에 견적금액(단위:원)의 전체 평균을 구하시오(AVERAGE 함수, 테두리).
　　　　　　　– '견적금액(단위:원)의 전체 평균'이 '2,100,000'이 되려면 김천호의 견적금액(단위:원)이 얼마가 되어야 하는지 목표값을 구하시오.
(2) 고급필터 – 이사형태가 '지방이사'이거나, 작업인원이 '6' 이상인 데이터만 추출하시오.
　　　　　　　– 조건 범위 : 「B14」 셀부터 입력하시오.
　　　　　　　– 복사 위치 : 「B18」 셀부터 나타나도록 하시오.

☞ "제1작업" 시트의 「B4:H12」 영역을 복사하여 "제3작업" 시트의 「B2」 셀부터 모두 붙여넣기를 한 후 다음의 조건과 같이 작업하시오

【조건】

(1) 부분합 – ≪출력형태≫처럼 정렬하고, 입주자의 개수와 견적금액(단위:원)의 평균을 구하시오.
(2) 윤곽 – 지우시오.
(3) 나머지 사항은 ≪출력형태≫에 맞게 작성하시오.

【출력형태】

A	B	C	D	E	F	G	H	I
1								
2	계약코드	입주자	이사형태	작업인원	견적금액 (단위:원)	사은품	예정물량(톤)	
3	AM103-603	김천호	포장이사	4명	1,700,000	새집증후군	5/1.5	
4	AM207-908	원낙원	포장이사	3명	1,700,000	입주청소	5	
5	PA109-508	정한남	포장이사	5명	2,500,000	입주선물세트	8	
6	AM111-121	임강남	포장이사	2명	1,000,000	입주청소	3	
7			포장이사 평균		1,725,000			
8		4	포장이사 개수					
9	AM103-606	박금호	지방이사	6명	2,900,000	새집증후군	8	
10	AM103-610	고양재	지방이사	3명	2,650,000	입주선물세트	5	
11			지방이사 평균		2,775,000			
12		2	지방이사 개수					
13	PM106-204	이종로	일반이사	6명	2,800,000	입주선물세트	8	
14	AM102-159	최강북	일반이사	4명	1,600,000	새집증후군	5/1.5	
15			일반이사 평균		2,200,000			
16		2	일반이사 개수					
17			전체 평균		2,106,250			
18		8	전체 개수					
19								

☞ "제1작업" 시트를 이용하여 조건에 따라 《출력형태》와 같이 작업하시오.

조건

⑴ 차트 종류 ⇒ 〈묶은 세로 막대형〉으로 작업하시오.

⑵ 데이터 범위 ⇒ "제1작업" 시트의 내용을 이용하여 작업하시오.

⑶ 위치 ⇒ "새 시트"로 이동하고, "제4작업"으로 시트 이름을 바꾸시오.

⑷ 차트 디자인 도구 ⇒ 레이아웃 3, 스타일 14를 선택하여 《출력형태》에 맞게 작업하시오.

⑸ 영역 서식 ⇒ 차트 : 글꼴(굴림, 11pt), 채우기 효과(질감–분홍 박엽지)

　　　　　　　　 그림 . 채우기(흰색, 배경1)

⑹ 제목 서식 ⇒ 차트 제목 : 글꼴(굴림, 굵게, 20pt), 채우기(흰색, 배경1), 테두리

⑺ 서식 ⇒ 작업인원 계열의 차트 종류를 〈표식이 있는 꺾은선형〉으로 변경한 후 보조 축으로 지정하시오.

　　　계열 : 《출력형태》를 참조하여 표식(동그라미, 크기 10)과 레이블 값을 표시하시오.

　　　눈금선 : 선 스타일 – 파선

　　　축 : 《출력형태》를 참조하시오.

⑻ 범례 ⇒ 범례명을 변경하고 《출력형태》를 참조하시오.

⑼ 도형 ⇒ '타원형 설명선'을 삽입하고 《출력형태》와 같이 내용을 입력하시오.

⑽ 나머지 사항은 《출력형태》에 맞게 작성하시오.

출력형태

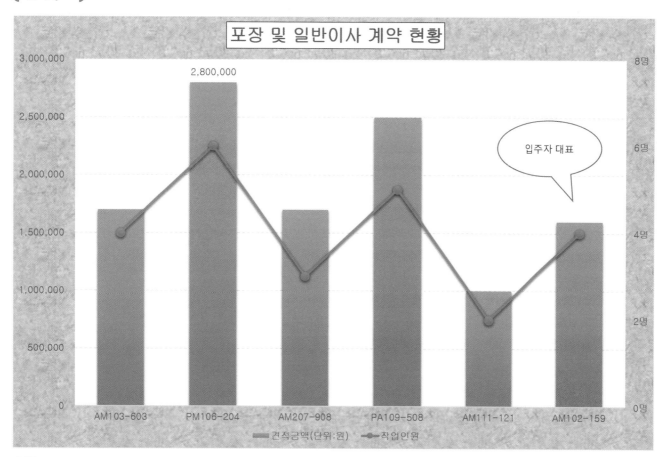

주의 시트명 순서가 차례대로 "제1작업", "제2작업", "제3작업", "제4작업"이 되도록 할 것.

2회 기출문제

과목	코드	문제유형	시험시간	수험번호	성 명
한글엑셀	1122	A	60분	20016002	

수 험 자 유 의 사 항

- 수험자는 문제지를 받는 즉시 문제지와 **수험표상의 시험과목(프로그램)이 동일한지 반드시 확인**하여야 합니다.

- 파일명은 본인의 "수험번호-성명"으로 입력하여 답안폴더(내 PC₩문서₩ITQ)에 하나의 파일로 저장해야 하며, 답안문서 파일명이 "수험번호-성명"과 일치하지 않거나, 답안파일을 전송하지 않아 미제출로 처리될 경우 실격 처리합니다(예 : 내 PC₩ 문서₩ITQ₩12345678-홍길동.xlsx).

- 답안 작성을 마치면 파일을 저장하고, '답안 전송' 버튼을 선택하여 감독위원 PC로 답안을 전송하십시오. 수험생 정보와 저장한 파일명이 다를 경우 전송되지 않으므로 주의하시기 바랍니다.

- 답안 작성 중에도 **주기적으로 저장하고 답안을 전송**하여야 문제 발생을 줄일 수 있습니다. 작업한 내용을 저장하지 않고 전송할 경우 이전에 저장된 내용이 전송되오니 이점 유의하시기 바랍니다.

- 답안문서는 지정된 경로 외의 다른 보조기억장치에 저장하는 경우, 지정된 시험 시간 외에 작성된 파일을 활용할 경우, 기타 통신 수단(이메일, 메신저, 네트워크 등)을 이용하여 타인에게 전달 또는 외부 반출하는 경우는 부정 처리합니다.

- 시험 중 부주의 또는 고의로 시스템을 파손한 경우는 수험자가 변상해야 하며, 〈수험자 유의사항〉에 기재된 방법대로 이행하지 않아 생기는 불이익은 수험생 당사자의 책임임을 알려 드립니다.

- 문제의 조건은 MS-Office 2016버전으로 설정되어 있으니 유의하시기 바랍니다.

- 시험을 완료한 수험자는 답안파일이 전송되었는지 확인한 후 감독위원의 지시에 따라 문제지를 제출하고 퇴실합니다.

답 안 작 성 요 령

- 온라인 답안 작성 절차
  수험자 등록 ⇒ 시험 시작 ⇒ 답안파일 저장 ⇒ 답안 전송 ⇒ 시험 종료

- 문제는 총 4단계, 즉 제1작업부터 제4작업까지 구성되어 있으며 반드시 제1작업부터 순서대로 작성하고 조건대로 작업하시오.

- 모든 작업시트의 A열은 열 너비 '1'로, 나머지 열은 적당하게 조절하시오.

- 모든 작업시트의 테두리는《출력형태》와 같이 작업하시오.

- 해당 작업란에서는 각각 제시된 조건에 따라《출력형태》와 같이 작업하시오.

- 답안 시트 이름은 "제1작업", "제2작업", "제3작업", "제4작업"이어야 하며 답안 시트 이외의 것은 감점 처리됩니다.

- 각 시트를 파일로 나누어 작업해서 저장할 경우 실격 처리됩니다.

The Insight KPC
kpc 한국생산성본부

☞ 다음은 '수입 원두커피 판매 현황'에 대한 자료이다. 자료를 입력하고 조건에 맞도록 작업하시오.

출력형태

	A	B	C	D	E	F	G	H	I	J
1								결재	담당	팀장	부장
2				수입 원두커피 판매 현황							
3											
4		상품코드	상품명	커피 원산지	제조날짜	커피 원가 (단위:원)	판매수량	판매가 (단위:원)	유통기한	판매순위
5		DR-344	산토스 NY2	브라질	2022-10-20	8,500	339	18,000	(1)	(2)
6		CE-233	산타로사	콜롬비아	2022-10-02	7,000	1,035	15,200	(1)	(2)
7		CE-156	후일라 수프리모	콜롬비아	2022-11-04	6,300	326	11,000	(1)	(2)
8		ET-245	모모라 G1	에티오피아	2022-12-08	12,300	864	33,900	(1)	(2)
9		BR-332	모지아나 NY2	브라질	2022-12-23	9,800	1,532	14,500	(1)	(2)
10		CE-295	카우카 수프리모	콜롬비아	2022-11-04	6,800	248	12,300	(1)	(2)
11		BR-157	씨에라 옐로우버본	브라질	2022-12-15	6,900	567	15,000	(1)	(2)
12		ET-148	아리차 예가체프G1	에티오피아	2022-11-29	10,500	954	29,500	(1)	(2)
13		브라질 원산지 판매가(단위:원)의 평균			(3)			최대 커피 원가(단위:원)		(5)
14		11월 15일 이후 제조한 커피 판매수량의 합			(4)			상품명	산토스 NY2	제조날짜	(6)

조건

○ 모든 데이터의 서식에는 글꼴(굴림, 11pt), 정렬은 숫자 및 회계 서식은 오른쪽 정렬, 나머지 서식은 가운데 정렬로 작성하며 예외적인 것은 ≪출력형태≫를 참조하시오.

○ 제목 ⇒ 사다리꼴 도형과 바깥쪽 그림자 스타일(오프셋 대각선 오른쪽 아래)을 이용하여 작성하고 "수입 원두커피 판매 현황"을 입력한 후 다음 서식을 적용하시오(글꼴-굴림, 24pt, 검정, 굵게, 채우기-노랑).

○ 임의의 셀에 결재란을 작성하여 그림으로 복사 기능을 이용하여 붙이기 하시오(단, 원본 삭제).

○ 「B4:J4, G14, I14」 영역은 '주황'으로 채우기 하시오.

○ 유효성 검사를 이용하여 「H14」 셀에 상품명(「C5:C12」 영역)이 선택 표시되도록 하시오.

○ 셀 서식⇒「G5:G12」 영역에 셀 서식을 이용하여 숫자 뒤에 '개'를 표시하시오(예 : 1,035개).

○ 「F5:F12」 영역에 대해 '원가'로 이름정의를 하시오.

◉ (1)~(6) 셀은 반드시 주어진 함수를 이용하여 값을 구하시오(결과 값을 직접 입력하면 해당 셀은 0점 처리됨).

(1) 유통기한 ⇒ 「제조날짜+기간」으로 구하되 기간은 상품코드 네 번째 값이 1이면 365일, 2이면 500일, 3이면 730일로 지정하여 구하시오(CHOOSE, MID 함수)(예 : 2022-03-10).

(2) 판매순위 ⇒ 판매수량의 내림차순 순위를 1~3까지 구한 결과값에 '위'를 붙이고, 그 외에는 공백으로 구하시오(IF, RANK.AVG 함수, & 연산자)(예 : 1위).

(3) 브라질 원산지 판매가(단위:원)의 평균 ⇒ 조건은 입력데이터를 이용하시오(DAVERAGE 함수).

(4) 11월 15일 이후 제조한 커피 판매수량의 합 ⇒ 11월 15일 이후(해당일 포함) 제조한 상품의 판매수량 합을 구하시오(SUMIF 함수).

(5) 최대 커피 원가(단위 :원) ⇒ 정의된 이름(원가)을 이용하여 구하시오(LARGE 함수).

(6) 제조날짜 ⇒ 「H14」 셀에서 선택한 상품명에 대한 제조날짜를 구하시오(VLOOKUP 함수)(예 : 2022-01-01).

(7) 조건부 서식을 이용하여 판매가(단위:원) 셀에 데이터 막대 스타일(녹색)을 최소값 및 최대값으로 적용하시오.

☞ "제1작업" 시트의 「B4:H12」 영역을 복사하여 "제2작업" 시트의 「B2」 셀부터 모두 붙여넣기를 한 후 다음의 조건과 같이 작업하시오.

【조건】

(1) 고급필터 – 커피 원산지가 '에티오피아'가 아니면서, 커피원가(단위 : 원)이 '7,000' 이상인 자료의 데이터만 추출하시오.
　　　　　 – 조건 범위 : 「B13」 셀부터 입력하시오.
　　　　　 – 복사 위치 : 「B18」 셀부터 나타나도록 하시오.

(2) 표 서식 – 고급필터의 결과 셀을 채우기 없음으로 설정한 후 '표 스타일 보통 6'의 서식을 적용하시오.
　　　　　 – 머리글 행, 줄무늬 행을 적용하시오.

☞ "제1작업" 시트를 이용하여 "제3작업" 시트에 조건에 따라 《출력형태》와 같이 작업하시오.

【조건】

(1) 제조날짜 및 커피 원산지별 상품명의 개수와 판매가(단위:원)의 평균을 구하시오.
(2) 제조날짜를 그룹화하고, 커피 원산지를 《출력형태》와 같이 정렬하시오.
(3) 레이블이 있는 셀 병합 및 가운데 맞춤 적용 및 빈 셀은 '***'로 표시하시오.
(4) 행의 총합계를 지우고, 나머지 사항은 《출력형태》에 맞게 작성하시오.

【출력형태】

	커피 원산지 ⬇						
	콜롬비아		에티오피아		브라질		
제조날짜 ▼	개수 : 상품명	평균 : 판매가(단위:원)	개수 : 상품명	평균 : 판매가(단위:원)	개수 : 상품명	평균 : 판매가(단위:원)
10월	1	15,200	***	***	1	18,000
11월	2	11,650	1	29,500	***	***
12월	***	***	1	33,900	2	14,750
총합계	3	12,833	2	31,700	3	15,833

☞ "제1작업" 시트를 이용하여 조건에 따라 《출력형태》와 같이 작업하시오.

조건

(1) 차트 종류 ⇒ 〈묶은 세로 막대형〉으로 작업하시오.

(2) 데이터 범위 ⇒ "제1작업" 시트의 내용을 이용하여 작업하시오.

(3) 위치 ⇒ "새 시트"로 이동하고, "제4작업"으로 시트 이름을 바꾸시오.

(4) 차트 디자인 도구 ⇒ 레이아웃 3, 스타일 5를 선택하여 《출력형태》에 맞게 작업하시오.

(5) 영역 서식 ⇒ 차트 : 글꼴(굴림, 11pt), 채우기 효과(질감–파랑 박엽지)

　　　　　　　그림 : 채우기(흰색, 배경1)

(6) 제목 서식 ⇒ 차트 제목 : 글꼴(굴림, 굵게, 20pt), 채우기(흰색, 배경1), 테두리

(7) 서식 ⇒ 판매수량 계열의 차트 종류를 〈표식이 있는 꺾은선형〉으로 변경한 후 보조 축으로 지정하시오.

　　　　계열 : 《출력형태》를 참조하여 표식(네모, 크기 10)과 레이블 값을 표시하시오.

　　　　눈금선 : 선 스타일 – 파선

　　　　축 : 《출력형태》를 참조하시오.

(8) 범례 ⇒ 범례명을 변경하고 《출력형태》를 참조하시오.

(9) 도형 ⇒ '사각형 설명선'을 삽입하고 《출력형태》와 같이 내용을 입력하시오.

(10) 나머지 사항은 《출력형태》에 맞게 작성하시오.

출력형태

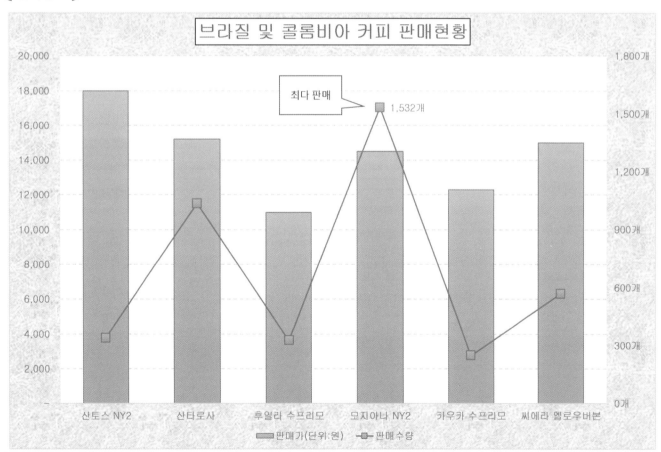

주의 시트명 순서가 차례대로 "제1작업", "제2작업", "제3작업", "제4작업"이 되도록 할 것.

3회 기출문제

무료 동영상

과목	코드	문제유형	시험시간	수험번호	성 명
한글엑셀	1122	A	60분	10826023	

수 험 자 유 의 사 항

◎ 수험자는 문제지를 받는 즉시 문제지와 **수험표상의 시험과목(프로그램)이 동일한지 반드시 확인**하여야 합니다.

◎ 파일명은 본인의 "수험번호-성명"으로 입력하여 답안폴더(내 PC₩문서₩ITQ)에 하나의 파일로 저장해야 하며, 답안문서 파일이 "수험번호-성명"과 일치하지 않거나, 답안파일을 전송하지 않아 미제출로 처리될 경우 실격 처리합니다(예 : 내 PC₩ 문서₩ITQ₩12345678-홍길동.xlsx).

◎ 답안 작성을 마치면 파일을 저장하고, '답안 전송' 버튼을 선택하여 감독위원 PC로 답안을 전송하십시오. 수험생 정보와 저장한 파일명이 다를 경우 전송되지 않으므로 주의하시기 바랍니다.

◎ 답안 작성 중에도 **주기적으로 저장하고 답안을 전송**하여야 문제 발생을 줄일 수 있습니다. 작업한 내용을 저장하지 않고 전송할 경우 이전에 저장된 내용이 전송되오니 이점 유의하시기 바랍니다.

◎ 답안문서는 지정된 경로 외의 다른 보조기억장치에 저장하는 경우, 지정된 시험 시간 외에 작성된 파일을 활용할 경우, 기타 통신 수단(이메일, 메신저, 네트워크 등)을 이용하여 타인에게 전달 또는 외부 반출하는 경우는 부정 처리합니다.

◎ 시험 중 부주의 또는 고의로 시스템을 파손한 경우는 수험자가 변상해야 하며, <수험자 유의사항>에 기재된 방법대로 이행하지 않아 생기는 불이익은 수험생 당사자의 책임임을 알려 드립니다.

◎ 문제의 조건은 MS-Office 2016버전으로 설정되어 있으니 유의하시기 바랍니다.

◎ 시험을 완료한 수험자는 답안파일이 전송되었는지 확인한 후 감독위원의 지시에 따라 문제지를 제출하고 퇴실합니다.

답 안 작 성 요 령

◎ 온라인 답안 작성 절차
　　수험자 등록 ⇒ 시험 시작 ⇒ 답안파일 저장 ⇒ 답안 전송 ⇒ 시험 종료

◎ 문제는 총 4단계, 즉 제1작업부터 제4작업까지 구성되어 있으며 반드시 제1작업부터 순서대로 작성하고 조건대로 작업하시오.

◎ 모든 작업시트의 A열은 열 너비 '1'로, 나머지 열은 적당하게 조절하시오.

◎ 모든 작업시트의 테두리는《출력형태》와 같이 작업하시오.

◎ 해당 작업란에서는 각각 제시된 조건에 따라《출력형태》와 같이 작업하시오.

◎ 답안 시트 이름은 "제1작업", "제2작업", "제3작업", "제4작업"이어야 하며 답안 시트 이외의 것은 감점 처리됩니다.

◎ 각 시트를 파일로 나누어 작업해서 저장할 경우 실격 처리됩니다.

☞ 다음은 '자원봉사자 모집 및 신청 현황'에 대한 자료이다. 자료를 입력하고 조건에 맞도록 작업하시오.

출력형태

	담당	팀장	부장
결재			

자원봉사자 모집 및 신청 현황

모집코드	봉사명	봉사장소	활동주기	봉사시간	모집인원 (단위:명)	신청인원 (단위:명)	봉사시작일	순위
CD-0410	바자회 보조	센터	비정기/월1회	8	1,347	1,450	(1)	(2)
BC-0315	미용서비스	복지관	비정기/월1회	6	750	568	(1)	(2)
BC-0901	멘토링 교육	복지관	정기/매주 1회	24	1,850	954	(1)	(2)
JC-1012	시설 봉사	재활협회	정기/매주 주말	48	1,125	1,450	(1)	(2)
BC-0620	경로식당	복지관	비정기/월1회	8	1,500	1,650	(1)	(2)
CB-0401	생활지원	센터	정기/매주 매일	48	1,120	1,350	(1)	(2)
BC-0622	컴퓨터교육 보조	복지관	정기/매주 1회	16	500	467	(1)	(2)
JC-1101	성장 멘토링	재활협회	정기/매주 월수	32	1,831	1,321	(1)	(2)
비정기/월1회 모집인원(단위:명)의 평균			(3)			최저 신청인원(단위:명)		(5)
봉사장소 복지관의 전체 비율			(4)			봉사명	바자회 보조	봉사시간	(6)

조건

○ 모든 데이터의 서식에는 글꼴(굴림, 11pt), 정렬은 숫자 및 회계 서식은 오른쪽 정렬, 나머지 서식은 가운데 정렬로 작성하며 예외적인 것은 《출력형태》를 참조하시오.

○ 제목 ⇒ 오각형과 바깥쪽 그림자 스타일(오프셋 대각선 오른쪽 아래)을 이용하여 작성하고 "자원봉사자 모집 및 신청 현황"을 입력한 후 다음 서식을 적용하시오(글꼴-굴림, 24pt, 검정, 굵게, 채우기-노랑).

○ 임의의 셀에 결재란을 작성하여 그림으로 복사 기능을 이용하여 붙이기 하시오(단, 원본 삭제).

○「B4:J4, G14, I14」영역은 '주황'으로 채우기 하시오.

○ 유효성 검사를 이용하여「H14」셀에 봉사명(「C5:C12」영역)이 선택 표시되도록 하시오.

○ 셀 서식⇒「F5:F12」영역에 셀 서식을 이용하여 숫자 뒤에 '시간'을 표시하시오(예 : 8시간).

○「H5:H12」영역에 대해 '신청인원'으로 이름정의를 하시오.

◉ (1)~(6) 셀은 반드시 <u>주어진 함수를 이용하여</u> 값을 구하시오(결과 값을 직접 입력하면 해당 셀은 0점 처리됨).

(1) 봉사시작일 ⇒ 모집코드 4, 5번째 숫자를 '월', 6, 7 번째 숫자를 '일'로 하는 2022년의 날짜를 구하시오(DATE, MID 함수)(예 : CB-0410 → 2022-04-10).

(2) 순위 ⇒ 신청인원(단위:명)의 내림차순 순위를 구한 결과값에 '위'를 붙이시오(RANK.EQ 함수 & 연산자)(예 : 1위).

(3) 비정기/월1회 모집인원(단위:명)의 평균 ⇒ 조건은 입력데이터를 이용하시오(DAVERAGE 함수).

(4) 봉사장소 복지관의 전체 비율 ⇒「복지관 수÷전체 봉사장소 수」로 구한 후 백분율 형식으로 표시하시오(COUNTIF, COUNTA 함수)(예 : 25%).

(5) 최저 신청인원(단위:명) ⇒ 정의된 이름(신청인원)을 이용하여 구하시오(SMALL 함수).

(6) 봉사시간 ⇒「H14」셀에서 선택한 봉사명에 대한 봉사시간을 구하시오(VLOOKUP 함수).

(7) 조건부 서식을 이용하여 모집인원(단위:명) 셀에 데이터 막대 스타일(녹색)을 최소값 및 최대값으로 적용하시오.

☞ "제1작업" 시트의 「B4:H12」 영역을 복사하여 "제2작업" 시트의 「B2」 셀부터 모두 붙여넣기를 한 후 다음의 조건과 같이 작업하시오.

조건

(1) 고급필터 – 봉사장소가 '센터'이거나, 모집인원(단위:명)이 '1,800' 이상인 자료의 데이터만 추출하시오.
　　　　　 – 조건 범위 : 「B13」 셀부터 입력하시오.
　　　　　 – 복사 위치 : 「B18」 셀부터 나타나도록 하시오.
(2) 표 서식 – 고급필터의 결과 셀을 채우기 없음으로 설정한 후 '표 스타일 보통 4'의 서식을 적용하시오.
　　　　　 – 머리글 행, 줄무늬 행을 적용하시오.

☞ "제1작업" 시트를 이용하여 "제3작업" 시트에 조건에 따라 《출력형태》와 같이 작업하시오.

조건

(1) 봉사시간 및 봉사장소별 봉사명의 개수와 신청인원(단위:명)의 평균을 구하시오.
(2) 봉사시간을 그룹화하고, 봉사장소를 《출력형태》와 같이 정렬하시오.
(3) 레이블이 있는 셀 병합 및 가운데 맞춤 적용 및 빈 셀은 '***'로 표시하시오.
(4) 행의 총합계를 지우고, 나머지 사항은 《출력형태》에 맞게 작성하시오.

출력형태

	봉사장소							
		재활협회		센터		복지관		
봉사시간	개수 : 봉사명	평균 : 신청인원(단위:명)	개수 : 봉사명	평균 : 신청인원(단위:명)	개수 : 봉사명	평균 : 신청인원(단위:명)
6-25	***	***	1	1,450	4	910
26-45	1	1,321	***	***	***	***
46-65	1	1,450	1	1,350	***	***
총합계	2	1,386	2	1,400	4	910

☞ "제1작업" 시트를 이용하여 조건에 따라 《출력형태》와 같이 작업하시오.

조건

(1) 차트 종류 ⇒ 〈묶은 세로 막대형〉으로 작업하시오.

(2) 데이터 범위 ⇒ "제1작업" 시트의 내용을 이용하여 작업하시오.

(3) 위치 ⇒ "새 시트"로 이동하고, "제4작업"으로 시트 이름을 바꾸시오.

(4) 차트 디자인 도구 ⇒ 레이아웃 3, 스타일 14를 선택하여 《출력형태》에 맞게 작업하시오.

(5) 영역 서식 ⇒ 차트 : 글꼴(굴림, 11pt), 채우기 효과(질감−파랑 박엽지)

　　　　　　　그림 : 채우기(흰색, 배경1)

(6) 제목 서식 ⇒ 차트 제목 : 글꼴(굴림, 굵게, 20pt), 채우기(흰색, 배경1), 테두리

(7) 서식 ⇒ 봉사시간 계열의 차트 종류를 〈표식이 있는 꺾은선형〉으로 변경한 후 보조 축으로 지정하시오.

　　　　계열 : 《출력형태》를 참조하여 표식(마름모, 크기 10)과 레이블 값을 표시하시오.

　　　　눈금선 : 선 스타일 − 파선

　　　　축 : 《출력형태》를 참조하시오.

(8) 범례 ⇒ 범례명을 변경하고 《출력형태》를 참조하시오.

(9) 도형 ⇒ '모서리가 둥근 사각형 설명선'을 삽입하고 《출력형태》와 같이 내용을 입력하시오.

(10) 나머지 사항은 《출력형태》에 맞게 작성하시오.

출력형태

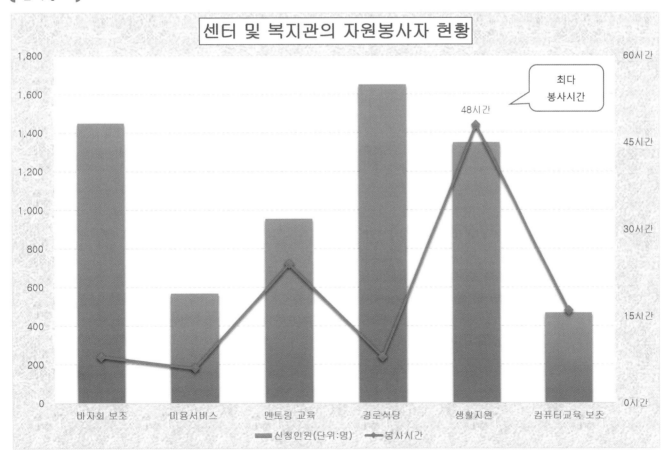

주의 시트명 순서가 차례대로 "제1작업", "제2작업", "제3작업", "제4작업"이 되도록 할 것.

기출문제

과목	코드	문제유형	시험시간	수험번호	성 명
한글엑셀	1122	A	60분	74506024	

수 험 자 유 의 사 항

- 수험자는 문제지를 받는 즉시 문제지와 **수험표상의 시험과목(프로그램)이 동일한지 반드시 확인**하여야 합니다.

- 파일명은 본인의 "수험번호-성명"으로 입력하여 답안폴더(내 PC\문서\ITQ)에 하나의 파일로 저장해야 하며, 답안문서 파일명이 "수험번호-성명"과 일치하지 않거나, 답안파일을 전송하지 않아 미제출로 처리될 경우 실격 처리합니다(예 : 내 PC\문서\ITQ\12345678-홍길동.xlsx).

- 답안 작성을 마치면 파일을 저장하고, '답안 전송' 버튼을 선택하여 감독위원 PC로 답안을 전송하십시오. 수험생 정보와 저장한 파일명이 다를 경우 전송되지 않으므로 주의하시기 바랍니다.

- 답안 작성 중에도 **주기적으로 저장하고 답안을 전송**하여야 문제 발생을 줄일 수 있습니다. 작업한 내용을 저장하지 않고 전송할 경우 이전에 저장된 내용이 전송되오니 이점 유의하시기 바랍니다.

- 답안문서는 지정된 경로 외의 다른 보조기억장치에 저장하는 경우, 지정된 시험 시간 외에 작성된 파일을 활용할 경우, 기타 통신 수단(이메일, 메신저, 네트워크 등)을 이용하여 타인에게 전달 또는 외부 반출하는 경우는 부정 처리합니다.

- 시험 중 부주의 또는 고의로 시스템을 파손한 경우는 수험자가 변상해야 하며, 〈수험자 유의사항〉에 기재된 방법대로 이행하지 않아 생기는 불이익은 수험생 당사자의 책임임을 알려 드립니다.

- 문제의 조건은 MS-Office 2016버전으로 설정되어 있으니 유의하시기 바랍니다.

- 시험을 완료한 수험자는 답안파일이 전송되었는지 확인한 후 감독위원의 지시에 따라 문제지를 제출하고 퇴실합니다.

답 안 작 성 요 령

- 온라인 답안 작성 절차
  수험자 등록 ⇒ 시험 시작 ⇒ 답안파일 저장 ⇒ 답안 전송 ⇒ 시험 종료

- 문제는 총 4단계, 즉 제1작업부터 제4작업까지 구성되어 있으며 반드시 제1작업부터 순서대로 작성하고 조건대로 작업하시오.

- 모든 작업시트의 A열은 열 너비 '1'로, 나머지 열은 적당하게 조절하시오.

- 모든 작업시트의 테두리는 《출력형태》와 같이 작업하시오.

- 해당 작업란에서는 각각 제시된 조건에 따라 《출력형태》와 같이 작업하시오.

- 답안 시트 이름은 "제1작업", "제2작업", "제3작업", "제4작업"이어야 하며 답안 시트 이외의 것은 감점 처리됩니다.

- 각 시트를 파일로 나누어 작업해서 저장할 경우 실격 처리됩니다.

The Insight KPC
kpc 한국생산성본부

☞ 다음은 '컵라면 가격 및 품질 비교 조사'에 대한 자료이다. 자료를 입력하고 조건에 맞도록 작업하시오.

【 출력형태 】

제품 등록코드	제품명	제조사	출시년도	용기	1개당 판매가격	환산가격(1g)	순위	뚜껑
PAL-11-2	롯데라면컵	롯데	2011	반어(페면)	700	6.8	(1)	(2)
NON-01-1	육개장	농심	2001	폴리스틸렌	850	7.7	(1)	(2)
OTT-09-1	참깨라면	오뚜기	2009	종이(외면)	840	7.6	(1)	(2)
NON-96-1	신라면	농심	1996	폴리스틸렌	800	7.0	(1)	(2)
OTT-07-1	진라면순한맛	오뚜기	2007	종이(외면)	950	8.6	(1)	(2)
PAL-11-2	공화춘짬뽕	팔도	2011	폴리스틸렌	1,280	11.0	(1)	(2)
NON-03-1	너구리	농심	2003	종이(외면)	1,240	11.1	(1)	(2)
PAL-13-2	손짬뽕컵	팔도	2013	폴리스틸렌수지	1,280	11.0	(1)	(2)
종이(외면) 용기 제품의 개수			(3)		최저 환산가격(1g)			(5)
오뚜기 제품의 1개당 판매가격 평균			(4)		제품명	롯데라면컵	1개당 판매가격	(6)

결재: 담당 / 과장 / 차장

제목: 컵라면 가격 및 품질 비교 조사

【 조건 】

○ 모든 데이터의 서식에는 글꼴(굴림, 11pt), 정렬은 숫자 및 회계 서식은 오른쪽 정렬, 나머지 서식은 가운데 정렬로 작성하며 예외적인 것은 ≪출력형태≫를 참조하시오.

○ 제 목 ⇒ 십자형 도형과 바깥쪽 그림자 스타일(오프셋 오른쪽)을 이용하여 작성하고 "컵라면 가격 및 품질 비교 조사"를 입력한 후 다음 서식을 적용하시오(글꼴-굴림, 24pt, 검정, 굵게, 채우기-노랑).

○ 임의의 셀에 결재란을 작성하여 그림으로 복사 기능을 이용하여 붙이기 하시오(단, 원본 삭제).

○ 「B4:J4, G14, I14」 영역은 '주황'으로 채우기 하시오.

○ 유효성 검사를 이용하여 「H14」 셀에 제품명(「C5:C12」 영역)이 선택 표시되도록 하시오.

○ 셀 서식 ⇒ 「G5:G12」 영역에 셀 서식을 이용하여 숫자 뒤에 '원'을 표시하시오(예 : 750원).

○ 「H5:H12」 영역에 대해 '환산가격'으로 이름정의를 하시오.

◎ (1)~(6) 셀은 반드시 주어진 함수를 이용하여 값을 구하시오(결과값을 직접 입력하면 해당 셀은 0점 처리됨).

(1) 순위 ⇒ 환산가격(1g)의 오름차순 순위를 구하시오(RANK.EQ 함수).

(2) 뚜껑 ⇒ 제품등록코드의 마지막 글자가 1이면 '폴리에틸렌', 그 외에는 '에틸렌초산비닐'로 구하시오 (IF, RIGHT 함수).

(3) 종이(외면) 용기 제품의 개수 ⇒ 결과값에 '개'를 붙이시오. 단, 조건은 입력데이터를 이용하시오 (DCOUNTA 함수, & 연산자)(예 : 1개).

(4) 오뚜기 제품의 1개당 판매가격 평균 ⇒ (SUMIF, COUNTIF 함수)

(5) 최저 환산가격(1g) ⇒ 정의된 이름(환산가격)을 이용하여 구하시오(MIN 함수)(예 : 5.1).

(6) 1개당 판매가격 ⇒ 「H14」 셀에서 선택한 제품명에 대한 1개당 판매가격을 구하시오(VLOOKUP 함수).

(7) 조건부 서식의 수식을 이용하여 환산가격(1g)이 '7' 이하인 행 전체에 다음의 서식을 적용하시오(글꼴 : 파랑, 굵게).

목표값 찾기 및 필터

80점

☞ "제1작업" 시트의 「B4:H12」 영역을 복사하여 "제2작업" 시트의 「B2」 셀부터 모두 붙여넣기를 한 후 다음의 조건과 같이 작업하시오.

조건

(1) 목표값 찾기 – 「B11:G11」 셀을 병합하여 "팔도 제조사의 1개당 판매가격 평균"을 입력한 후 「H11」 셀에 팔도 제조사의 1개당 판매가격 평균을 구하시오. 단, 조건은 입력데이터를 이용하시오(DAVERAGE 함수, 테두리).

– '팔도 제조사의 1개당 판매가격 평균'이 '1,110'이 되려면 롯데라면컵의 1개당 판매가격이 얼마가 되어야 하는지 목표값을 구하시오.

(2) 고급필터 – 제조사가 '농심' 이거나, 환산가격(1g)이 '10' 이상인 자료의 데이터만 추출하시오.

– 조건 범위 : 「B14」 셀부터 입력하시오.

– 복사 위치 : 「B18」 셀부터 나타나도록 하시오.

[제 3 작업]   정렬 및 부분합

80점

☞ "제1작업" 시트의 「B4:H12」 영역을 복사하여 "제3작업" 시트의 「B2」 셀부터 모두 붙여넣기를 한 후 다음의 조건과 같이 작업하시오.

조건

(1) 부분합 – ≪출력형태≫처럼 정렬하고, 제품명의 개수와 환산가격(1g)의 최대값을 구하시오.

(2) 윤곽 – 지우시오.

(3) 나머지 사항은 ≪출력형태≫에 맞게 작성하시오.

출력형태

	A	B	C	D	E	F	G	H	I
1									
2		제품 등록코드	제품명	제조사	출시년도	용기	1개당 판매가격	환산가격(1g)	
3		PAL-11-2	롯데라면컵	팔도	2011	종이(외면)	750원	6.8	
4		PAL-11-2	공화춘짬뽕	팔도	2011	폴리스틸렌	1,280원	11.0	
5		PAL-13-2	손짬뽕컵	팔도	2013	폴리스틸렌수지	1,280원	11.0	
6				팔도 최대값				11.0	
7			3	팔도 개수					
8		OTT-09-1	참깨라면	오뚜기	2009	종이(외면)	840원	7.6	
9		OTT-07-1	진라면순한맛	오뚜기	2007	종이(외면)	950원	8.6	
10				오뚜기 최대값				8.6	
11			2	오뚜기 개수					
12		NON-01-1	육개장	농심	2001	폴리스틸렌	850원	7.7	
13		NON-96-1	신라면	농심	1996	폴리스틸렌	800원	7.0	
14		NON-03-1	너구리	농심	2003	종이(외면)	1,240원	11.1	
15				농심 최대값				11.1	
16			3	농심 개수					
17				전체 최대값				11.1	
18			8	전체 개수					
19									

☞ "제1작업" 시트를 이용하여 조건에 따라 《출력형태》와 같이 작업하시오.

조건

(1) 차트 종류 ⇒ 〈묶은 세로 막대형〉으로 작업하시오.

(2) 데이터 범위 ⇒ "제1작업" 시트의 내용을 이용하여 작업하시오.

(3) 위치 ⇒ "새 시트"로 이동하고, "제4작업"으로 시트 이름을 바꾸시오.

(4) 차트 디자인 도구 ⇒ 레이아웃 3, 스타일 14를 선택하여 《출력형태》에 맞게 작업하시오.

(5) 영역 서식 ⇒ 차트 : 글꼴(굴림, 11pt), 채우기 효과(질감−파랑 박엽지)

　　　　　　　　그림 : 재우기(흰색, 배경1)

(6) 제목 서식 ⇒ 차트 제목 : 글꼴(굴림, 굵게, 20pt), 채우기(흰색, 배경1), 테두리

(7) 서식 ⇒ 1개당 판매가격 계열의 차트 종류를 〈표식이 있는 꺾은선형〉으로 변경한 후 보조축으로 지정하시오.

　　　　계열 : 《출력형태》를 참조하여 표식(동그라미, 크기 10)과 레이블 값을 표시하시오.

　　　　눈금선 : 선 스타일−파선

　　　　축 : 《출력형태》를 참조하시오.

(8) 범례 ⇒ 범례명을 변경하고 《출력형태》를 참조하시오.

(9) 도형 ⇒ '모서리가 둥근 사각형 설명선'을 삽입한 후 《출력형태》와 같이 내용을 입력하시오.

(10) 나머지 사항은 《출력형태》에 맞게 작성하시오.

출력형태

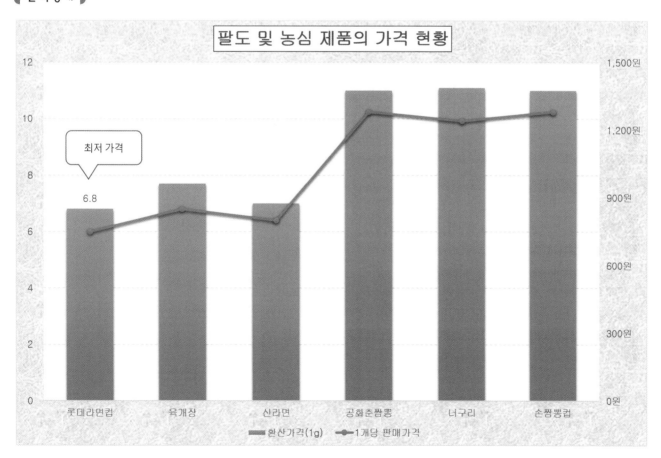

주의 시트명 순서가 차례대로 "제1작업", "제2작업", "제3작업", "제4작업"이 되도록 할 것.

5회 기출문제

과목	코드	문제유형	시험시간	수험번호	성 명
한글엑셀	1122	A	60분	22006025	

수 험 자 유 의 사 항

- 수험자는 문제지를 받는 즉시 문제지와 **수험표상의 시험과목(프로그램)이 동일한지 반드시 확인**하여야 합니다.

- 파일명은 본인의 "수험번호-성명"으로 입력하여 답안폴더(내 PC\문서\ITQ)에 하나의 파일로 저장해야 하며, 답안문서 파일명이 "수험번호-성명"과 일치하지 않거나, 답안파일을 전송하지 않아 미제출로 처리될 경우 실격 처리합니다(예 : 내 PC\ 문서\ITQ\12345678-홍길동.xlsx).

- 답안 작성을 마치면 파일을 저장하고, '답안 전송' 버튼을 선택하여 감독위원 PC로 답안을 전송하십시오. 수험생 정보와 저장한 파일명이 다를 경우 전송되지 않으므로 주의하시기 바랍니다.

- 답안 작성 중에도 **주기적으로 저장하고 답안을 전송**하여야 문제 발생을 줄일 수 있습니다. 작업한 내용을 저장하지 않고 전송할 경우 이전에 저장된 내용이 전송되오니 이점 유의하시기 바랍니다.

- 답안문서는 지정된 경로 외의 다른 보조기억장치에 저장하는 경우, 지정된 시험 시간 외에 작성된 파일을 활용할 경우, 기타 통신 수단(이메일, 메신저, 네트워크 등)을 이용하여 타인에게 전달 또는 외부 반출하는 경우는 부정 처리합니다.

- 시험 중 부주의 또는 고의로 시스템을 파손한 경우는 수험자가 변상해야 하며, 〈수험자 유의사항〉에 기재된 방법대로 이행하지 않아 생기는 불이익은 수험생 당사자의 책임임을 알려 드립니다.

- 문제의 조건은 MS-Office 2016버전으로 설정되어 있으니 유의하시기 바랍니다.

- 시험을 완료한 수험자는 답안파일이 전송되었는지 확인한 후 감독위원의 지시에 따라 문제지를 제출하고 퇴실합니다.

답 안 작 성 요 령

- 온라인 답안 작성 절차
  수험자 등록 ⇒ 시험 시작 ⇒ 답안파일 저장 ⇒ 답안 전송 ⇒ 시험 종료

- 문제는 총 4단계, 즉 제1작업부터 제4작업까지 구성되어 있으며 반드시 제1작업부터 순서대로 작성하고 조건대로 작업하시오.

- 모든 작업시트의 A열은 열 너비 '1'로, 나머지 열은 적당하게 조절하시오.

- 모든 작업시트의 테두리는 《출력형태》와 같이 작업하시오.

- 해당 작업란에서는 각각 제시된 조건에 따라 《출력형태》와 같이 작업하시오.

- 답안 시트 이름은 "제1작업", "제2작업", "제3작업", "제4작업"이어야 하며 답안 시트 이외의 것은 감점 처리됩니다.

- 각 시트를 파일로 나누어 작업해서 저장할 경우 실격 처리됩니다.

The Insight KPC
kpc 한국생산성본부

☞ 다음은 '대한다원 차 판매'에 대한 자료이다. 자료를 입력하고 조건에 맞도록 작업하시오.

출력형태

상품코드	구분	상품명	용량	가격 (단위:원)	전월 판매량	재고수량	전월 판매금액	비고
H1-093	녹차	히비스커	50	28,500	132	168	(1)	(2)
N2-102	삼각티백	흰민들레차	20	15,000	154	46	(1)	(2)
H3-081	타정	간편한 보이차	36	16,900	71	129	(1)	(2)
N4-073	삼각티백	캐모마일	50	17,900	146	154	(1)	(2)
B5-102	분말	운남성 보이차	25	37,800	64	106	(1)	(2)
B6-011	분말	교목산차	50	31,500	121	79	(1)	(2)
H7-023	타정	페퍼민트	20	25,000	64	136	(1)	(2)
N7-093	삼각티백	레몬그라스	60	16,900	56	144	(1)	(2)

확인: 담당 / 과장 / 부장

제목: 대한다원 차 판매 현황

삼각티백의 가격(단위:원) 평균 (3) — 최대 전월 판매량 (5)
전월 전체 매출액 (4) — 상품코드 H1-093 가격(단위:원) (6)

조건

○ 모든 데이터의 서식에는 글꼴(굴림, 11pt), 정렬은 숫자 및 회계 서식은 오른쪽 정렬, 나머지 서식은 가운데 정렬로 작성하며 예외적인 것은 ≪출력형태≫를 참조하시오.

○ 제목 ⇒ 순서도: 화면 표시 도형과 바깥쪽 그림자 스타일(오프셋 오른쪽)을 이용하여 작성하고, "대한다원 차 판매 현황"을 입력한 후 다음 서식을 적용하시오(글꼴-굴림, 24pt, 검정, 굵게, 채우기-노랑).

○ 임의의 셀에 결재란을 작성하여 그림으로 복사 기능을 이용하여 붙이기 하시오(단, 원본 삭제).

○ 「B4:J4, G14, I14」 영역은 '주황'으로 채우기 하시오.

○ 유효성 검사를 이용하여 「H14」 셀에 상품코드(「B5:B12」 영역)가 선택 표시되도록 하시오.

○ 셀 서식 ⇒ 「E5:E12」 영역에 셀 서식을 이용하여 숫자 뒤에 'g'를 표시하시오(예 : 50g).

○ 「C5:C12」 영역에 대해 '구분'으로 이름정의를 하시오.

◎ (1)~(6) 셀은 반드시 주어진 함수를 이용하여 값을 구하시오(결과값을 직접 입력하면 해당 셀은 0점 처리됨).

(1) 전월 판매금액 ⇒「가격(단위:원)×전월 판매량」으로 구하되, 버림하여 만원 단위까지 구하시오(ROUNDDOWN 함수)(예 : 1,893,000 → 1,890,000).

(2) 비고 ⇒ 상품코드의 마지막 글자가 1이면 '양말증정', 2이면 '핫팩증정', 3이면 공백으로 구하시오(CHOOSE, RIGHT 함수).

(3) 삼각티백의 가격(단위:원) 평균 ⇒ 정의된 이름(구분)을 이용하여 구하시오(SUMIF, COUNTIF 함수).

(4) 전월 전체 매출액 ⇒「가격(단위:원)×전월 판매량」으로 구하시오(SUMPRODUCT 함수).

(5) 최대 전월 판매량 ⇒ 결과값에 'EA'를 붙이시오(MAX 함수, & 연산자)(예 : 123EA).

(6) 가격(단위:원) ⇒「H14」 셀에서 선택한 상품코드에 대한 가격(단위:원)을 구하시오(VLOOKUP 함수).

(7) 조건부 서식의 수식을 이용하여 가격(단위:원)이 '30,000' 이상인 행 전체에 다음의 서식을 적용하시오(글꼴 : 파랑, 굵게).

[제 2 작업] 목표값 찾기 및 필터 · 80점

☞ "제1작업" 시트의 「B4:H12」 영역을 복사하여 "제2작업" 시트의 「B2」 셀부터 모두 붙여넣기를 한 후 다음의 조건과 같이 작업하시오.

조건

(1) 목표값 찾기 – 「B11:G11」 셀을 병합하여 "타정의 전월 판매량 평균"을 입력한 후 「H11」 셀에 타정의 전월 판매량 평균을 구하시오. 단, 조건은 입력데이터를 이용하시오(DAVERAGE 함수, 테두리).
- '타정의 전월 판매량 평균'이 '90'이 되려면 구기자차의 전월 판매량이 얼마가 되어야 하는지 목표값을 구하시오.

(2) 고급필터 – 상품코드가 'B'로 시작하거나, 재고수량이 '50' 이하인 자료의 상품명, 용량, 가격(단위:원), 재고수량 데이터만 추출하시오.
- 조건 범위 : 「B14」 셀부터 입력하시오.
- 복사 위치 : 「B18」 셀부터 나타나도록 하시오.

[제 3 작업] 정렬 및 부분합 · 80점

☞ "제1작업" 시트의 「B4:H12」 영역을 복사하여 "제3작업" 시트의 「B2」 셀부터 모두 붙여넣기를 한 후 다음의 조건과 같이 작업하시오.

조건

(1) 부분합 – ≪출력형태≫처럼 정렬하고, 상품명의 개수와 전월 판매량의 평균을 구하시오.
(2) 윤곽 – 지우시오.
(3) 나머지 사항은 ≪출력형태≫에 맞게 작성하시오.

출력형태

A	B	C	D	E	F	G	H	I
1								
2	상품코드	구분	상품명	용량	가격 (단위:원)	전월 판매량	재고수량	
3	H1-093	타정	구기자차	50g	26,500	132	168	
4	H3-081	타정	간편한 보이차	36g	16,900	71	129	
5	H7-023	타정	페퍼민트	20g	25,000	64	136	
6		타정 평균				89		
7		타정 개수	3					
8	N2-102	삼각티백	흰민들레차	20g	15,000	154	46	
9	N4-073	삼각티백	캐모마일	50g	17,900	146	154	
10	N7-093	삼각티백	레몬그라스	60g	16,900	56	144	
11		삼각티백 평균				119		
12		삼각티백 개수	3					
13	B5-102	분말	운남성 보이차	25g	37,800	64	106	
14	B6-011	분말	교목산차	50g	31,500	121	79	
15		분말 평균				93		
16		분말 개수	2					
17		전체 평균				101		
18		전체 개수	8					
19								

196 백발백중 ITQ 엑셀 2016

☞ "제1작업" 시트를 이용하여 조건에 따라 ≪출력형태≫와 같이 작업하시오.

조건

(1) 차트 종류 ⇒ 〈묶은 세로 막대형〉으로 작업하시오.

(2) 데이터 범위 ⇒ "제1작업" 시트의 내용을 이용하여 작업하시오.

(3) 위치 ⇒ "새 시트"로 이동하고, "제4작업"으로 시트 이름을 바꾸시오.

(4) 차트 디자인 도구 ⇒ 레이아웃 3, 스타일 14를 선택하여 ≪출력형태≫에 맞게 작업하시오.

(5) 영역 서식 ⇒ 차트 : 글꼴(굴림, 11pt), 채우기 효과(질감-파랑 박엽지)

　　　　　　　　　그림 : 채우기(흰색, 배경1)

(6) 제목 서식 ⇒ 차트 제목 : 글꼴(굴림, 굵게, 20pt), 채우기(흰색, 배경1), 테두리

(7) 서식 ⇒ 용량 계열의 차트 종류를 〈표식이 있는 꺾은선형〉으로 변경한 후 보조 축으로 지정하시오.

　　　　계열 : ≪출력형태≫를 참조하여 표식(세모, 크기 10)과 레이블 값을 표시하시오.

　　　　눈금선 : 선 스타일-파선

　　　　축 : ≪출력형태≫를 참조하시오.

(8) 범례 ⇒ 범례명을 변경하고 ≪출력형태≫를 참조하시오.

(9) 도형 ⇒ '모서리가 둥근 사각형 설명선'을 삽입한 후 ≪출력형태≫와 같이 내용을 입력하시오.

(10) 나머지 사항은 ≪출력형태≫에 맞게 작성하시오.

출력형태

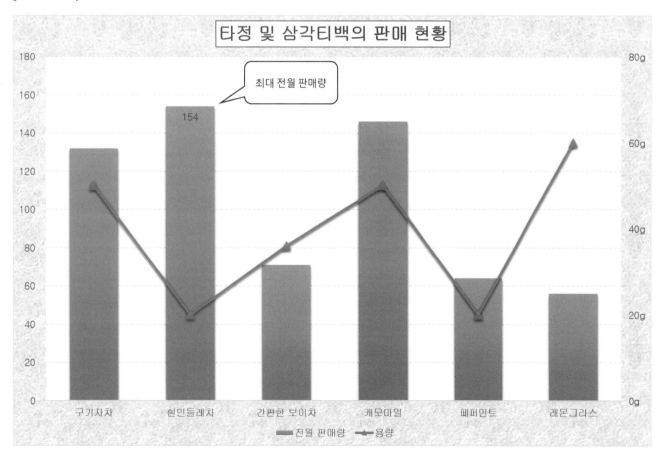

주의 시트명 순서가 차례대로 "제1작업", "제2작업", "제3작업", "제4작업"이 되도록 할 것.

Information Technology Qualification

6회 기출문제

무료 동영상

과목	코드	문제유형	시험시간	수험번호	성 명
한글엑셀	1122	A	60분	63716026	

수 험 자 유 의 사 항

- 수험자는 문제지를 받는 즉시 문제지와 **수험표상의 시험과목(프로그램)이 동일한지 반드시 확인**하여야 합니다.
- 파일명은 본인의 "수험번호-성명"으로 입력하여 답안폴더(내 PC\문서\ITQ)에 하나의 파일로 저장해야 하며, 답안문서 파일명이 "수험번호-성명"과 일치하지 않거나, 답안파일을 전송하지 않아 미제출로 처리될 경우 실격 처리합니다(예 : 내 PC\ 문서\ITQ\12345678-홍길동.xlsx).
- 답안 작성을 마치면 파일을 저장하고, '답안 전송' 버튼을 선택하여 감독위원 PC로 답안을 전송하십시오. 수험생 정보와 저장한 파일명이 다를 경우 전송되지 않으므로 주의하시기 바랍니다.
- 답안 작성 중에도 **주기적으로 저장하고 답안을 전송**하여야 문제 발생을 줄일 수 있습니다. 작업한 내용을 저장하지 않고 전송할 경우 이전에 저장된 내용이 전송되오니 이점 유의하시기 바랍니다.
- 답안문서는 지정된 경로 외의 다른 보조기억장치에 저장하는 경우, 지정된 시험 시간 외에 작성된 파일을 활용할 경우, 기타 통신 수단(이메일, 메신저, 네트워크 등)을 이용하여 타인에게 전달 또는 외부 반출하는 경우는 부정 처리합니다.
- 시험 중 부주의 또는 고의로 시스템을 파손한 경우는 수험자가 변상해야 하며, 〈수험자 유의사항〉에 기재된 방법대로 이행하지 않아 생기는 불이익은 수험생 당사자의 책임임을 알려 드립니다.
- 문제의 조건은 MS-Office 2016버전으로 설정되어 있으니 유의하시기 바랍니다.
- 시험을 완료한 수험자는 답안파일이 전송되었는지 확인한 후 감독위원의 지시에 따라 문제지를 제출하고 퇴실합니다.

답 안 작 성 요 령

- 온라인 답안 작성 절차
  수험자 등록 ⇒ 시험 시작 ⇒ 답안파일 저장 ⇒ 답안 전송 ⇒ 시험 종료
- 문제는 총 4단계, 즉 제1작업부터 제4작업까지 구성되어 있으며 반드시 제1작업부터 순서대로 작성하고 조건대로 작업하시오.
- 모든 작업시트의 A열은 열 너비 '1'로, 나머지 열은 적당하게 조절하시오.
- 모든 작업시트의 테두리는《출력형태》와 같이 작업하시오.
- 해당 작업란에서는 각각 제시된 조건에 따라《출력형태》와 같이 작업하시오.
- 답안 시트 이름은 "제1작업", "제2작업", "제3작업", "제4작업"이어야 하며 답안 시트 이외의 것은 감점 처리됩니다.
- 각 시트를 파일로 나누어 작업해서 저장할 경우 실격 처리됩니다.

The Insight KPC
kpc 한국생산성본부

☞ 다음은 '트로트드림 오디션 현황'에 대한 자료이다. 자료를 입력하고 조건에 맞도록 작업하시오.

출력형태

| | 확인 | 담당 | 대리 | 과장 |

참가번호	성명	구분	참가지역	인터넷 선호도	ARS 투표수	심사위원 점수	순위	성별
D-10712	이빈씨	내사①	7산	7.6%	5,121,003	314	(1)	(1)
P-24531	최용철	일반	서울	9.4%	4,370,520	246	(1)	(2)
G-01401	김진성	청소년	부산	11.5%	4,875,340	267	(1)	(2)
Z-15702	허서영	일반	광주	19.4%	5,294,678	325	(1)	(2)
S-45342	양서연	일반	서울	18.7%	4,680,251	231	(1)	(2)
S-72811	문현진	대학생	인천	16.7%	4,858,793	297	(1)	(2)
S-82471	김승모	청소년	인천	16.8%	3,278,457	215	(1)	(2)
T-20252	이다경	대학생	천안	9.3%	3,029,752	198	(1)	(2)
대학생 부문 ARS 투표수 평균			(3)		허서영 인기차트			(5)
심사위원 점수 최대값			(4)		성명	허민지	ARS 투표수	(6)

조건

○ 모든 데이터의 서식에는 글꼴(굴림, 11pt), 정렬은 숫자 및 회계 서식은 오른쪽 정렬, 나머지 서식은 가운데 정렬로 작성하며 예외적인 것은 ≪출력형태≫를 참조하시오.

○ 제목⇒ 대각선 방향의 모서리가 잘린 사각형 도형과 바깥쪽 그림자 스타일(오프셋 오른쪽)을 이용하여 작성하고 "트로트드림 오디션 현황"을 입력한 후 다음 서식을 적용하시오(글꼴-굴림, 24pt, 검정, 굵게, 채우기-노랑).

○ 임의의 셀에 결재란을 작성하여 그림으로 복사 기능을 이용하여 붙이기 하시오(단, 원본 삭제).

○ 「B4:J4, G14, I14」영역은 '주황'으로 채우기 하시오.

○ 유효성 검사를 이용하여 「H14」셀에 성명(「C5:C12」영역)이 선택 표시되도록 하시오.

○ 셀 서식⇒ 「H5:H12」영역에 셀 서식을 이용하여 숫자 뒤에 '점'을 표시하시오(예 : 314점).

○ 「H5:H12」영역에 대해 '심사위원점수'로 이름정의를 하시오.

⦿ (1)~(6) 셀은 반드시 주어진 함수를 이용하여 값을 구하시오(결과 값을 직접 입력하면 해당 셀은 0점 처리됨).

(1) 순위 ⇒ ARS 투표수의 내림차순 순위를 구한 결과값에 '위'를 붙이시오(RANK.AVG 함수, & 연산자)(예 : 1위).

(2) 성별 ⇒ 참가번호의 마지막 글자가 1이면 '남성', 그 외에는 여성으로 구하시오(IF, RIGHT 함수).

(3) 대학생 부문 ARS 투표수 평균 ⇒ (SUMIF, COUNTIF 함수)

(4) 심사위원 점수 최대값 ⇒ 정의된 이름(심사위원점수)을 이용하여 구하시오(MAX 함수).

(5) 허서영 인기차트 ⇒ (「G8 셀」 ÷ 1,000,000)으로 구한 값만큼 '★' 문자를 반복하여 표시하시오(REPT 함수)
　　　　　　　　　　(예 : 2 → ★★).

(6) ARS 투표수 ⇒ 「H14」셀에서 선택한 성명에 대한 ARS 투표수를 표시하시오(VLOOKUP 함수).

(7) 조건부 서식의 수식을 이용하여 심사위원 점수가 '300' 이상인 행 전체에 다음의 서식을 적용하시오(글꼴 : 파랑, 굵게).

☞ "제1작업" 시트의 「B4:H12」 영역을 복사하여 "제2작업" 시트의 「B2」 셀부터 모두 붙여넣기를 한 후 다음의 조건과 같이 작업하시오.

【조건】

(1) 목표값 찾기 – 「B11:G11」 셀을 병합하여 "심사위원 점수의 전체 평균"을 입력한 후 「H11」 셀에 심사위원 점수의 전체 평균을 구하시오(AVERAGE 함수, 테두리).
　　　– '심사위원 점수의 전체 평균'이 '260'이 되려면 허민지의 심사위원 점수가 얼마가 되어야 하는지 목표값을 구하시오.

(2) 고급필터 – 참가지역이 '서울' 이거나, ARS 투표수가 '4,000,000' 이하인 자료의 성명, 인터넷 선호도, ARS 투표수, 심사위원 점수 데이터만 추출하시오.
　　　– 조건 범위 : 「B14」 셀부터 입력하시오.
　　　– 복사 위치 : 「B18」 셀부터 나타나도록 하시오.

☞ "제1작업" 시트의 「B4:H12」 영역을 복사하여 제3작업 시트의 「B2」 셀부터 모두 붙여넣기를 한 후 다음의 조건과 같이 작업하시오.

【조건】

(1) 부분합 – 《출력형태》처럼 정렬하고, 성명의 개수와 ARS 투표수의 평균을 구하시오.
(2) 윤곽 – 지우시오.
(3) 나머지 사항은 《출력형태》에 맞게 작성하시오.

【출력형태】

A	B	C	D	E	F	G	H	I
1								
2	참가번호	성명	구분	참가지역	인터넷 선호도	ARS 투표수	심사위원 점수	
3	G-01401	김진성	청소년	부산	11.5%	4,875,340	267점	
4	S-82471	김승모	청소년	인천	16.8%	3,278,457	215점	
5			청소년 평균			4,076,899		
6		2	청소년 개수					
7	P-24531	최용철	일반	서울	9.4%	4,370,520	246점	
8	Z-15702	허서영	일반	광주	19.4%	5,294,678	325점	
9	S-45342	양서연	일반	서울	18.7%	4,680,251	231점	
10			일반 평균			4,781,816		
11		3	일반 개수					
12	D-25712	허민지	대학생	부산	7.6%	5,128,602	314점	
13	S-72811	문현진	대학생	인천	16.7%	4,858,793	297점	
14	T-20252	이다경	대학생	천안	9.3%	3,029,752	198점	
15			대학생 평균			4,339,049		
16		3	대학생 개수					
17			전체 평균			4,439,549		
18		8	전체 개수					
19								

☞ "제1작업" 시트를 이용하여 조건에 따라 《출력형태》와 같이 작업하시오.

조건

(1) 차트 종류 ⇒ 〈묶은 세로 막대형〉으로 작업하시오.

(2) 데이터 범위 ⇒ "제1작업" 시트의 내용을 이용하여 작업하시오.

(3) 위치 ⇒ "새 시트"로 이동하고, "제4작업"으로 시트 이름을 바꾸시오.

(4) 차트 디자인 도구 ⇒ 레이아웃 3, 스타일 6를 선택하여 《출력형태》에 맞게 작업하시오.

(5) 영역 서식 ⇒ 차트 : 글꼴(굴림, 11pt), 채우기 효과(질감–파랑 박엽지)

                 그림 : 채우기(흰색, 배경1)

(6) 제목 서식 ⇒ 차트 제목 : 글꼴(굴림, 굵게, 20pt), 채우기(흰색, 배경1), 테두리

(7) 서식 ⇒ ARS 투표수 계열의 차트 종류를 〈표식이 있는 꺾은선형〉으로 변경한 후 보조 축으로 지정하시오.

        계열 : 《출력형태》를 참조하여 표식(네모, 크기 10)과 레이블 값을 표시하시오.

        눈금선 : 선 스타일 – 파선

        축 : 《출력형태》를 참조하시오.

(8) 범례 ⇒ 범례명을 변경하고 《출력형태》를 참조하시오.

(9) 도형 ⇒ '모서리가 둥근 사각형 설명선'을 삽입하고 《출력형태》와 같이 내용을 입력하시오.

(10) 나머지 사항은 《출력형태》에 맞게 작성하시오.

출력형태

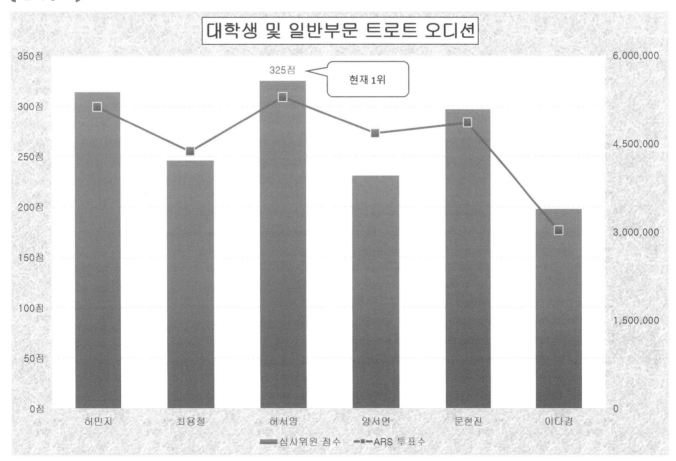

주의) 시트명 순서가 차례대로 "제1작업", "제2작업", "제3작업", "제4작업"이 되도록 할 것.

과목	코드	문제유형	시험시간	수험번호	성 명
한글엑셀	1122	A	60분	84206027	

수 험 자 유 의 사 항

- 수험자는 문제지를 받는 즉시 문제지와 **수험표상의 시험과목(프로그램)이 동일한지 반드시 확인**하여야 합니다.
- 파일명은 본인의 "수험번호-성명"으로 입력하여 답안폴더(내 PC₩문서₩ITQ)에 하나의 파일로 저장해야 하며, 답안문서 파일명이 "수험번호-성명"과 일치하지 않거나, 답안파일을 전송하지 않아 미제출로 처리될 경우 실격 처리합니다(예 : 내 PC₩ 문서₩ITQ₩12345678-홍길동.xlsx).
- 답안 작성을 마치면 파일을 저장하고, '답안 전송' 버튼을 선택하여 감독위원 PC로 답안을 전송하십시오. 수험생 정보와 저장한 파일명이 다를 경우 전송되지 않으므로 주의하시기 바랍니다.
- 답안 작성 중에도 **주기적으로 저장하고 답안을 전송**하여야 문제 발생을 줄일 수 있습니다. 작업한 내용을 저장하지 않고 전송할 경우 이전에 저장된 내용이 전송되오니 이점 유의하시기 바랍니다.
- 답안문서는 지정된 경로 외의 다른 보조기억장치에 저장하는 경우, 지정된 시험 시간 외에 작성된 파일을 활용할 경우, 기타 통신 수단(이메일, 메신저, 네트워크 등)을 이용하여 타인에게 전달 또는 외부 반출하는 경우는 부정 처리합니다.
- 시험 중 부주의 또는 고의로 시스템을 파손한 경우는 수험자가 변상해야 하며, 〈수험자 유의사항〉에 기재된 방법대로 이행하지 않아 생기는 불이익은 수험생 당사자의 책임임을 알려 드립니다.
- 문제의 조건은 MS-Office 2016버전으로 설정되어 있으니 유의하시기 바랍니다.
- 시험을 완료한 수험자는 답안파일이 전송되었는지 확인한 후 감독위원의 지시에 따라 문제지를 제출하고 퇴실합니다.

답 안 작 성 요 령

- 온라인 답안 작성 절차
  수험자 등록 ⇒ 시험 시작 ⇒ 답안파일 저장 ⇒ 답안 전송 ⇒ 시험 종료
- 문제는 총 4단계, 즉 제1작업부터 제4작업까지 구성되어 있으며 반드시 제1작업부터 순서대로 작성하고 조건대로 작업하시오.
- 모든 작업시트의 A열은 열 너비 '1'로, 나머지 열은 적당하게 조절하시오.
- 모든 작업시트의 테두리는《출력형태》와 같이 작업하시오.
- 해당 작업란에서는 각각 제시된 조건에 따라《출력형태》와 같이 작업하시오.
- 답안 시트 이름은 "제1작업", "제2작업", "제3작업", "제4작업"이어야 하며 답안 시트 이외의 것은 감점 처리됩니다.
- 각 시트를 파일로 나누어 작업해서 저장할 경우 실격 처리됩니다.

The Insight KPC
kpc 한국생산성본부

☞ 다음은 '과자 쇼핑몰 세트상품 판매 현황'에 대한 자료이다. 자료를 입력하고 조건에 맞도록 작업하시오.

출력형태

	상품코드	상품명	분류	제조사	가격 (단위:원)	판매량	판매금액 (단위:원)	순위	비고
	I-7835	뿌꾸뿌꾸	군내세트	군발	67,000	89	3,283,000	(1)	(2)
	I-8462	토블론	소풍세트	엔젤	56,900	85	4,836,500	(1)	(2)
	T-0453	올라올라	빼빼로	엔젤	31,500	209	2,776,800	(1)	(2)
	R-1532	기쁨가득	빼빼로	엔젤	38,900	218	4,590,200	(1)	(2)
	R-7537	더블하트	군대세트	군발	36,800	67	2,465,600	(1)	(2)
	T-1578	사랑	빼빼로	엔젤	22,300	106	2,363,800	(1)	(2)
	R-3615	곰신	군대세트	군발	66,700	108	6,536,600	(1)	(2)
	I-4873	비안코	소풍세트	엔젤	37,900	76	2,880,400	(1)	(2)
	평균 판매량 이상인 상품 수		(3)				최대 판매량		(5)
	군대세트 상품 총 판매금액		(4)			상품명	뿌꾸뿌꾸	판매량	(6)

결재 담당 팀장 부장

조건

○ 모든 데이터의 서식에는 글꼴(굴림, 11pt), 정렬은 숫자 및 회계 서식은 오른쪽 정렬, 나머지 서식은 가운데 정렬로 작성하며 예외적인 것은 《출력형태》를 참조하시오.

○ 제 목 ⇒ 모서리가 둥근 직사각형과 바깥쪽 그림자 스타일(오프셋 오른쪽)을 이용하여 작성하고 "과자 쇼핑몰 세트상품 판매 현황"을 입력한 후 다음 서식을 적용하시오(글꼴-굴림, 24pt, 검정, 굵게, 채우기-노랑).

○ 임의의 셀에 결재란을 작성하여 그림으로 복사 기능을 이용하여 붙이기 하시오(단, 원본 삭제).

○ 「B4:J4, G14, I14」 영역은 '주황'으로 채우기 하시오.

○ 유효성 검사를 이용하여 「H14」 셀에 상품명(「C5:C12」 영역)이 선택 표시되도록 하시오.

○ 셀 서식 ⇒ 「G5:G12」 영역에 셀 서식을 이용하여 숫자 뒤에 '개'를 표시하시오(예 : 78 → 78개).

○ 「H5:H12」 영역에 대해 '판매금액'으로 이름정의를 하시오.

◎ (1)~(6) 셀은 반드시 <u>주어진 함수를 이용하여</u> 값을 구하시오(결과값을 직접 입력하면 해당 셀은 0점 처리됨).

(1) 순위 ⇒ 정의된 이름(판매금액)을 이용하여 판매금액의 내림차순 순위를 '1, 2, 3, 4'만 표시하고 그 외에는 공백으로 구하시오(IF, RANK.EQ 함수).

(2) 비고 ⇒ 「판매량÷100」으로 구한 값을 사용하여 '■' 문자를 반복하여 표시하시오(REPT 함수)(예 : 2.09 → ■■).

(3) 평균 판매량 이상인 상품 수 ⇒ 판매량이 평균 이상인 상품 수를 구한 후 결과값에 '종'을 붙이시오(COUNTIF, AVERAGE 함수, & 연산자)(예 : 3종).

(4) 군대세트 상품 총 판매금액 ⇒ 분류가 '군대세트'인 상품의 판매금액(단위:원)의 총 판매금액을 구하시오. 단, 조건은 입력된 데이터를 이용하여 구하시오(DSUM 함수).

(5) 최대 판매량 ⇒ (MAX 함수)

(6) 판매량 ⇒ 「H14」 셀에서 선택한 상품명에 대한 판매량을 구하시오(VLOOKUP 함수).

(7) 조건부 서식의 수식을 이용하여 판매량이 '200' 이상인 행 전체에 다음 서식을 적용하시오(글꼴 : 파랑).

☞ "제1작업" 시트의 「B4:H12」 영역을 복사하여 "제2작업" 시트의 「B2」 셀부터 모두 붙여넣기를 한 후 다음의 조건과 같이 작업하시오.

[조건]

(1) 고급필터 – 분류가 '소풍세트'이거나 가격(단위:원)이 '50,000' 이상인 자료의 데이터만 추출하시오.

      – 조건 범위 : 「B13」 셀부터 입력하시오.

      – 복사 위치 : 「B18」 셀부터 나타나도록 하시오.

(2) 표 서식 – 고급필터의 결과 셀을 채우기 없음으로 설정한 후 '표 스타일 밝게 3'의 서식을 적용하시오.

      – 머리글 행, 줄무늬 행을 적용하시오.

☞ "제1작업" 시트를 이용하여 "제3작업" 시트에 조건에 따라 《출력형태》와 같이 작업하시오.

[조건]

(1) 가격(단위:원) 및 분류별 상품명의 개수와 판매량의 평균을 구하시오.

(2) 가격(단위:원)을 그룹화하고, 분류를 《출력형태》와 같이 정렬하시오.

(3) 레이블이 있는 셀 병합 및 가운데 맞춤 적용 및 빈 셀은 '***'로 표시하시오.

(4) 행의 총합계를 지우고, 나머지 사항은 《출력형태》에 맞게 작성하시오.

[출력형태]

	A	B	C	D	E	F	G	H
1								
2			분류 ↓					
3			소풍세트		빼빼로		군대세트	
4		가격(단위:원) ▾	개수 : 상품명	평균 : 판매량	개수 : 상품명	평균 : 판매량	개수 : 상품명	평균 : 판매량
5		20000-39999	1	76	3	178	1	67
6		40000-59999	1	85	***	***	***	***
7		60000-80000	***	***	***	***	2	99
8		총합계	2	81	3	178	3	88
9								

☞ "제1작업" 시트를 이용하여 조건에 따라 《출력형태》와 같이 작업하시오.

조건

(1) 차트 종류 ⇒ 〈묶은 세로 막대형〉으로 작업하시오.

(2) 데이터 범위 ⇒ "제1작업" 시트의 내용을 이용하여 작업하시오.

(3) 위치 ⇒ "새 시트"로 이동하고, "제4작업"으로 시트 이름을 바꾸시오.

(4) 차트 디자인 도구 ⇒ 레이아웃 3, 스타일 6을 선택하여 《출력형태》에 맞게 작업하시오.

(5) 영역 서식 ⇒ 차트 : 글꼴(굴림, 11pt), 채우기 효과(질감 – 분홍 박엽지)

　　　　　　　그림 : 채우기(없음)

(6) 제목 서식 ⇒ 차트 제목 : 글꼴(굴림, 굵게, 20pt), 채우기(흰색, 배경1), 테두리

(7) 서식 ⇒ 가격(단위:원) 계열의 차트 종류를 〈표식이 있는 꺾은선형〉으로 변경한 후 보조 축으로 지정하시오.

　　　　계열 : 《출력형태》를 참조하여 표식(네모, 크기 10)과 레이블 값을 표시하시오.

　　　　눈금선 : 선 스타일–파선

　　　　축 : 《출력형태》를 참조하시오.

(8) 범례 ⇒ 범례명을 변경하고 《출력형태》를 참조하시오.

(9) 도형 ⇒ '타원형 설명선'을 삽입한 후 내용을 입력하시오.

(10) 나머지 사항은 《출력형태》에 맞게 작성하시오.

출력형태

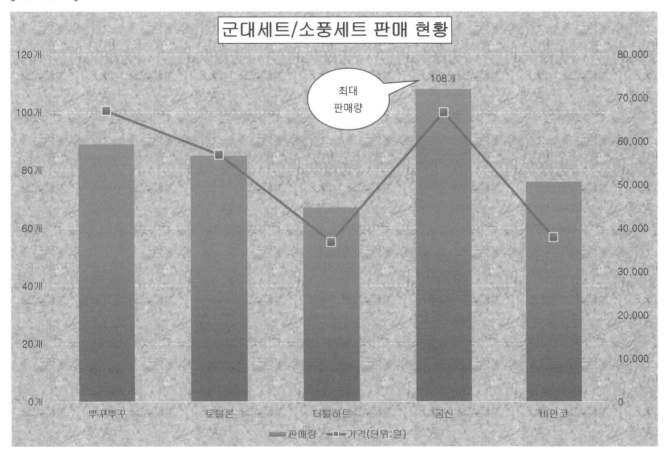

주의 시트명 순서가 차례대로 "제1작업", "제2작업", "제3작업", "제4작업"이 되도록 할 것.

8회 기출문제

과목	코드	문제유형	시험시간	수험번호	성 명
한글엑셀	1122	A	60분	11046028	

수 험 자 유 의 사 항

- 수험자는 문제지를 받는 즉시 문제지와 **수험표상의 시험과목(프로그램)이 동일한지 반드시 확인**하여야 합니다.

- 파일명은 본인의 "수험번호-성명"으로 입력하여 답안폴더(내 PC₩문서₩ITQ)에 하나의 파일로 저장해야 하며, 답안문서 파일명이 "수험번호-성명"과 일치하지 않거나, 답안파일을 전송하지 않아 미제출로 처리될 경우 실격 처리합니다(예 : 내 PC₩ 문서₩ITQ₩12345678-홍길동.xlsx).

- 답안 작성을 마치면 파일을 저장하고, '답안 전송' 버튼을 선택하여 감독위원 PC로 답안을 전송하십시오. 수험생 정보와 저장한 파일명이 다를 경우 전송되지 않으므로 주의하시기 바랍니다.

- 답안 작성 중에도 **주기적으로 저장하고 답안을 전송**하여야 문제 발생을 줄일 수 있습니다. 작업한 내용을 저장하지 않고 전송할 경우 이전에 저장된 내용이 전송되오니 이점 유의하시기 바랍니다.

- 답안문서는 지정된 경로 외의 다른 보조기억장치에 저장하는 경우, 지정된 시험 시간 외에 작성된 파일을 활용할 경우, 기타 통신 수단(이메일, 메신저, 네트워크 등)을 이용하여 타인에게 전달 또는 외부 반출하는 경우는 부정 처리합니다.

- 시험 중 부주의 또는 고의로 시스템을 파손한 경우는 수험자가 변상해야 하며, 〈수험자 유의사항〉에 기재된 방법대로 이행하지 않아 생기는 불이익은 수험생 당사자의 책임임을 알려 드립니다.

- 문제의 조건은 MS-Office 2016버전으로 설정되어 있으니 유의하시기 바랍니다.

- 시험을 완료한 수험자는 답안파일이 전송되었는지 확인한 후 감독위원의 지시에 따라 문제지를 제출하고 퇴실합니다.

답 안 작 성 요 령

- 온라인 답안 작성 절차
  수험자 등록 ⇒ 시험 시작 ⇒ 답안파일 저장 ⇒ 답안 전송 ⇒ 시험 종료

- 문제는 총 4단계, 즉 제1작업부터 제4작업까지 구성되어 있으며 반드시 제1작업부터 순서대로 작성하고 조건대로 작업하시오.

- 모든 작업시트의 A열은 열 너비 '1'로, 나머지 열은 적당하게 조절하시오.

- 모든 작업시트의 테두리는 《출력형태》와 같이 작업하시오.

- 해당 작업란에서는 각각 제시된 조건에 따라 《출력형태》와 같이 작업하시오.

- 답안 시트 이름은 "제1작업", "제2작업", "제3작업", "제4작업"이어야 하며 답안 시트 이외의 것은 감점 처리됩니다.

- 각 시트를 파일로 나누어 작업해서 저장할 경우 실격 처리됩니다.

The Insight KPC
kpc 한국생산성본부

☞ 다음은 'Q마크 인증사업 보유 현황'에 대한 자료이다. 자료를 입력하고 조건에 맞도록 작업하시오.

출력형태

	지역	회사명	대표자명	설립일	인증품목	상시 종업원수	자본금 (단위:억원)	설립연도	설립순위
					결재	담당	팀장	부장	
	서울	싱순능싱	특민싱	2003-03-06	방세복	5	2	(1)	(2)
	경기	태연상공	안정안	2005-03-02	방제복	35	45	(1)	(2)
	경기	정우산업	박태진	2005-09-13	양말	7	3	(1)	(2)
	서울	일우섬유	박은진	1996-04-01	점퍼	55	41	(1)	(2)
	서울	승일통상	송승진	1993-08-19	모자	41	53	(1)	(2)
	경기	우진물산	최승복	1997-08-02	점퍼	13	10	(1)	(2)
	경기	한일공업	주민호	1983-04-09	양말	52	80	(1)	(2)
	서울	하라양행	김현승	1999-09-17	모자	17	34	(1)	(2)
	서울지역 자본금(억원) 평균			(3)			최대 자본금(단위:억원)		(5)
	자본금 30억원 이상 종업원수 평균			(4)		회사명	성준통상	인증품목	(6)

조건

○ 모든 데이터의 서식에는 글꼴(굴림, 11pt), 정렬은 숫자 및 회계 서식은 오른쪽 정렬, 나머지 서식은 가운데 정렬로 작성하며 예외적인 것은 ≪출력형태≫를 참조하시오.

○ 제 목 ⇒ 모서리가 둥근 직사각형과 바깥쪽 그림자 스타일(오프셋 오른쪽)을 이용하여 작성하고 "Q마크 인증사업 보유 현황"을 입력한 후 다음 서식을 적용하시오(글꼴 – 굴림, 24pt, 검정, 굵게, 채우기 – 노랑).

○ 임의의 셀에 결재란을 작성하여 그림으로 복사 기능을 이용하여 붙이기 하시오(단, 원본 삭제).

○ 「B4:J4, G14, I14」 영역은 '주황'으로 채우고, 「E5:E12」 영역은 날짜 서식으로 작성하시오.

○ 유효성 검사를 이용하여 「H14」 셀에 회사명(「C5:C12」 영역)이 선택 표시되도록 하시오.

○ 셀 서식 ⇒ 「G5:G12」 영역에 셀 서식을 이용하여 숫자 뒤에 '명'을 표시하시오(예 : 1명).

○ 「H5:H12」 영역에 대해 '자본금'으로 이름정의를 하시오.

◎ (1)～(6) 셀은 반드시 주어진 함수를 이용하여 값을 구하시오(결과값을 직접 입력하면 해당 셀은 0점 처리됨).

(1) 설립연도 ⇒ 설립일에서 연도를 추출하여 '년'을 붙이시오(YEAR 함수, & 연산자)(예 : 2013년).

(2) 설립순위 ⇒ 설립일의 오름차순 순위를 구하시오(RANK.EQ 함수).

(3) 서울지역 자본금(억원) 평균 ⇒ 반올림하여 정수로 구하시오. 단, 조건은 입력데이터를 이용하시오(ROUND, DAVERAGE 함수)(예 : 23.5 → 24).

(4) 자본금 30억원 이상 종업원수 평균 ⇒ 자본금(단위:억원)이 '30' 이상인 회사의 상시 종업원수 평균을 구하시오(SUMIF, COUNTIF 함수).

(5) 최대 자본금(단위:억원) ⇒ 정의된 이름(자본금)을 이용하여 구하시오(MAX함수).

(6) 인증품목 ⇒ 「H14」 셀에서 선택한 회사명에 대한 인증품목을 구하시오(VLOOKUP 함수).

(7) 조건부 서식을 이용하여 자본금(단위:억원) 셀에 데이터 막대 스타일(빨강)을 최소값 및 최대값으로 적용하시오.

목표값 찾기 및 필터

☞ "제1작업" 시트의 「B4:H12」 영역을 복사하여 "제2작업" 시트의 「B2」 셀부터 모두 붙여넣기를 한 후 다음의 조건과
같이 작업하시오.

【조건】

(1) 목표값 찾기 – 「B11:G11」 셀을 병합하여 "서울 지역의 자본금 평균(단위:억원)"을 입력한 후 「H11」 셀에 서울 지역의
자본금 평균을 구하시오. 단, 조건은 입력데이터를 이용하시오. (DAVERAGE 함수, 테두리).
　　– '서울 지역의 자본금 평균'이 '40'이 되려면 '성준통상'이 얼마가 되어야 하는지 목표값을 구하시오.

(2) 고급필터 – 인증품목이 '방제복'이거나, 상시 종업원수 '10' 이하인 데이터만 추출하시오.
　　– 조건 범위 : 「B14」셀부터 입력하시오.
　　– 복사 위치 : 「B19」셀부터 나타나도록 하시오.

정렬 및 부분합

☞ "제1작업" 시트의 「B4:H12」 영역을 복사하여 제3작업 시트의 「B2」 셀부터 모두 붙여넣기를 한 후 다음의
조건과 같이 작업하시오.

【조건】

(1) 부분합 – ≪출력형태≫처럼 정렬하고 회사명의 개수와 자본금(단위:억원)의 최대값을 구하시오.

(2) 윤곽 – 지우시오.

(3) 나머지 사항은 ≪출력형태≫에 맞게 작성하시오.

【출력형태】

	A	B	C	D	E	F	G	H	I
1									
2		지역	회사명	대표자명	설립일	인증품목	상시 종업원수	자본금 (단위:억원)	
3		서울	일우섬유	박은진	1996-04-01	점퍼	55명	41	
4		경기	우진물산	최승복	1997-08-02	점퍼	13명	10	
5						점퍼 최대값		41	
6			2			점퍼 개수			
7		경기	정우산업	박태진	2005-09-13	양말	7명	3	
8		경기	한일공업	주민호	1983-04-09	양말	52명	80	
9						양말 최대값		80	
10			2			양말 개수			
11		서울	성준통상	곽민상	2003-03-06	방제복	5명	2	
12		경기	태연상공	안정안	2005-03-02	방제복	35명	45	
13						방제복 최대값		45	
14			2			방제복 개수			
15		서울	승일통상	송승진	1993-08-19	모자	41명	53	
16		서울	하라양행	김현승	1999-09-17	모자	17명	34	
17						모자 최대값		53	
18			2			모자 개수			
19						전체 최대값		80	
20			8			전체 개수			
21									

☞ "제1작업" 시트를 이용하여 조건에 따라 《출력형태》와 같이 작업하시오.

조건

⑴ 차트 종류 ⇒ 〈묶은 세로 막대형〉으로 작업하시오.

⑵ 데이터 범위 ⇒ "제1작업" 시트의 내용을 이용하여 작업하시오.

⑶ 위치 ⇒ "새 시트"로 이동하고, "제4작업"으로 시트 이름을 바꾸시오.

⑷ 차트 디자인 도구 ⇒ 레이아웃 3, 스타일 6을 선택하여 《출력형태》에 맞게 작업하시오.

⑸ 영역 서식 ⇒ 차트 : 글꼴(굴림, 11pt), 채우기 효과(질감 – 파랑 박엽지)

                그림 : 채우기(흰색, 배경1)

⑹ 제목 서식 ⇒ 차트 제목 : 글꼴(굴림, 굵게, 20pt), 채우기(흰색, 배경1), 테두리

⑺ 서식 ⇒ 상시 종업원수 계열의 차트 종류를 〈표식이 있는 꺾은선형〉으로 변경한 후 보조 축으로 지정하시오.

           계열 : 《출력형태》를 참조하여 표식(세모, 크기 10)과 레이블 값을 표시하시오.

           눈금선 : 선 스타일 – 파선

           축 : 《출력형태》를 참조하시오.

⑻ 범례 ⇒ 범례명을 변경하고 《출력형태》를 참조하시오.

⑼ 도형 ⇒ '구름 모양 설명선'을 삽입한 후 《출력형태》와 같이 내용을 입력하시오.

⑽ 나머지 사항은 《출력형태》에 맞게 작성하시오.

출력형태

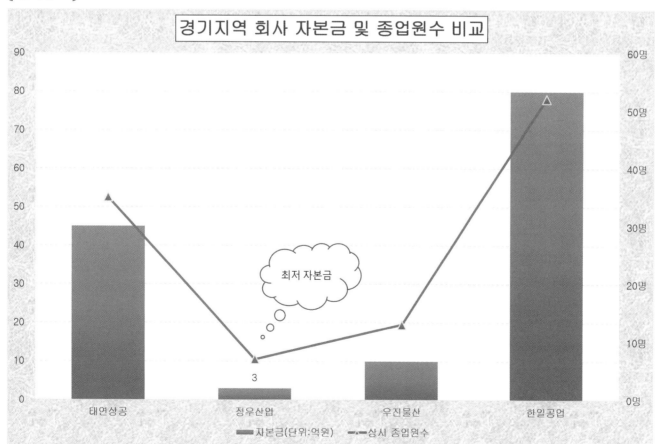

주의 시트명 순서가 차례대로 "제1작업", "제2작업", "제3작업", "제4작업"이 되도록 할 것.

9회 기출문제

과목	코드	문제유형	시험시간	수험번호	성 명
한글엑셀	1122	A	60분	33043029	

수 험 자 유 의 사 항

- 수험자는 문제지를 받는 즉시 문제지와 **수험표상의 시험과목(프로그램)이 동일한지 반드시 확인**하여야 합니다.
- 파일명은 본인의 "수험번호-성명"으로 입력하여 답안폴더(내 PC₩문서₩ITQ)에 하나의 파일로 저장해야 하며, 답안문서 파일명이 "수험번호-성명"과 일치하지 않거나, 답안파일을 전송하지 않아 미제출로 처리될 경우 실격 처리합니다(예 : 내 PC₩문서₩ITQ₩12345678-홍길동.xlsx).
- 답안 작성을 마치면 파일을 저장하고, '답안 전송' 버튼을 선택하여 감독위원 PC로 답안을 전송하십시오. 수험생 정보와 저장한 파일명이 다를 경우 전송되지 않으므로 주의하시기 바랍니다.
- 답안 작성 중에도 **주기적으로 저장하고 답안을 전송**하여야 문제 발생을 줄일 수 있습니다. 작업한 내용을 저장하지 않고 전송할 경우 이전에 저장된 내용이 전송되오니 이점 유의하시기 바랍니다.
- 답안문서는 지정된 경로 외의 다른 보조기억장치에 저장하는 경우, 지정된 시험 시간 외에 작성된 파일을 활용할 경우, 기타 통신 수단(이메일, 메신저, 네트워크 등)을 이용하여 타인에게 전달 또는 외부 반출하는 경우는 부정 처리합니다.
- 시험 중 부주의 또는 고의로 시스템을 파손한 경우는 수험자가 변상해야 하며, 〈수험자 유의사항〉에 기재된 방법대로 이행하지 않아 생기는 불이익은 수험생 당사자의 책임임을 알려 드립니다.
- 문제의 조건은 MS-Office 2016버전으로 설정되어 있으니 유의하시기 바랍니다.
- 시험을 완료한 수험자는 답안파일이 전송되었는지 확인한 후 감독위원의 지시에 따라 문제지를 제출하고 퇴실합니다.

답 안 작 성 요 령

- 온라인 답안 작성 절차
  수험자 등록 ⇒ 시험 시작 ⇒ 답안파일 저장 ⇒ 답안 전송 ⇒ 시험 종료
- 문제는 총 4단계, 즉 제1작업부터 제4작업까지 구성되어 있으며 반드시 제1작업부터 순서대로 작성하고 조건대로 작업하시오.
- 모든 작업시트의 A열은 열 너비 '1'로, 나머지 열은 적당하게 조절하시오.
- 모든 작업시트의 테두리는 《출력형태》와 같이 작업하시오.
- 해당 작업란에서는 각각 제시된 조건에 따라 《출력형태》와 같이 작업하시오.
- 답안 시트 이름은 "제1작업", "제2작업", "제3작업", "제4작업"이어야 하며 답안 시트 이외의 것은 감점 처리됩니다.
- 각 시트를 파일로 나누어 작업해서 저장할 경우 실격 처리됩니다.

The Insight KPC
한국생산성본부

☞ 다음은 '우리마트 봄맞이 할인행사 현황'에 대한 자료이다. 자료를 입력하고 조건에 맞도록 작업하시오.

출력형태

상품코드	분류	상품명	공급업체	가격 (원)	할인가 (원)	행사수량	행사시작일	행사수량순위
FS-01	스킨케어	리얼클렌징폼	하나유통	49,000	43,700	500	(1)	(2)
FC-01	세제	프리미엄세탁세제	한국통상	33,000	27,500	800	(1)	(2)
SS-02	스킨케어	리프팅에센스	뷰티몰	123,000	105,000	350	(1)	(2)
FN-02	영양/건강	종합비타민미네랄	하나유통	82,500	78,500	900	(1)	(2)
FC-02	세제	고급의류세제	한국통상	18,500	15,000	700	(1)	(2)
SC-03	세제	욕실세정제	한국통상	7,700	7,000	850	(1)	(2)
SN-02	영양/건강	천연비타민C	하나유통	69,000	58,000	950	(1)	(2)
FS-03	스킨케어	에센셜크림	뷰티몰	55,000	49,500	450	(1)	(2)
하나유통 상품 수			(3)		최대 가격		상품명	할인가(원)
스킨케어 할인가 평균			(4)		(5)		리얼클렌징폼	(6)

제목 결재란: 결재 / 담당 / 팀장 / 부장

조건

○ 모든 데이터의 서식에는 글꼴(굴림, 11pt), 정렬은 숫자 및 회계 서식은 오른쪽 정렬, 나머지 서식은 가운데 정렬로 작성하며 예외적인 것은 《출력형태》를 참조하시오.

○ 제 목 ⇒ 모서리가 둥근 직사각형과 바깥쪽 그림자 스타일(오프셋 가운데)을 이용하여 작성하고 "우리마트 봄맞이 할인행사 현황"을 입력한 후 다음 서식을 적용하시오(글꼴-굴림, 24pt, 검정, 굵게, 채우기-노랑).

○ 임의의 셀에 결재란을 작성하여 그림으로 복사 기능을 이용하여 붙이기 하시오(단, 원본 삭제).

○ 「B4:J4, I13:J13」 영역은 '주황'으로 채우기 하시오.

○ 유효성 검사를 이용하여 「I14」 셀에 상품명(「D5:D12」 영역)이 선택 표시되도록 하시오.

○ 셀 서식 ⇒ 「H5:H12」 영역에 셀 서식을 이용하여 숫자 뒤에 '개'를 표시하시오(예 : 500 → 500개).

○ 「H5:H12」 영역에 대해 '행사수량'으로 이름정의를 하시오.

◎ (1)~(6) 셀은 반드시 <u>주어진 함수를 이용</u>하여 값을 구하시오(결과값을 직접 입력하면 해당 셀은 0점 처리됨).

(1) 행사시작일 ⇒ 상품코드의 첫 글자가 F이면 '4월 13일', 그 외에는 '4월 20일'로 구하시오(IF, LEFT 함수).

(2) 행사수량순위 ⇒ 정의된 이름(행사수량)을 이용하여 행사수량의 내림차순으로 구하시오(RANK.EQ 함수).

(3) 하나유통 상품 수 ⇒ 결과값에 '개'를 붙이시오(COUNTIF 함수, & 연산자)(예 : 1개).

(4) 스킨케어 할인가 평균 ⇒ 스킨케어의 할인가(원) 평균을 반올림하여 천 단위로 구하시오. 단, 조건은 입력데이터를 이용하시오(ROUND, DAVERAGE 함수)(예 : 34,600 → 35,000).

(5) 최대 가격 ⇒ (MAX 함수)

(6) 할인가(원) ⇒ 「I14」 셀에서 선택한 상품명에 대한 할인가(원)를 구하시오(VLOOKUP 함수).

(7) 조건부 서식을 이용하여 할인가(원) 셀에 데이터 막대 스타일(파랑)을 최소값 및 최대값으로 적용하시오.

☞ "제1작업" 시트의 「B4:H12」 영역을 복사하여 "제2작업" 시트의 「B2」 셀부터 모두 붙여넣기를 한 후 다음의 조건과 같이 작업하시오.

조건

(1) 고급필터 – 공급업체가 '뷰티몰'이거나 할인가(원)가 '70,000' 이상인 자료의 데이터만 추출하시오.
　　　　 – 조건 범위 : 「B13」 셀부터 입력하시오.
　　　　 – 복사 위치 : 「B18」 셀부터 나타나도록 하시오.
(2) 표 서식 – 고급필터의 결과 셀을 채우기 없음으로 설정한 후 '표 스타일 밝게 2'의 서식을 적용하시오.
　　　　 – 머리글 행, 줄무늬 행을 적용하시오.

☞ "제1작업" 시트를 이용하여 "제3작업" 시트에 조건에 따라 《출력형태》와 같이 작업하시오.

조건

(1) 할인가(원) 및 공급업체별 상품명의 개수와 행사수량의 평균을 구하시오.
(2) 할인가(원)를 그룹화하고, 공급업체를 《출력형태》와 같이 정렬하시오.
(3) 레이블이 있는 셀 병합 및 가운데 맞춤 적용 및 빈 셀은 '**'로 표시하시오.
(4) 행의 총합계를 지우고, 나머지 사항은 《출력형태》에 맞게 작성하시오.

출력형태

A	B	C	D	E	F	G	H
1							
2		공급업체 ↓					
3		한국통상		하나유통		뷰티몰	
4	할인가(원) ▼	개수 : 상품명	평균 : 행사수량	개수 : 상품명	평균 : 행사수량	개수 : 상품명	평균 : 행사수량
5	0-29999	3	783	**	**	**	**
6	30000-59999	**	**	2	725	1	450
7	60000-89999	**	**	1	900	**	**
8	90000-120000	**	**	**	**	1	350
9	총합계	3	783	3	783	2	400
10							

☞ "제1작업" 시트를 이용하여 조건에 따라 《출력형태》와 같이 작업하시오.

조건

(1) 차트 종류 ⇒ 〈묶은 세로 막대형〉으로 작업하시오.

(2) 데이터 범위 ⇒ "제1작업"시트의 내용을 이용하여 작업하시오.

(3) 위치 ⇒ "새 시트"로 이동하고, "제4작업"으로 시트 이름을 바꾸시오.

(4) 차트 디자인 도구 ⇒ 레이아웃 3, 스타일 5를 선택하여 《출력형태》에 맞게 작업하시오.

(5) 영역 서식 ⇒ 차트 : 글꼴(굴림, 11pt), 채우기 효과(질감 – 파랑 박엽지)

　　　　　　　　그림 : 채우기(흰색, 배경1)

(6) 제목 서식 ⇒ 차트 제목 : 글꼴(굴림, 굵게, 20pt), 채우기(흰색, 배경1), 테두리

(7) 서식 ⇒ 할인가(원) 계열의 차트 종류를 〈표식이 있는 꺾은선형〉으로 변경한 후 보조축으로 지정하시오.

　　　　계열 : 《출력형태》를 참조하여 표식(동그라미, 크기 10)과 레이블 값을 표시하시오.

　　　　눈금선 : 선 스타일 – 파선

　　　　축 : 《출력형태》를 참조하시오.

(8) 범례 ⇒ 범례명을 변경하고 《출력형태》를 참조하시오.

(9) 도형 ⇒ '구름 모양 설명선'을 삽입하고 《출력형태》와 같이 내용을 입력하시오.

(10) 나머지 사항은 《출력형태》에 맞게 작성하시오.

출력형태

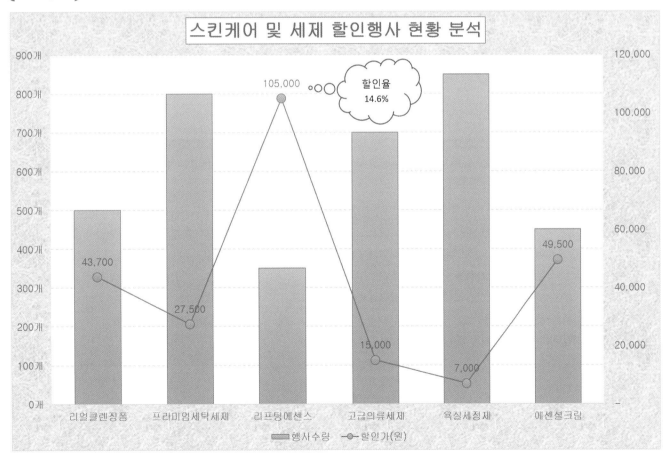

주의 시트명 순서가 차례대로 "제1작업", "제2작업", "제3작업", "제4작업"이 되도록 할 것.

기출문제

Information Technology Qualification

과목	코드	문제유형	시험시간	수험번호	성 명
한글엑셀	1122	A	60분	55056030	

수 험 자 유 의 사 항

◎ 수험자는 문제지를 받는 즉시 문제지와 **수험표상의 시험과목(프로그램)이 동일한지 반드시 확인**하여야 합니다.

◎ 파일명은 본인의 "수험번호-성명"으로 입력하여 답안폴더(내 PC\문서\ITQ)에 하나의 파일로 저장해야 하며, 답안문서 파일명이 "수험번호-성명"과 일치하지 않거나, 답안파일을 전송하지 않아 미제출로 처리될 경우 실격 처리합니다(예 : 내 PC\문서\ITQ\12345678-홍길동.xlsx).

◎ 답안 작성을 마치면 파일을 저장하고, '답안 전송' 버튼을 선택하여 감독위원 PC로 답안을 전송하십시오. 수험생 정보와 저장한 파일명이 다를 경우 전송되지 않으므로 주의하시기 바랍니다.

◎ 답안 작성 중에도 **주기적으로 저장하고 답안을 전송**하여야 문제 발생을 줄일 수 있습니다. 작업한 내용을 저장하지 않고 전송할 경우 이전에 저장된 내용이 전송되오니 이점 유의하시기 바랍니다.

◎ 답안문서는 지정된 경로 외의 다른 보조기억장치에 저장하는 경우, 지정된 시험 시간 외에 작성된 파일을 활용할 경우, 기타 통신 수단(이메일, 메신저, 네트워크 등)을 이용하여 타인에게 전달 또는 외부 반출하는 경우는 부정 처리합니다.

◎ 시험 중 부주의 또는 고의로 시스템을 파손한 경우는 수험자가 변상해야 하며, 〈수험자 유의사항〉에 기재된 방법대로 이행하지 않아 생기는 불이익은 수험생 당사자의 책임임을 알려 드립니다.

◎ 문제의 조건은 MS-Office 2016버전으로 설정되어 있으니 유의하시기 바랍니다.

◎ 시험을 완료한 수험자는 답안파일이 전송되었는지 확인한 후 감독위원의 지시에 따라 문제지를 제출하고 퇴실합니다.

답 안 작 성 요 령

◎ 온라인 답안 작성 절차
  수험자 등록 ⇒ 시험 시작 ⇒ 답안파일 저장 ⇒ 답안 전송 ⇒ 시험 종료

◎ 문제는 총 4단계, 즉 제1작업부터 제4작업까지 구성되어 있으며 반드시 제1작업부터 순서대로 작성하고 조건대로 작업하시오.

◎ 모든 작업시트의 A열은 열 너비 '1'로, 나머지 열은 적당하게 조절하시오.

◎ 모든 작업시트의 테두리는 《출력형태》와 같이 작업하시오.

◎ 해당 작업란에서는 각각 제시된 조건에 따라 《출력형태》와 같이 작업하시오.

◎ 답안 시트 이름은 "제1작업", "제2작업", "제3작업", "제4작업"이어야 하며 답안 시트 이외의 것은 감점 처리됩니다.

◎ 각 시트를 파일로 나누어 작업해서 저장할 경우 실격 처리됩니다.

The Insight KPC
kpc 한국생산성본부

☞ 다음은 '경양몰 할인행사 현황'에 대한 자료이다. 자료를 입력하고 조건에 맞도록 작업하시오.

출력형태

	담당	대리	과장
확인			

경양몰 할인행사 현황

상품코드	분류	상품명	공급업체	가격 (원)	할인가 (원)	판매수량	행사시작일	순위
SS-02	화장품	블랙로즈오일	블랙뷰티	123,000	105,000	350	(1)	(2)
SC-03	세제	욕실세정제	서창유통	7,700	7,000	850	(1)	(2)
FS-03	화장품	수면팩	블랙뷰티	55,000	49,500	437	(1)	(2)
SN-02	건강	천연비타민C	서창유통	69,000	58,000	950	(1)	(2)
FC-02	세제	고급의류세제	한국통상	18,500	15,000	724	(1)	(2)
FC-01	세제	프리미엄세탁세제	한국통상	33,000	27,500	800	(1)	(2)
FS-01	화장품	스네일에센스	서창유통	49,000	43,700	500	(1)	(2)
FN-02	건강	종합비타민미네랄	서창유통	82,500	78,500	900	(1)	(2)
블랙뷰티 판매수량 합계			(3)			최저 가격(원)		(5)
화장품 할인가(원) 평균			(4)			상품명	블랙로즈오일	판매금액(원)	(6)

조건

○ 모든 데이터의 서식에는 글꼴(굴림, 11pt), 정렬은 숫자 및 회계 서식은 오른쪽 정렬, 나머지 서식은 가운데 정렬로 작성하며 예외적인 것은 ≪출력형태≫를 참조하시오.

○ 제목 ⇒ 육각형과 바깥쪽 그림자 스타일(오프셋 대각선 오른쪽 아래)을 이용하여 작성하고 "경양몰 할인행사 현황"을 입력한 후 다음 서식을 적용하시오(글꼴 – 굴림, 24pt, 검정, 굵게, 채우기 – 노랑).

○ 임의의 셀에 결재란을 작성하여 그림으로 복사 기능을 이용하여 붙이기 하시오(단, 원본 삭제).

○ 「B4:J4, G14, I14」 영역은 '주황'으로 채우기 하시오.

○ 유효성 검사를 이용하여 「H14」 셀에 상품명 「D5:D12」 영역이 선택 표시되도록 하시오.

○ 셀 서식 ⇒ 「H5:H12」 영역에 셀 서식을 이용하여 숫자 뒤에 '개'를 표시하시오(예 : 350개).

○ 「H5:H12」 영역에 대해 '판매수량'으로 이름정의를 하시오.

◎ (1)~(6)셀은 반드시 주어진 함수를 이용하여 값을 구하시오(결과 값을 직접 입력하면 해당 셀은 0점 처리됨).

(1) 행사시작일 ⇒ 상품코드의 첫 글자가 F이면 '1월 3일', 그 외에는 '1월 5일'로 구하시오(IF, LEFT 함수).

(2) 순위 ⇒ 정의된 이름(판매수량)을 이용하여 판매수량의 내림차순 순위를 구하시오(RANK.EQ 함수).

(3) 블랙뷰티 판매수량 합계 ⇒ 결과값에 '개'를 붙이시오. 단, 조건은 입력데이터를 이용하시오
(DSUM 함수, & 연산자)(예 : 1개).

(4) 화장품 할인가(원) 평균 ⇒ 반올림하여 천 단위로 구하시오. 단, 조건은 입력데이터를 이용하시오
(ROUND, DAVERAGE 함수)(예 : 34,600 → 35,000).

(5) 최저 가격(원) ⇒ (MIN 함수)

(6) 판매금액(원) ⇒ 「H14」 셀에서 선택한 상품명에 대한 판매금액(원)을 「가격(원)×판매수량」으로 구하시오(VLOOKUP 함수).

(7) 조건부 서식을 이용하여 할인가(원) 셀에 데이터 막대 스타일(녹색)을 최소값 및 최대값으로 적용하시오.

☞ "제1작업" 시트의 「B4:H12」 영역을 복사하여 "제2작업" 시트의 「B2」 셀부터 모두 붙여넣기를 한 후 다음의 조건과 같이 작업하시오.

조건

(1) 고급필터 – 분류가 '건강'이거나, 판매수량이 '400' 이하인 자료의 데이터만 추출하시오.
　　　　　 – 조건 범위 : 「B13」 셀부터 입력하시오.
　　　　　 – 복사 위치 : 「B18」 셀부터 나타나도록 하시오.
(2) 표 서식 – 고급필터의 결과 셀을 채우기 없음으로 설정한 후 '표 스타일 보통 2'의 서식을 적용하시오.
　　　　　 – 머리글 행, 줄무늬 행을 적용하시오.

[제 3 작업]　　피벗 테이블　　　　　　　　　　　　　　　　　　　　80점

☞ "제1작업" 시트를 이용하여 "제3작업" 시트에 조건에 따라 《출력형태》와 같이 작업하시오.

조건

(1) 판매수량 및 분류별 상품명의 개수와 할인가(원)의 평균을 구하시오.
(2) 판매수량을 그룹화하고, 분류를 《출력형태》와 같이 정렬하시오.
(3) 레이블이 있는 셀 병합 및 가운데 맞춤 적용 및 빈 셀은 '**'로 표시하시오.
(4) 행의 총합계를 지우고, 나머지 사항은 《출력형태》에 맞게 작성하시오.

출력형태

	A	B	C	D	E	F	G	H
1								
2			분류 ⬇					
3			화장품		세제		건강	
4		판매수량 ▽	개수 : 상품명	평균 : 할인가(원)	개수 : 상품명	평균 : 할인가(원)	개수 : 상품명	평균 : 할인가(원)
5		350-549	3	66,067	**	**	**	**
6		550-749	**	**	1	15,000	**	**
7		750-950	**	**	2	17,250	2	68,250
8		총합계	3	66,067	3	16,500	2	68,250
9								

☞ "제1작업" 시트를 이용하여 조건에 따라 《출력형태》와 같이 작업하시오.

【조건】

(1) 차트 종류 ⇒ 〈묶은 세로 막대형〉으로 작업하시오.

(2) 데이터 범위 ⇒ "제1작업" 시트의 내용을 이용하여 작업하시오.

(3) 위치 ⇒ "새 시트"로 이동하고, "제4작업"으로 시트 이름을 바꾸시오.

(4) 차트 디자인 도구 ⇒ 레이아웃 3, 스타일 14를 선택하여 《출력형태》에 맞게 작업하시오.

(5) 영역 서식 ⇒ 차트 : 글꼴(굴림, 11pt), 채우기 효과(질감-파랑 박엽지)

               그림 : 채우기(흰색, 배경1)

(6) 제목 서식 ⇒ 차트 제목 : 글꼴(굴림, 굵게, 20pt), 채우기(흰색, 배경1), 테두리

(7) 서식 ⇒ 할인가(원) 계열의 차트 종류를 〈표식이 있는 꺾은선형〉으로 변경한 후 보조 축으로 지정하시오.

       계열 : 《출력형태》를 참조하여 표식(마름모, 크기 10)과 레이블 값을 표시하시오.

       눈금선 : 선 스타일-파선

       축 : 《출력형태》를 참조하시오.

(8) 범례 ⇒ 범례명을 변경하고, 《출력형태》를 참조하시오.

(9) 도형 ⇒ '모서리가 둥근 사각형 설명선'을 삽입하고 《출력형태》와 같이 내용을 입력하시오.

(10) 나머지 사항은 《출력형태》에 맞게 작성하시오.

【출력형태】

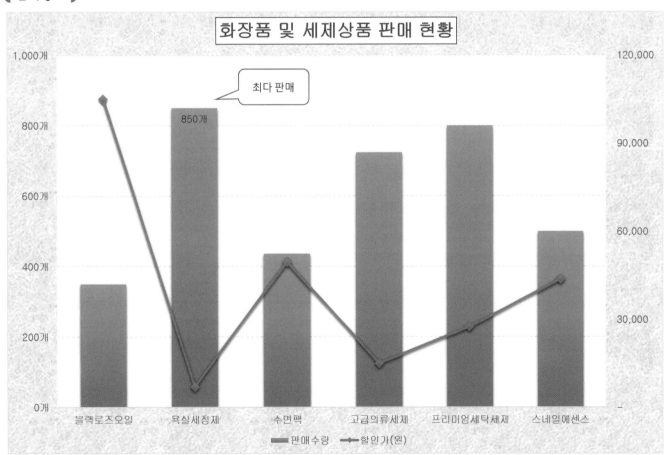

주의 시트명 순서가 차례대로 "제1작업", "제2작업", "제3작업", "제4작업"이 되도록 할 것.

교재로 채택하여 강의 중인 컴퓨터학원입니다.

[서울특별시]

한양IT전문학원(서대문구 홍제동 330-54)
유림컴퓨터학원(성동구 성수1가 1동 656-251)
아이콘컴퓨터학원(은평구 갈현동 390-8)
송파컴퓨터회계학원(송파구 송파동 195-6)
강북정보처리학원(은평구 대조동 6-9호)
아이탑컴퓨터학원(구로구 개봉1동 65-5)
신영진컴퓨터학원(구로구 신도림동 437-1)
방학컴퓨터학원(도봉구 방학3동 670)
아람컴퓨터학원(동작구 사당동 우성2차 09상가)
국제컴퓨터학원(서초구 서초대로73길54 디오빌 209호)
백상컴퓨터학원(구로구 구로1동 314-1 극동상가 4층)
엔젤컴퓨터학원(도봉구 창2동 581-28)
독립문컴퓨터학원(종로구 무악동 47-4)
문성컴퓨터학원(동작구 대방동 335-16 대방빌딩 2층)
대건정보처리학원(강동구 명일동 347-3)
제6세대컴퓨터학원(송파구 석촌동 252-5)
명문컴퓨터학원(도봉구 쌍문2동 56)
영우컴퓨터학원(도봉구 방학1동 680-8)
바로컴퓨터학원(강북구 수유2동 245-4)
뚝섬컴퓨터학원(성동구 성수1가2동)
오성컴퓨터학원(광진구 자양3동 553-41)
해인컴퓨터학원(광진구 구의동 30-15)
푸른솔컴퓨터학원(광진구 자양2동 645-5)
희망컴퓨터학원(광진구 구의동)
경일웹컴퓨터학원(중랑구 신내동 665)
현대정보컴퓨터학원(양천구 신정5동 940-38)
보노컴퓨터학원(관악구 서림동 96-48)
스마트컴퓨터학원(도봉구 창동 9-1)
모드산업디자인학원(노원구 상계동 724)
미주컴퓨터학원(구로구 구로5동 528-7)
미래컴퓨터학원(구로구 개봉2동 403-217)
중앙컴퓨터학원(구로구 구로동 437-1 성보빌딩 3층)
고려아트컴퓨터학원(송파구 거여동 554-3)
노노스창업교육학원(서초구 양재동 16-6)
우신컴퓨터학원(성동구 홍익동 210)
무궁화컴퓨터학원(성동구 행당동 245번지 3층)
영일컴퓨터학원(금천구 시흥1동 838-33호)
셀파컴퓨터회계학원(송파구 송파동 97-43 3층)
지현컴퓨터학원(구로구 구로3동 188-5)

[인천광역시]

이컴IT,회계전문학원(남구 도화2동 87-1)
대성정보처리학원(계양구 효성1동 295-1 3층)
상아컴퓨터학원(경명대로 1124 명인프라자1, 501호)
명진컴퓨터학원(계양구 계산동 946-10 덕수빌딩 6층)
한나래컴퓨터디자인학원(계양구 임학동 6-1 4층)
효성한맥컴퓨터학원(계양구 효성1동 77-5 신한뉴프라자 4층)
시대컴퓨터학원(남동구 구월동 1225-36 롯데프라자 301-1)
피엘컴퓨터학원(남동구 구월동 1249)

하이미디어아카데미(부평구 부평동 199-24 2층)
부평IT멀티캠퍼스학원(부평구 부평5동 199-24 4, 5층)
돌고래컴퓨터아트학원(부평구 산곡동 281-53 풍성프라자 402, 502호)
미래컴퓨터학원(부평구 산곡1동 180-390)
가인정보처리학원(부평구 삼산동 391-3)
서부연세컴퓨터학원(서구 가좌1동 140-42 2층)
이컴학원(서구 석남1동 513-3 4층)
연희컴퓨터학원(서구 심곡동 303-1 새터빌딩 4층)
검단컴퓨터회계학원(서구 당하동 5블럭 5롯트 대한빌딩 4층)
진성컴퓨터학원(연수구 선학동 407 대영빌딩 6층)
길정보처리회계학원(중구 인현동 27-7 창대빌딩 4층)
대화컴퓨터학원(남동구 만수5동 925-11)
new중앙컴퓨터학원(계양구 임학동 6-23번지 3층)

[대전광역시]

학사컴퓨터학원(동구 판암동 203번지 리라빌딩 401호)
대승컴퓨터학원(대덕구 법동 287-2)
열린컴퓨터학원(대덕구 오정동 65-10 2층)
국민컴퓨터학원(동구 가양1동 579-11 2층)
용운컴퓨터학원(동구 용운동 304-1번지 3층)
굿아이컴퓨터학원(서구 가수원동 656-47번지 3층)
경성컴퓨터학원(서구 갈마2동 1408번지 2층)
경남컴퓨터학원(서구 도마동 경남(아)상가 301호.)
둔산컴퓨터학원(서구 탄방동 734 3층)
로얄컴퓨터학원(유성구 반석동 639-4번지 웰빙타운 602호)
자운컴퓨터학원(유성구 신성동 138-8번지)
오원컴퓨터학원(중구 대흥동 205-2 4층)
계룡컴퓨터학원(중구 문화동 374-5)
제일정보처리학원(중구 은행동 139-5번지 3층)

[광주광역시]

태봉컴퓨터전산학원(북구 운암동 117-13)
광주서강컴퓨터학원(북구 동림동 1310)
다음정보컴퓨터학원(광산구 신창동 1125-3 건도빌딩 4층)
광주중앙컴퓨터학원(북구 문흥동 999-3)
국제정보처리학원(북구 중흥동 279-60)
굿아이컴퓨터학원(북구 용봉동 1425-2)
나라정보처리학원(남구 진월동 438-3 4층)
두암컴퓨터학원(북구 두암동 602-9)
디지털국제컴퓨터학원(동구 서석동 25-7)
매곡컴퓨터학원(북구 매곡동 190-4)
사이버컴퓨터학원(광산구 운남동 387-37)
상일컴퓨터학원(서구 상무1동 147번지 3층)
세종컴퓨터전산학원(남구 봉선동 155-6 5층)
송정중앙컴퓨터학원(광산구 송정2동 793-7 3층)
신한국컴퓨터학원(광산구 월계동 899-10번지)
에디슨컴퓨터학원(동구 계림동 85-169)
엔터컴퓨터학원(광산구 신가동1012번지 우미아파트상가 2층 201호)

염주컴퓨터학원(서구 화정동 1035 2층)
영진정보처리학원(서구 화정2동 신동아아파트 상가 3층 302호)
이지컴퓨터학원(서구 금호동 838번지)
일류정보처리학원(서구 금호동 741-1 시영1차아파트 상가 2층)
조이컴정보처리학원(서구 치평동 1184-2번지 골든타운 304호)
중앙컴퓨터학원(서구 화정2동 834-4번지 3층)
풍암넷피아정보처리학원(서구 풍암 1123 풍암빌딩 6층)
하나정보처리학원(북구 일곡동 830-6)
양산컴퓨터학원(북구 양산동 283-48)
한성컴퓨터학원(광산구 월곡1동 56-2)

[부산광역시]

신흥정보처리학원(사하구 당리동 131번지)
경원전산학원(동래구 사직동 45-37)
동명정보처리학원(남구 용호동 408-1)
메인컴퓨터학원(사하구 괴정4동 1119-3 희망빌딩 7층)
미래컴퓨터학원(사상구 삼락동 418-36)
미래컴퓨터학원(부산진구 가야3동 301-8)
보성정보처리학원(사하구 장림2동 1052번지 삼일빌딩 2층)
영남컴퓨터학원(기장군 기장읍 대라리 97-14)
우성컴퓨터학원(사하구 괴정동 496-5 대원스포츠 2층)
중앙IT컴퓨터학원(북구 만덕2동 282-5번지)
하남컴퓨터학원(사하구 신평동 590-4)
다인컴퓨터학원(사하구 다대1동 933-19)
자유컴퓨터학원(동래구 온천3동 1468-6)
영도컴퓨터전산회계학원(영도구 봉래동3가 24번지 3층)
동아컴퓨터학원(사하구 당리동 303-11 5층)
동원컴퓨터학원(해운대구 재송동)
문현컴퓨터학원(남구 문현동 253-11)
삼성컴퓨터학원(북구 화명동 2316-1)

[대구광역시]

새빛캐드컴퓨터학원(달서구 달구벌대로 1704 삼정빌딩 7층)
해인컴퓨터학원(북구 동천동 878-3 2층)
셈틀컴퓨터학원(북구 동천동 896-3 3층)
대구컴퓨터캐드회계학원(북구 국우동 1099-1 5층)
동화컴퓨터학원(수성구 범물동 1275-1)
동화회계캐드컴퓨터학원(수성구 달구벌대로 3179 3층)
세방컴퓨터학원(수성구 범어1동 371번지 7동 301호)
네트컴퓨터학원(북구 태전동 409-21번지 3층)
배움컴퓨터학원(북구 복현2동 340-42번지 2층)
윤성컴퓨터학원(북구 복현2동 200-1번지)
명성탑컴퓨터학원(북구 침산2동 295-18번지)
911컴퓨터학원(달서구 달구벌대로 1657 4층)
메가컴퓨터학원(수성구 신매동 267-13 3층)
테라컴퓨터학원(수성구 달구벌대로 3090)

[울산광역시]

엘리트정보처리세무회계(중구 성남동 청송빌딩 2층~6층)

경남컴퓨터학원(남구 신정 2동 명성음악사3,4층)

다운컴퓨터학원(중구 다운동 776-4번지 2층)

대송컴퓨터학원(동구 대송동 174-11번지 방어진농협 대송지소 2층)

명정컴퓨터학원(중구 태화동 명정초등 BUS 정류장 옆)

크린컴퓨터학원(남구 울산병원근처-신정푸르지오 모델하우스 앞)

한국컴퓨터학원(남구 옥동 260-6번지)

한림컴퓨터학원(북구 봉화로 58 신화프라자 301호)

현대문화컴퓨터학원(북구 양정동 523번지 현대자동차문화회관 3층)

인텔컴퓨터학원(울주군 범서면 굴화리 49-5 1층)

대림컴퓨터학원(남구 신정4동 949-28 2층)

미래정보컴퓨터학원(울산시 남구 울산대학교앞 바보사거리 GS25 5층)

서진컴퓨터학원(울산시 남구 달동 1331-13 2층)

송샘컴퓨터학원(동구 방어동 281-1 우성현대 아파트상가 2, 3층)

에셋컴퓨터학원(북구 천곡동 410-6 아진복합상가 310호)

연세컴퓨터학원(남구 무거동 1536-11번지 4층)

홍천컴퓨터학원(남구 무거동(삼호동)1203-3번지)

IT컴퓨터학원(동구 화정동 855-2번지)

THC정보처리컴퓨터(울산시 남구 무거동 아이컨셉안경원 3, 4층)

TOPCLASS컴퓨터학원(울산시 동구 전하1동 301-17번지 2층)

[경기도]

샘물컴퓨터학원(여주군 여주읍 상리 331-19)

인서울컴퓨터디자인학원(안양시 동안구 관양2동 1488-35 골드빌딩 1201호)

경인디지털컴퓨터학원(부천시 원미구 춘의동 116-8 광덕프라자 3층)

에이팩스컴퓨터학원(부천시 원미구 상동 533-11 부건프라자 602호)

서울컴퓨터학원(부천시 소사구 송내동 523-3)

천재컴퓨터학원(부천시 원미구 심곡동 344-12)

대신IT컴퓨터학원(부천시 소사구 송내2동 433-25)

상아컴퓨터학원(부천시 소사구 괴안동 125-5 인광빌딩 4층)

우리컴퓨터전산회계디자인학원(부천시 원미구 심곡동 87-11)

좋은컴퓨터학원(부천시 소사구 소사본3동 277-38)

대명컴퓨터학원(부천시 원미구 중1동 1170 포도마을 삼보상가 3층)

한국컴퓨터학원(용인시 기흥구 구갈동 383-3)

삼성컴퓨터학원(안양시 만안구 안양1동 674-249 삼양빌딩 4층)

나래컴퓨터학원(안양시 만안구 안양5동 627-35 5층)

고색정보컴퓨터학원(수원시 권선구 고색동 890-169)

셀파컴퓨터회계학원(성남시 중원구 금광2동 4359 3층)

탑에듀컴퓨터학원(수원시 팔달구 팔달로2가 130-3 2층)

새빛컴퓨터학원(부천시 오정구 삼정동 318-10 3층)

부천컴퓨터학원(부천시 원미구 중1동 1141-5 다운타운빌딩 403호)

경원컴퓨터학원(수원시 영통구 매탄4동 성일아파트상가 3층)

하나탑컴퓨터학원(광명시 광명6동 374-10)

정수천컴퓨터학원(가평군 석봉로 139-1)

평택비트컴퓨터학원(평택시 비전동 756-14 2층)

[전라북도]

전주컴퓨터학원(전주시 완산구 삼천동1가 666-6)

세라컴퓨터학원(전주시 덕진구 우아동)

비트컴퓨터학원(전북 남원시 왕정동 45-15)

문화컴퓨터학원(전주시 덕진구 송천동 1가 480번지 비사벌빌딩 6층)

등용문컴퓨터학원(전주시 완산구 풍남동1가 15-6번지)

미르컴퓨터학원(전주시 덕진구 인후동1가 857-1 새마을금고 3층)

거성컴퓨터학원(군산시 명산동 14-17 반석신협 3층)

동양컴퓨터학원(군산시 나운동 487-9 SK5층)

문화컴퓨터학원(군산시 문화동 917-9)

하나컴퓨터학원(전주시 완산구 효자동1가 518-59번지 3층)

동양인터넷컴퓨터학원(전주시 완산구 삼천동1가 288-9번지 203호)

골든벨컴퓨터학원(전주시 완산구 평화2동 893-1)

명성컴퓨터학원(군산시 나운1동792-4)

다울컴퓨터학원(군산시 나운동 667-7번지)

제일컴퓨터학원(남원시 도통동 583-4번지)

뉴월드컴퓨터학원(익산시 부송동 762-1 번지 1001안경원 3층)

젬컴퓨터학원(군산시 문화동 920-11)

문경컴퓨터학원(정읍시 연지동 32-11)

유일컴퓨터학원(전주시 덕진구 인후동 안골사거리 태평양약국 2층)

빌컴퓨터학원(군산시 나운동 809-1번지 라파빌딩 4층)

김상미컴퓨터학원(군산시 조촌동 903-1 시영아파트상가 2층)

아성컴퓨터학원(익산시 어양동 부영1차아파트 상가동 202호)

민컴퓨터학원(전주시 완산구 서신동 797-2번지 청담빌딩 5층)

제일컴퓨터학원(익산시 어양동 643-4번지 2층)

현대컴퓨터학원(익산시 동산동 1045-3번지 2층)

이지컴퓨터학원(군산시 동흥남동 404-8 1층)

비전컴퓨터학원(익산시 동산동 607-4)

청어람컴퓨터학원(전주시 완산구 평화동2가 890-5 5층)

정컴퓨터학원(전주시 완산구 삼천동1가 592-1)

영재컴퓨터학원(전라북도 완주군 삼례읍 삼례리 923-23)

탑스터디컴퓨터학원(군산시 수송로 119 은하빌딩 3층)

[전라남도]

한성컴퓨터학원(여수시 문수동 82-1번지 3층)

[경상북도]

현대컴퓨터학원(경북 칠곡군 북삼읍 인평리 1078-6번지)

조은컴퓨터학원(경북 구미시 형곡동 197-2번지)

옥동컴퓨터학원(경북 안동시 옥동 765-7)

청어람컴퓨터학원(경북 영주시 영주2동 528-1)

21세기정보처리학원(경북 영주시 휴천2동 463-4 2층)

이지컴퓨터학원(경북 경주시 황성동 472-44)

한국컴퓨터학원(경북 상주시 무양동 246-5)

예일컴퓨터학원(경북 의성군 의성읍 중리리 714-2)

김복남컴퓨터학원(경북 울진군 울진읍 읍내4리 520-4)

유성정보처리학원(경북 예천군 예천읍 노하리 72-6)

제일컴퓨터학원(경북 군위군 군위읍 서부리 32-19)

미림-엠아이티컴퓨터학원(경북 포항시 북구 장성동 1355-4)

가나컴퓨터학원(경북 구미시 옥계동 631-10)

엘리트컴퓨터외국어스쿨학원(경북 경주시 동천동 826-11번지)

송현컴퓨터학원(안동시 송현동 295-1)

[경상남도]

송기웅전산학원(창원시 진해구 석동 654-3번지 세븐코아 6층 602호)

빌게이츠컴퓨터학원(창원시 성산구 안민동 163-5번지 풍전상가 302호)

예일학원(창원시 의창구 봉곡동 144-1 401~2호)

정우컴퓨터전산회계학원(창원시 성산구 중앙동 89-3)

우리컴퓨터학원(창원시 의창구 도계동 353-13 3층)

웰컴퓨터학원(김해시 장유면 대청리 대청프라자 8동 412호)

이지컴스쿨학원(밀양시 내이동 북성로 71 3층)

비사벌컴퓨터학원(창녕군 창녕읍 말흘리 287-1 1층)

늘샘컴퓨터학원(함양군 함양읍 용평리 694-5 신협 3층)

도울컴퓨터학원(김해시 삼계동 1416-4 2층)

[제주도]

하나컴퓨터학원(제주시 이도동)

탐라컴퓨터학원(제주시 연동)

클릭컴퓨터학원(제주시 이도동)

[강원도]

엘리트컴퓨터학원(강릉시 교1동 927-15)

권정미컴퓨터교습소(춘천시 춘천로 316 2층)

형제컴퓨터학원(속초시 조양동 부영아파트 3동 주상가 305-2호)

강릉컴퓨터교육학원(강릉시 임명로 180 3층 301호)

iTQ
엑셀 2016

2020. 6. 2. 1판 1쇄 발행
2021. 4. 15. 개정증보 1판 1쇄 발행
2022. 9. 7. 개정증보 2판 1쇄 발행
2024. 1. 10. 개정증보 3판 1쇄 발행
2025. 1. 8. 개정증보 4판 1쇄 발행

저자와의
협의하에
검인생략

지은이 | 박윤정, IT연구회
펴낸이 | 이종춘
펴낸곳 | **BM** ㈜도서출판 **성안당**
주소 | 04032 서울시 마포구 양화로 127 첨단빌딩 3층(출판기획 R&D 센터)
     | 10881 경기도 파주시 문발로 112 파주 출판 문화도시(제작 및 물류)
전화 | 02) 3142-0036
     | 031) 950-6300
팩스 | 031) 955-0510
등록 | 1973. 2. 1. 제406-2005-000046호
출판사 홈페이지 | www.cyber.co.kr
도서 내용 문의 | fivejung05@hanmail.net
ISBN | 978-89-315-6204-0 (13000)
정가 | 19,000원

이 책을 만든 사람들
책임 | 최옥현
진행 | 최창동
본문 디자인 | 인투
표지 디자인 | 박원석
홍보 | 김계향, 임진성, 김주승, 최정민
국제부 | 이선민, 조혜란
마케팅 | 구본철, 차정욱, 오영일, 나진호, 강호묵
마케팅 지원 | 장상범
제작 | 김유석